Bran O. Hodapp

Die hohe Kabbalah

Ein Weg zur Integration
und Aktivierung des Lebensbaums
und seiner Pfade

Schirner Verlag

Der Autor

Bran O. Hodapp, der bereits mehrere Bücher veröffentlicht hat (teilweise zusammen mit seiner Schwester Iris Rinkenbach), ist als Heiler, Magier, Druide und spiritueller Lehrer tätig.

Das Buch

Das Wissen um das Geheimnis des Wortes und dessen Gebrauch – das ist die Kabbalah, die höchste Einweihung, die einem Menschen möglich ist. Derjenige, der als Herr des Wortes bezeichnet wurde, war Hohepriester und galt in allen Zeitepochen als wahrer Vertreter Gottes. Bis Ende des 20. Jahrhunderts wurde wahres Wissen niemals ohne den Schutz der Verschleierung veröffentlicht. Als erster erhielt 1957 einer der größten Eingeweihten, Franz Bardon (Meister Arion), die Erlaubnis, die ersten drei Blätter des Buches der Weisheit der Menschheit zugänglich zu machen. Doch die Erklärung des dritten Blattes der Weisheit ist die Enthüllung der Schlüssel und nicht die Offenbarung einer praktisch umsetzbaren Vorgehensweise. Hier nun findet der Leser erstmals Methoden und Erklärungen zu Bardons Schlüsseln, die noch nie zuvor niedergeschrieben oder öffentlich gelehrt wurden.

ISBN 3-89767-127-1

Zweite Auflage 2003

Umschlag: Murat Karaçay
Illustrationen: Mahé, Gisela H. Hodapp, Fra M.·.M.·.
Satz & Redaktion: Kirsten Glück
Herstellung: Reyhani Druck + Verlag, Darmstadt

Printed in Germany

Inhaltsverzeichnis

Widmung

Das vorliegende Buch, »Die hohe Kabbalah«, widme ich meiner Tochter Samira-Malaika Hodapp.

Dank

Ich danke meiner Bruderschaft H.·.O.·.M.·. (Hermetischer Orden Melchisedek). Möge der Orden der Menschheit Weisheit, Verständnis und Wissen manifestieren, und mögen seine über die Jahrhunderte hinweg unermüdlichen Bemühungen das Leid der Menschheit lindern helfen.

Zu Dank bin ich Dieter Rüggeberg verpflichtet, Franz Bardons Nachlaßverwalter, der mir gestattete, zahlreiche Zitate und Auszüge aus Bardons Schriften zu verwenden.

Ein ganz herzliches Dankeschön an Mahé, die in vielen Stunden mühevoller Arbeit zahlreiche Farbmischungen und Grafiken anfertigte, ohne die das vorliegende Buch eine weniger gute Arbeitsgrundlage böte. Ihr Lebensgefährte Roman und der gemeinsame Sohn Jonah hatten dafür Zeiten geduldiger Entbehrung zu überstehen.

Ich danke meiner Mutter Gisela Hodapp für ihre Zeichnungen zu den kabbalistischen Körperstellungen; den Freunden und Weggefährten, Peter, Tina, Tares, Dr. R. Pust, für die Durchsicht und Bewertung des Manuskripts.

Für das mir entgegengesetzte Vertrauen seitens meines Verlegers Markus Schirner und dessen Lektorin Kirsten Glück sage ich ebenfalls Dank.

Ich bedanke mich auch bei dir, liebe Annette, und bei all meinen unsichtbaren Helfern.

Vorwort

von Peter Chwa

Zweiundzwanzig Buchstaben; er zeichnete sie, er hieb sie, er läuterte sie, er wog sie, und er wechselte sie einen jeden mit allen; er bildete durch sie die ganze Schöpfung und alles, was geschaffen werden sollte.

Sefer Jezirah

Dies ist ein außergewöhnliches Buch, das endlich zum Kern der Wahrheit über Magie und Kabbalah vordringt. Der Autor des Buches, Bran O. Hodapp, den ich persönlich schätze, hat es in diesem Buch gewagt, die verschlüsselten Geheimlehren der vielen okkulten Orden endlich offenzulegen. Er hat die vor der Öffentlichkeit verborgenen Wahrheiten entschlüsselt und für jedermann verständlich gemacht.

Sicherlich wird nicht jeder das Buch lesen. Doch die, die es lesen werden, werden es zu schätzen wissen. Das kann ich aufgrund meiner persönlichen Erfahrung beurteilen: Nach 30jähriger Mitgliedschaft in einem mystischen Orden habe ich all diese Wahrheiten selbst nach einem sehr hohen finanziellen Einsatz nicht erhalten.

Der Autor geht aus Verpflichtung zu Gott und der Wahrheit fast schonungslos mit den Geheimhaltern und Ausbeutern des geistigen Gutes um. Seine Kritik ist berechtigt, auch wenn für manch einen Neophyten einiges im Augenblick nicht nachvollziehbar erscheint.

Der Anspruch auf Wahrheit sollte niemandem verborgen bleiben. Wer sie sucht, dem soll sie offenbart werden. Denn die ewigen Fragen müssen endlich ein Ende haben. Sicherlich kann dieses Buch nicht umfassend über das Gesamtgebiet magischer Rituale mit Beispielen aus allen Gebieten unterrichten, aber hier erhält der Suchende einige Einführungen in die zugrunde liegenden Prinzipien.

Die meisten von uns haben sicherlich einiges über die Kabbalah erfahren können, es blieb jedoch fast jedem von uns weiterhin ein verborgenes Buch. Bereits in meinen jungen Jahren befaßte ich mich zusammen mit vielen anderen Suchenden mit der Kabbalah. Uns wurden immer wieder die gleichen Fragen nie beantwortet: Was ist Kabbalah? Wer hat sie geschrieben? Woher kommt sie? Für wen und wofür wurde sie geschrieben Gibt sie uns Antworten auf die Grundsatzfragen: Woher komme ich? Wohin gehe ich? Was soll ich hier? Wie wende ich die Kabbalah an, um an die Wahrheit zu kommen? Finde ich in der Kabbalah Erklärungen dazu, was Okkultismus, Magie, Mystik, Theosophie, Esoterik, Spiritismus ist? Man kann die Reihe dieser Fragen noch erweitern, doch es werden immer Fragen bleiben, die einen Suchenden verfolgen. Ein Teil der aufgeführten Fragen wird durch dieses Buch beantwortet.

Wer sich bisher mit der Kabbalah befaßt hat, wird hier ein eingängiges und wahrlich unkompliziert geschriebenes Buch vorfinden. Und die hohe Kabbalah ist auch eigentlich sehr einfach und sehr praktisch. Mit ihrer Hilfe kann jeder Suchende seine Ziele erarbeiten und klar definieren.

Selbst erfahren habe ich, weshalb ich es an dieser Stelle betonen möchte, daß es ohne regelmäßiges Arbeiten an sich selbst und anhand der hier vorliegenden Kabbalah kein Weiterkommen gibt.

Denn es gibt kein größeres Abenteuer des Geistes, als dies an sich selbst zu erfahren und zu erleben. (Johann Wolfgang von Goethe)

Bran O. Hodapp hat beim Arbeiten mit der geistigen Welt durch Eingebungen den Auftrag erhalten, den Menschen zu dienen und zu helfen. Diesem Auftrag wird er schon als Autor gerecht, doch darüber hinaus ist er auch als Heiler bekannt. Es waren und werden immer wieder Menschen in besonderem Maße von Kräften einer höheren kosmischen Daseinsform dazu auserlesen, berufen, mit und durch die Kraft des kosmischen Geistes dem Menschen zu dienen – er ist einer von ihnen.

Der Punkt des Geistes ist die Masse der Energie.

In brüderlicher Verbundenheit

Peter Chwa

Vorwort des Verfassers

Capiat et sapiat qui capere et sapere potest,
qui non, vel taceat vel discat
aut abeat aut talis,
qualis est, meneat.

Fasse und nutze es, wer es fassen und nutzen kann,
wer es nicht kann, schweige und lerne,
oder entferne sich
oder bleibe, was er ist.

Glaube nichts, bevor du es nicht selbst erfahren hast!
FRATER M.·.M.·. (inkarniertes Oberhaupt des H.·.O.·.M.·.),
GARGANO JULI 2002

Über die Kabbalah, die universelle Schöpfersprache, zu sprechen ist eine überaus schwere und verantwortungsvolle Aufgabe. Großes Lob und Dank sind dem Eingeweihten Franz Bardon – Meister Arion – zu zollen, der als erster der breiten Öffentlichkeit ein Wissen zugänglich machte, das seinesgleichen sucht und bisher nie übertroffen werden konnte. So ist das vorliegende Buch nicht als Ersatz für Bardons Schriften zu verstehen, sondern als Ergänzung hinsichtlich der praktischen Anwendung der kabbalistischen Geheimnisse.

Über die Jahrhunderte hinweg galt die hebräische Kabbalah als Geheimwissen der jüdischen Rabbiner und einzelner Eingeweihter, der es niemals an Fehlinterpretationen, bewußten und unbewußten Entstellungen, ja gar völligen Sinnverfremdungen mangelte. Mitnichten kann die jüdische Kabbalah als Grundlage oder Mutter allein des christlichen Glaubens gesehen werden, da die in ihr erfaßte Wahrheit Universalschlüssel enthält, von denen bereits die alten Ägypter genauso Kenntnis hatten und Gebrauch machten, wie auch die Gelehrten Griechenlands und Indiens. Ebenso muß die

Priesterschaft der Mongolei und der Wüste Gobi zur Elite der kabbalistischen Eingeweihten gezählt werden, die das Wissen um das Geheimnis der Schöpfersprache beherrschten – sie erschufen Shamballa (mystisches Land). Gleichfalls sind die Priester der Kelten, die Druiden, in die Kette der wahrhaft Eingeweihten einzureihen.

Nahezu alle westlichen Einweihungssysteme verlangen von ihren Studierenden ab bestimmten Graden des Fortschritts das Erlernen der jüdischen Sprache. Dies gilt sowohl für die gesamte Freimaurerei, ganz gleich, nach welchem Ritus die Treue geschworen wurde, als auch für zahlreiche Rosenkreuzersysteme. Selbst die modernen Hexenzirkel und Heidengruppen bedienen sich der jüdischen Formen und Grundlagen, obwohl ihre eigene uralte Tradition alles andere als hebräischen Ursprungs ist. Jesus Emanuel, der Christ, lehrte gewöhnlich in aramäischer und griechischer Sprache. Von ihm ist bekannt, daß er Meister des Wortes – also der hohen Kabbalah – war. Johannes, einer der Apostel des Christen, war ebenfalls ein Eingeweihter des Wortes. Er starb als einziger der Apostel einen natürlichen und keinen Märtyrertod; einzig und allein die Macht des Wortes, die er beherrschte, garantierte ihm Schutz. Johannes war nach Jesus Emanuel der fortgeschrittenste und am höchsten eingeweihte Kabbalist, so daß er selbst seine Kreuzigung überlebte und schließlich nach Südfrankreich emigrieren konnte.

Nun ist der hebräischen Tradition zugute zu halten, daß sie das alte Wissen aufbewahrte, wenn auch bis auf wenige Ausnahmen mißverstanden und entstellt. Im vorliegenden Buch wird dem allgemeinen Verständnis halber auf die jüdische Terminologie so intensiv wie möglich und notwendig eingegangen, wobei der Schwerpunkt allerdings auf der ägyptischen und der reine Universallehre liegt. Da die Kabbalah, so wie wir sie heute kennen, ägyptischen Ursprungs ist und zeitloses Universalwissen trägt, ist das Beherrschen der jüdischen Sprache nicht notwendig.

Hierzu Franz Bardon:

»Fast durchweg wird behauptet, daß derjenige, der sich mit der Kabbalah befassen will, der hebräischen Sprache mächtig sein muß, ohne deren Kennt-

nis ein Studium der Kabbalah überhaupt nicht möglich ist. Die theoretische Kabbalah, welche die meisten Schriften enthalten, ist gewöhnlich hebräischen Ursprungs und soll dem Schüler eine Weltanschauung laut kabbalistischem Muster geben Bücher, welche auf die Praxis und auf den Gebrauch der wahren Kabbalah hinweisen, gibt es nur sehr wenige. Einzelne jüdische Rabbiner wußten von der kabbalistischen Lehre, hielten sie aber – scheinbar aus orthodoxen Regungen – streng geheim, so daß nicht einmal Bruchteile der kabbalistischen Praktiken in die Hände der Öffentlichkeit gelangten ... Schon die Urvölker hatten, ohne Unterschied der Rasse und ohne Rücksicht darauf, welche Gegenden unseres Erdballs sie bewohnten, ihre besonderen Religionen, d.h. also eine Anschauung von Gott, und infolgedessen hatten sie auch eine Gottlehre. Jede Lehre von Gott war geteilt und zwar in eine exoterische und in eine esoterische. Die exoterische war die übliche für die Volksmasse, die esoterische Lehre dagegen nur für Eingeweihte und Hohepriester. Die exoterische Lehre enthielt niemals etwas über Magie und Kabbalah, so daß nur Magier und Kabbalisten die Eingeweihten der Urvölker waren. Seit jeher war es heiligstes Gebot, diese hohe Wissenschaft streng geheimzuhalten, um 1. die Autorität zu bewahren, 2. die Macht über die Volksmasse nicht zu verlieren und 3. einen Mißbrauch zu verhüten. ... Dem Wissenden wird die Weisheit immer okkult bleiben, nur dem Berufenen wird sie vollends zuteil!«
(Franz Bardon: Der Schlüssel zur wahren Quabbalah)

Ankh En Aton – Echnaton

Einführung

Die Kabbalah

Die Kabbalah ist eine Wissenschaft, welche die Schöpfung und die Stellung des Menschen im Universum definiert.

Das Studieren der Kabbalah ist weder theoretisch noch abstrakt, sondern mit dem alltäglichen Leben und der Praxis verbunden.

Die Kabbalah wird nicht nur als »geheime Lehre« bezeichnet, weil öffentlich über sie zu sprechen verboten war. Mit geheimer Lehre sind auch das Wissen und die Erkenntnis gemeint, die dem Kabbalisten nur in seinem tiefen Inneren offenbart werden. Jedem Außenstehenden bleiben die inneren Erkenntnisse und Offenbarungen, die Gedanken und Empfindungen des Kabbalisten verborgen.

Das Studieren kabbalistischer Schriften regt den sechsten Sinn an. Vieles wird sich dem Kabbalisten als kompliziert darstellen, und er wird denken, daß er die Zusammenhänge der Schriften, ihre verborgenen Offenbarungen wohl niemals richtig begreifen kann. Doch im Laufe der Zeit öffnet sich sein Bewußtsein, nach und nach wird er zu einer Schale, zu einem Gefäß, das bereit und fähig ist, den schöpferischen Geist aufzunehmen.

Ein Kabbalist empfängt, um zu geben.

Viele Kabbalahschülern der westlichen Welt, denen die Werke und Ausführungen Franz Bardons geläufig sind, vermissen den Bezug zwischen seiner Buchstabenmystik und den allgemein bekannten Ausführungen und Erklärungen der jüdisch bzw. jüdisch-christlichen Kabbalah. Scheinbar stellte Bardon ein Werk voller Behauptungen in den Raum, denen man nun Glauben schenken kann oder nicht. Freilich wird derjenige, der sich an die schwierige Materie mit praktischen Übungen heranwagt, schnell bemerken, daß Bardons System funktioniert und wahr zu sein scheint.

Im weiteren Verlauf dieses Buches werden die Zusammenhänge zwischen den verschiedenen kabbalistischen Klassikern und den Ausführungen Franz Bardons klarer und Sie können erkennen, daß allen kabbalistischen Angaben Bardons stets das Sefer Jezirah und/oder das Sefer Raziel Hamelach zugrunde liegen bzw. dort Bestätigung finden, womit sich der Kreis der Wahrheit schließt.

Im allgemeinen kann die Kabbalah in drei Abschnitte unterteilt werden: den theoretischen, den magischen und den meditativen.

Die theoretische Kabbalah, die auf dem Sohar [Buch über die geheimen Lehren der Thora (Bibel), das zwischen dem 4. und 13. Jahrhundert geheimgehalten wurde] basiert, beschreibt hauptsächlich die jüdisch-religiöse Weltanschauung, die Erklärungen der verschiedenen Welten, der Sefiroth, der Seelen und der Engel. Dieser Teil Kabbalah ist als exoterisch, nach außen gerichtet, zu sehen und führt den Suchenden eher selten zu einer Einweihung im esoterischen, nach innen gerichteten, Sinne. Seinen Zenit erreichte die Lehre dieses Teils in der im 16. Jahrhundert von Rabbi Moshe Cordevero geführten Safed-Schule. Die Mehrheit der veröffentlichten Texte zur Kabbalah gehören in diese Kategorie.

Die magische Kabbalah beschäftigt sich mit Beschwörungen Göttlicher Namen (aber auch dämonischer) sowie mit magischen Zeichen und Symbolen. Ihr kann das »Buch des Abrahams zu Worms, dem Abramelin« zugeschrieben werden, das Grundlage für allerlei Zauberbücher des Mittelalters war, so auch des »6. und 7. Buch Mosis«. Ebenso dürfen die verschiedenen Grimmarien, wie beispielsweise die Goetia, aber auch das Werk Bardons, »Die Magische Evokation«, als auf der magischen Kabbalah basierend gewertet werden. Das älteste Buch dieser Art dürfte jedoch das Buch Raziel – Sefer Raziel Hamelach – sein, das der Überlieferung nach dem biblischen Adam vom Engel Raziel übermittelt wurde.

Die meditative Kabbalah, die ich in diesem Buch im Praxisteil vorstelle, befaßt sich mit dem Gebrauch Göttlicher Namen, Buchstaben, Buchstabenvertauschungen sowie mit Farben und Tönen, mit deren Hilfe sich höhere Bewußtseinszustände erreichen lassen. Es handelt sich also um eine Art Yoga-

System. In dieser meditativen Kabbalah gehe ich gesondert auf den Bereich der hohen Kabbalah ein, die von Bardon als die »wahre Kabbalah« bezeichnet wurde. Diese hohe Kabbalah begnügt sich nicht mit der Kenntnis und Anwendung der Buchstaben, sondern übermittelt weiterhin Schlüssel und Methoden, die kosmischen Klänge, die Ur-Schöpfer-Sprache, im Menschen (wieder) zu integrieren, dort zur Wirkung zu bringen, so daß der Kabbalist selbst zum Klang und Klangkörper, zur bewußten Gottheit wird. Diese Gottwerdung lehrte Jesus, als er vermittelte: »Der Vater und ich sind eins!«

Betrachtungen über die Kabbalah

... mit einem verschmitzten Lachen entgegnete Frabato: »Ja, lieber Freund, ein Eingeweihter, der mit der Göttlichen Vorsehung eins geworden ist, kennt weder Ruhm noch Eigendünkel. Derjenige, der tatsächlich etwas kann und beherrscht, hat es nicht notwendig, sein Wissen und Können zur Schau zu tragen. Im Gegenteil, er darf durch nichts verraten, daß er mehr ist als ein Durchschnittsmensch. Seiner Umgebung muß er sich stets so anzupassen verstehen, daß ihn die Menschen für alles andere halten, nur nicht für einen Eingeweihten. Seine Macht besteht im Schweigen, wobei »Schweigen« heißt, nicht nur nichts auszuplaudern, sondern sein Innerstes zu verbergen. Einem solchen Menschen wird von der Göttlichen Vorsehung oft höchste Macht anvertraut. Auch mir.«

»Sie haben vorhin«, sprach Geretzky erregt, »von kabbalistischer Naturmagie gesprochen. Was meinen Sie damit?«

Frabato gab bereitwillig einige Auskunft: »Die Sprachwissenschaftler geben sich viel Mühe, die Gesetze der Lautverschiebung, die Stammwörter, die mundartlichen Wandlungen, die phonetischen Eigentümlichkeiten und sonstige charakteristische Merkmale der Sprachen zu studieren. Man geht dabei meist von der Anschauung aus, daß das einzelne Wort eben ein sinnvolles Lautgebilde sei, das zur Verständigung dient. Der Wortkörper besteht aus Buchstaben und Silben, die in ihrer Gesamtheit einen bestimmten Wortsinn haben und auch verstanden werden. Haben Sie aber schon einmal darüber nachgedacht, daß das einzelne Wort, ja der Buchstabe, die Silbe, auch noch eine andere Bedeutung haben könnten?«

Geretzky sah den Sprecher an: »Meinen Sie die Tonmalerei? Nun, ein Laut oder eine Klangfolge können rein akustisch ein Wesen oder einen Sachverhalt symbolisieren.«

»Damit kommen wir der Sache schon näher. Aber Sie setzen immer noch voraus, daß das Wort sozusagen etwas Passives ist, das eben als Sinnträger und Verständigungsmittel hingenommen wird. Ich meine natürlich damit nicht, daß man zum Beispiel beleidigende Worte so nebenbei aufnimmt, ohne darauf zu reagieren, sondern daß die akustische Übertragung und die Aufnahme des Wortes ein alltäglicher und wie ich es nenne, passiver Vorgang ist.«

Geretzky lachte: »Ganz recht, man ›erleidet‹ ein Geschwätz, man ist einem Wortschwall ausgeliefert, und man tut vielleicht gut daran, passiv zu bleiben und auf das unsinnige Gerede nichts zu antworten.«

»Ich will auf etwas anderes hinaus«, sagte Frabato. »Denken Sie sich ein bedeutsames Wort gesungen, etwa als Teil einer herrlichen Melodie. Summen Sie dieses Wort öfter vor sich hin oder singen Sie es laut voll inniger Bewegung! Spüren Sie nicht, daß etwas Seelisches vibriert, daß solches Wort die Kraft hat, über den reinen Wortsinn hinaus etwas Geistiges auszudrücken, daneben auch die Materie zu bewegen bis hin zur Schwingung der zur Resonanz angeregten Teile?«

»Ihnen ist es also um die Kraft des Wortes zu tun, Meister?«

»Sagen wir: schöpferische Kraft, dann sind wir schon in der Gedankenwelt der Kabbalah. Das Johannesevangelium spricht es so aus: Im Anfang war das Wort, und das Wort war bei Gott, und Gott war das Wort. Das Wort, der weltschaffende Logos, ist also die Manifestation des Göttlichen, aus dem das Universum hervorging. Und nun Macht und Geheimnis der Kabbalisten: Wer in der Lage ist, die Göttlichkeit so in sich zu verwirklichen, daß er gemäß den Universalgesetzen aus sich heraus als Gottheit spricht, ist Theurg, Gottmensch, der durchs Wort den Kosmos bewegt. Die Kabbalah ist also Wissen um die kosmische Ursprache, in ihrer Anwendung erhaben über Zauberformeln und unabhängig von Religionssystemen. Ein entwickelter Magier bewirkt sein Vorhaben durch seinen Willen oder durch Evokation helfender Wesen. Ein

Kabbalist dagegen, vom hermetischen Standpunkt aus der Höchste der Eingeweihten, erreicht als Mitregent im Makrokosmos alles nur durch das den Elementen gemäß angewandte Wort.«

So intensiv waren die beiden in ihre Gespräche vertieft, daß sie die großen Änderungen in der Natur kaum beachteten. ... (Franz Bardon: Frabato)

Wir arbeiten an den Schriften, wir studieren, wir versuchen, mit dem Kopf zu verstehen. Allerdings ist es unmöglich zu fühlen, was mit dem Verstand geschrieben wurde. Es ist genauso unmöglich, nur mit dem »von etwas Kenntnis haben« die Pforte zu durchschreiten, das Makhsom, welches unsere Welt von der spirituellen Welt trennt. (Rabbi Michael Laitman, Bnai Baruch [kabbalistische Bruderschaft])

Rudolf Steiner und die Eurythmie – Der erste Versuch, den Inhalt der hohen Kabbalah zu veröffentlichen

Vor Bardons Veröffentlichungen im Jahre 1957 bemühte sich der Seher und Eingeweihte Rudolf Steiner, das kosmische Wort – die hohe Kabbalah – in seine Eurythmie-Lehre zu integrieren und sie dort geschickt zu verstecken, ohne auf ihre eigentliche Bedeutung aufmerksam zu machen. Analysiert man seine Ausführungen, so wird schnell klar, daß er zu jenem Wissen Zugang hatte, das den Eingeweihten als Universalsprache – Schöpfersprache – bekannt ist und den »verlorengegangenen Namen Gottes« beinhaltet. Dem ehrlichen, sprich: gewissenhaften Sucher wird diese Erkenntnis allmählich ganz von allein offenbar, ihm werden Schuppen von den Augen fallen, und er wird sehen!

Nahezu vollkommen erarbeitete Steiner die Bewegungsabläufe, einem farbenfrohen Tanz gleich, die den analogen Zusammenhang zwischen Farbe, Ton und Bewegung herzustellen imstande sind. Beim Übenden werden dabei die Sphären des Mentalreichs, des Astralreichs und der physischen Welt aktiviert und integriert. Leider zeigt die Praxis, daß einerseits kaum ein Eurythmie-Praktizierender (Eurythmist) in der Lage ist, die tatsächliche Tragweite seiner Übungen zu erfassen. Andererseits zeigen sich manche nach einer jahrelangen Übungspraxis zu vergeistigt, das heißt, sie verlieren den Bezug zur materiellen Realität, was ein Zeichen für Ungleichgewicht und disharmonische Entwicklung sein kann.

Um keine Mißverständnisse aufkommen zu lassen, möchte ich an dieser Stelle betonen, daß es mir fernliegt, die Eurythmisten zu kritisieren. Im Gegenteil, ich möchte sie ermutigen, auf ihrem Weg weiter voranzuschreiten, jedoch das eigentliche Ziel neu zu bestimmen und gegebenenfalls zu erweitern. Für alle Freunde der Anthroposophie und insbesondere der Eurythmie sei angeführt, daß es vor 1950 keinem Eingeweihten und Adepten [lat. adeptio = Erlangung, der das Wissen erlang hat] gestattet war, das dritte Weisheitsblatt – die Kabbalah – zu offenbaren. Demnach blieb Rudolf Steiner überhaupt nichts anderes übrig, als in Rätseln oder verschleiert zu sprechen. Meister Arion – Franz Bardon – war also der erste, der die Schleier der dritten Tarotkarte, der Kabbalah, zur Gänze lüften durfte, und zwar im Auftrag der Göttlichen Vorsehung, vertreten durch den Urinitiator der Bruderschaft des Lichts, Mahatma Urgaya.

Bardon offenbarte die Schlüssel der Weisheit, unterließ es allerdings, eine bestimmte Methode der Anwendung derselben zu beschreiben. Genau an diesem Punkt setzt das vorliegende Buch inhaltlich an. Es versteht sich also keinesfalls als Ersatz für die Bardon-Bücher, sondern für den angehenden Kabbalisten als Wegweiser, mit dessen Hilfe er die schwierigen Anforderungen Bardons in die Praxis umsetzen kann.

Das kosmische Wort in der anthroposophischen Eurythmie

Wie stellt sich die Eurythmie nun in diesem beschriebenen Zusammenhang dar, und welche Bewegungen sind mit ihr gegeben, wenn diese nicht nur leibgebunden, sondern auch geistbezogen sein sollen? Eigentlich könnte jeder für sich selbst überlegen und beobachten, woher unsere Bewegungen kommen, ob sie bloße Körper- und Gliedmaßen-Bewegungen sind oder nicht. Am Leichnam wird uns ja immer wieder erschütternd deutlich, daß der materielle Körper an sich ohne Leben und damit ohne Bewegung ist. Es zeigt sich, daß darin vorher noch etwas anderes wirksam gewesen sein muß, etwas nicht Sichtbares, nicht Greifbares, das wir nur an seinen Auswirkungen erkennen konnten. Etwas »Unfaßliches« ist es, das wir eben als das »Geistige« und als die Seele des Menschen bezeichnen. Wir müssen demnach, bevor wir unseren Körper bewegen können, von »etwas« in unserem Innern bewegt worden sein! Eine innere Bewegung, eine Seelenregung muß vorangegangen sein, der wiederum ein Gedanke, ein Geistiges zugrunde liegt. Die allerfeinsten konzentriertesten Körperbewegungen, die der Mensch auszuführen vermag, sind diejenigen, die er beim Aussprechen seiner Gedanken, vom Kehlkopf ausgehend, mit den benachbarten Sprachorganen vollführt. Um die verschiedenen Laute zu formen und hervorzubringen, müssen Gaumen, Zunge, Zähne und Lippen die verschiedenartigsten, subtilsten Bewegungen vollführen. Staunend erleben wir das Wunder der Sprachbildung, wenn der Atemstrom in vielfältigen Abwandlungen modelliert wird und immer wieder andere Laute hervorbringt – im Unterschied zu den mehr gleichförmigen Lauten der Tiere. Bei den Tieren ist der Laut Ausdruck triebhafter Empfindungen – sie können keine Gedanken wiedergeben. Auch beim Kleinkind sind die ersten lallenden Lautbildungen zunächst lediglich Ausdruck von Lust und Unlust, von Hunger und Durst, von Schmerz und Freude. Erst im fortgeschrittenen Kindesalter werden sie nach und nach zu objektiven Kundgebungen von Vorstellungen und Sinnzusammenhängen. Die Laute werden also zu Elementen des Denkens. Nur der Mensch besitzt diese erhabene Eigenschaft der Sprache. In dem Vortragszyklus »Die Geheimnisse der Schöpfungsgeschichte« spricht Rudolf Steiner das in konzentrierter Weise aus: »Dasjenige, was der Mensch hat und alle übrigen irdischen Wesen nicht haben, die Sprache, die in Lauten zum Vorschein kommt – das macht ihn zum Menschen.« ... Jeder Laut hat dabei seine ihm allein zukommende, charakteristische Urform und kann nur durch ganz spezifische Bewegungen der Sprachorgane zum Ertönen gebracht werden. Durch sie drükken sich alle Bewegungsabläufe der Schöpfung aus, und wir erfahren beob-

achtend, daß es die gleichen sind, die wir erweitert und vergrößert auch mit unseren Gliedmaßen auszuführen vermögen. Wenn wir etwas stärker betonen oder bestimmter zum Ausdruck bringen wollen, so begleiten wir das gerne mit Gebärden der Arme und Hände, auch der Füße oder durch Kopfbewegungen, und nennen dies Gebärdesprache. So können wir verstehen, daß die von Rudolf Steiner neu geschaffene Bewegungskunst der Eurythmie in enger Beziehung zu Wort, Laut und Ton steht. Sie wird von ihm als sichtbar gewordene Bewegungsintention des Kehlkopfs, als »sichtbare Sprache« bezeichnet. Der ganze Mensch wird somit zum Instrument der Sprache und damit des Geistes.

Da die Hervorbringung der Laute und damit der Sprache aber nicht denkbar ist ohne den lebendigen Atemstrom, der durch sie hindurchgeht, so steigt das Bild des Schöpfergottes in uns auf, der dem Erdenkloß den lebendigen Atem einhaucht. In alten Zeiten hatte man immer die Gewißheit, daß die Sprache aus dem Göttlichen kommt. Schon im Altertum sprach man von den Himmelskräften, die im Herniederstürmen zur Erde den Klang der Laute im Menschen erzeugten. Das Göttliche WORT wurde erlebt als der Erzeuger alles irdischen Lebens mit seinen reichhaltigen Formen, Bewegungen und Prozessen ... Zusammenfassend sei gesagt, daß die schöpferische, belebende Kraft der aus dem Gotteswort geborenen Laute und Sprachen den wissenden Menschen aller Zeiten bekannt war. Rudolf Steiner selbst hat darauf hingewiesen, daß in älterer Zeit die Möglichkeit bekannt war, mit dem Intonieren gewisser Laute zurückzuwirken auf die Gesundheit des Menschen. Das bewußte Erleben des Geistes im physischen Leibe durch die Laute wurde besonders in den alten Mysterienstätten von den Eingeweihten aller Völker und Kulturepochen gepflegt und gehörte als Vorbereitung und Ergänzung zu den Meditationsübungen, welche die Vereinigung mit einer Göttlichen Welt zum Ziele hatten ... (Horny, Ilse: Eurythmie – die heilende Bewegungskunst)

Die Wurzeln der Kabbalah

Die westlichen Mysterienschulen – besonders die Rosenkreuzer – sehen in Pharao Thutmosis III. den Gründungsvater ihrer Tradition: sein ethisch-sprituelles Erbe formte der vierte seiner Nachfolger zum monotheistischen Aton-Kult. Als Amenhotep IV. zum Herrscher Ägyptens wurde, änderte er, nachdem er eine Reihe mystischer Visionen durchlebt hatte, seinen Namen: Aus Amenhotep IV. wurde Echnaton/Ankh en Aton [Ankh = Leben, en = in, Aton = höchster Gott]. Seine Gesichte veranlaßten ihn, dem zahlreich besetzten ägyptischen Götterpantheon einen einzigen, höchsten Gott entgegenzusetzen – eine Maßnahme, die ihm die Feindschaft der alten Priesterschaft einbrachte und in der Bevölkerung weitgehend auf Unverständnis stieß. So fand der Neuerer auch einen gewaltsamen Tod und wurde anschließend aus der ägyptischen Geschichte im wahrsten Sinne des Wortes ausradiert – sämtliche seiner zahlreichen Bauwerke wurden geschleift, die Hieroglyphen seines Namens überall herausgeschlagen.

Ankh en Aton hatte durch seine Reformationen der alten Religion die Priesterschaft Melchisedeks fortgesetzt, die von diesem »König des Friedens« bereits 500 Jahre zuvor begründet worden war. Zwei Tage nach der Ermordung Ankh en Atons wurde sein neunjähriger Adoptivsohn Tut Ankh Aton neuer Pharao. Vor seiner Inthronisation änderten die Priester der alten Religion, jene Mörder seines Vaters, seinen Namen in Tut Ankh Amon [Tutanchamun] und zwangen ihn, die Lehren seines Vaters Ankh en Aton, zu verwerfen. Auch sein Leben wurde, als er 19 Jahre alt war, durch dieselben Mörder beendet.

Es mußten nahezu 1500 Jahre vergehen, bis die alte und wahrhafte Lehre des Einen und Immerwährenden, in uns lebendigen Gottes, erneut in Erinnerung gebracht und wiederbelebt wurde: Jesus Emanuel der Christ war Hohepriester in der Ordnung des Melchisedek (Orden Melchisedek O.·.M.·.)

18. Dynastie (Neues Reich)		*1539–1292 v. Chr.*
Ahmose	Reichsgründer und Kriegsherr	1539–1514
Amenhotep I.		1514–1493
Thutmosis I.	Kein königliches Familienmitglied der 18 Dynastie, wurde durch Zufall zum Pharao.	1493–1482
Thutmosis II.		1482–1479
Hatschepsut	Totentempel Deir el Bahari	1479–1458
Thutmosis III.	Der Napoleon des alten Ägypten	1479–1426
Amenhotep II.	Feldherr	1426–1400
Thutmosis IV.		1400–1390
Amenhotep III.		1390–1353
Amenhotep IV.	**Echnaton, Religionswandel (Aton)**	1353–1336
Semenchkare	Mitregent Echnatons	1335–1332
Tutanchamun	Stellte Amunkult wieder her	1332–1323
Aja		1323–1319
Haramhab	Wiederherstellung der Religion Echnatons	1319–1292

Der Name Jesus erscheint einmal in der Gemara.*

... In der Zeit, als Jesus lebte, wurde das spirituelle sowie das alltägliche Leben von den Sanhedrin geleitet. Die Sanhedrin waren ein Rat oder ein Gericht, bestehend aus großen Kabbalisten, jeder von Ihnen war in der Lage, zu empfangen, um zu schenken, und sie führten das jüdische Volk von Israel durch die Weiterreichung religiöser Gesetze [Halachot]. Die Sanhedrin gaben auch Unterricht in der Kabbalah. Einer ihrer Studenten war ein junger Mann mit dem Namen Yehoshua, Jesus. Die Erscheinung dieses Jesus verbrachte dort keine lange Zeit und erreichte keinen Grad der Spiritualität [... in dem Sinne, daß er keine »gebenden« Handlungen zum Wohle Gottes allein ausführte], und er wurde dann, da er Ideen einbrachte, die der Kabbalah fremd waren, ausgeschlossen ...« Die Gemara sagt weiter, daß sein Ausschluß ein Fehler war ...

Das hebräische Alphabet und die Kabbalah

Das hebräische Alphabet wird auf hebräisch nach den ersten beiden Buchstaben Alef und Beth Alephbeth genannt. Die Schrift entwikkelte sich aus der Schreibweise der Phönizier, welche wiederum aus der altaramäischen Schrift aus der Zeit um das sechste Jahrhundert v. Chr. entstand. Seit dem erste Jahrhundert v. Chr. konnte sich das hebräische Alphabet als vorherrschende Schrift in der jüdischen Bevölkerung durchsetzen. Es wird von rechts nach links geschrieben und setzt sich aus 22 Konsonanten und fünf Hauptvokalen zusammen. Dabei spielen die Vokale, die in der Regel nicht geschrieben werden, in der Kabbalah eine wesentliche Rolle.

* Mishna, Wiederholung oder Lehre, ist der Kern der »mündlichen Lehre« des Judentums. Sie ist die Sammlung des Gesetzesschrifttums der Tannaiten und wurde im 2. Jahrhundert von Juda ha-Nassi redigiert – weltliche und religiöse Gesetze in inhaltlicher Anordnung (6 Hauptteile, 63 Traktate) handschriftlich geschrieben. Die Mishna wird von der »Gemara« kommentiert und bildet mit dieser zusammen den Talmud.

Zweifelsfrei auffallend ist die große Ähnlichkeit zwischen den hebräischen Buchstaben und jenen der griechischen Sprache bezüglich der Namen und der Reihenfolge. Dies läßt auf eine gemeinsame Muttersprache schließen, die der Kabbalist als Ursprache bezeichnen wird.

Bereits zu Anfang des vorliegenden Buches gab ich den Hinweis, daß Kabbalah auch ohne ausgezeichnete Hebräischkenntnisse verstanden werden kann. Spätestens seit Fanz Bardons Schriften ist es jedem möglich, dabei bei seiner Muttersprache zu bleiben, ohne erst Hebräisch lernen zu müssen. Obwohl Bardon sich offensichtlich an Quellen hebräischer Herkunft anlehnte, filterte er alle religiösen Färbungen heraus und schuf ein »überkonfessionelles« Kabbalah-System, auf das wir in diesem Buch immer wieder zurückgreifen werden. Trotzdem habe ich mich entschlossen, das Sefer Jezirah (Buch der Schöpfung) ausführlich zu beschreiben. Da das Sefer Jezirah auf das hebräische Alphabet aufbaut, werden wir uns dort auch mit den hebräischen Buchstaben auseinandersetzen. Der Übungsteil dieses Buches beschäftigt sich allerdings ausschließlich mit dem deutschen Alphabet.

In vielen kabbalistischen Systemen wird zum Meditieren auf die einzelnen hebräischen Buchstaben angeleitet. Dieser Praktiken bedienen sich auch manche Orden und Logen der Rosenkreuzer und Freimaurer. Viele jener Übungen und Praktiken sind mir bekannt. Ohne Zweifel entfalten sich bei der meditativen Versenkung mit einem hebräischen Buchstaben enorme und spürbare Kraftströme. Der Praktizierende möge aber die Überlegung mit ins Kalkül einbeziehen, daß weltweit einige Millionen Menschen täglich meditativ oder rituell mit diesen Buchstaben (ihrer graphischen Darstellung) arbeiten. Über das morphogenetische Feld sind all diese Menschen miteinander verbunden und stehen über ihre Übungen miteinander in Wechselwirkung – ob sie das wollen und wissen oder nicht. In Anbetracht des sich weltweit steigernden religiösen Fanatismus kann man gewiß sein, daß sich viele nicht gerade »reinen Herzens« an dieses Feld angeschlossen haben und auch keine Wahrheitssuchenden im spirituellen Sinne sind. Der kabbalistisch Übende möge daher überlegen, ob er sich mit diesen Methoden an dieses morphogenetische Feld, das mit an Sicherheit grenzender Wahrscheinlichkeit gezielt politisch mißbraucht wird, anschließen und es mit seiner eigenen Lebenskraft nähren oder ob er sich lieber mit dem reinen Ursprung, der frei von religiösen Dogmen und Vorstellungen ist, verbinden will. Letztere Möglichkeit wurde von Bardon, aber auch von Daskalos aufgezeigt und in diesem Buch aufgegriffen.

Größtenteils stimmen die hebräischen Buchstaben mit jenen des deutschen Alphabets überein. Manche hebräischen Buchstaben haben die gleiche Aussprache wie im Deutschen, andere Buchstaben wie Ä, Ö, Ü sind im Hebräischen nicht zu finden. Diese Tatsache mag beim Arbeiten mit dem Sefer Jezirah verwirren (dritter Teil des Buches), spielt aber in der tatsächlichen Praxis, die im zweiten Teil dieses Buches beschrieben wird, keine Rolle, da dort, wie bereits erwähnt, ausschließlich mit der deutschen Sprache gearbeitet wird

Über die Kabbalah

Theophrastus Bombastus von Hohenheim (Paracelsus; 1493–1541)

Der Erdboden, das Wasser, die Luft, das Feuer haben ihren Ursprung aus drei Dingen. Diese drei Dinge sind nicht eher denn der Erdboden, das Wasser, Feuer und Luft geschaffen worden. Diese drei Dinge haben eine Mutter gehabt, aus der sie geschaffen wurden, und diese Mutter war das Wasser. Denn als die ganze Welt geschaffen wurde, hat der Geist Gottes über den Wassern geschwebt. Denn durch das Wort »Fiat« ist zuerst das Wasser geschaffen worden und danach aus dem Wasser alle Kreatur, tot und lebendig. Und werden also diese drei Dinge mit ihren rechten Namen genannt: Sulfur, Merkurius und Sal. Das ist nun der Grund und die wahrhaftige Materie, woraus alle Tiere, woraus ferner der Mensch erschaffen wurde. Sodann wisset: Alle Dinge bedürfen zu ihrer vollkommenen Gebärung dreier Zeiten, des Lenzes, des Sommers und des

Herbstes. Dies bezeugt die Gebärung aller Früchte und aller Kreaturen der ganzen Welt. Wisset ferner, daß der Mensch also auch zu seiner Gebärung dreier Zeiten bedarf, nach Art und Bedarf der genannten drei ersten Materien, als Schwefel, Quecksilber und Salz. Diese drei Dinge haben zwei Regierer, nämlich das Salz hat den Mond zu seinem Herrn, der es beherrscht und regiert. So ist nun das Salz eine Materie und Substanz des Wassers und ist dem Wasser unterworfen, worin sich das Salz denn auch auflöst, und ist ein Teil des Winters und Herbstes. Die Sonne aber ist ein Herr und Regent des Sulfurs, denn der Sulfur ist hitziger und feuriger Natur. Darum löst er sich auch in Feuer und Sonne auf, denn die Sonne ist ein Herrscher und Regent des Lenzes und Sommers. Daß nämlich alle Dinge, d.h. alle Kreaturen, so das Leben haben oder auch kein Leben in sich haben, nichts anderes sind als Schwefel, Quecksilber und Salz, ist hochnotwendig zu wissen. So jemand diese meine Philosophie lesen und recht verstehen will, der soll wissen, daß Sulfur, Merkurius und Sal das rechte und beste Richtscheid und Wegweiser eines jeden Arztes sind, der da gründlich diese Philosophie verstehen will. Denn das Salz ist des Herbstes und Winters, und der Schwefel des Lenzes und Sommers Korpus, darin die Sonne und der Mond ihre Wirkung vollbringen. Das verstehet also: Das Salz gibt allen Kreaturen die Form und Farbe, der Sulfur aber gibt das Korpus, das Wachsen und die Verdauung. Und diese beiden sind der Vater und die Mutter, welche alle Kreaturen gebären mit Hilfe der Gestirne. Das heißt, Sonne und Mond gebären durch Sulfur und Salz den Merkurius. Der Merkurius, wenn der geboren ist, bedarf zu seiner Unterhaltung, seiner täglichen Nahrung allezeit weiter des Schwefels und Salzes zum Aufwachsen. So wisset ferner, daß Gott in die Seele und ins Wasser viel und mancherlei Schwefel und Salz gelegt und geschaffen hat, d.h., ein jedes Geschöpf, so viele ihrer auch sind, ob sie Leben haben oder nicht, hat in Wasser und Erde seinen eigenen Sulfur und Sal, woraus es seine Nahrung zieht. Denn das Salz gibt allen Dingen, die das Leben haben oder nicht, den Geruch und die Faulung im Magen. Dem Unverständigen wird das seltsam vorkommen. Daran ist schuld, daß man sich gewöhnlich über nichts mehr verwundert als über das, was man nicht verstehet. Nun wisset ihr wohl, daß der Erdboden täglich von den Gestirnen beeinflußt wird, d.h., Erde, Sonne und Mond, diesen drei Dingen ist Gewalt gegeben, zu gebären, reif zu ma-

chen und zu erzeugen. Denn alle Geschöpfe bedürfen ihrer Nahrung, da sie aus den dreien geschaffen sind, deren sie täglich zu ihrer Speisung und Erhaltung nicht entbehren können. Der Storch bedarf der Frösche, der Kranich bedarf ihrer auch, und so viele andere Kreaturen. Die Schwalbe bedarf der Fliegen und Mücken, die Biene der Blumen auf dem Felde, um Honig zu bereiten, der Bär wartet auf den Honig, usw. Dies ferner und weitläufig zu überdenken, empfehle ich den Verständigen, denn das bedarf keines besonders großen Nachweises, da es von vorneherein in gutem Wissen steht. Nun merket, daß zu solcher Gebärung die große Welt des Lenzes, Sommers und Herbstes bedarf, damit die Geschöpfe erhalten bleiben und Speise bekommen. Denn diese Einwirkung hört nicht auf bis zum Ende der Welt. So viel habe ich zur Einleitung bemerken wollen, auf daß das Nachfolgende um so klarer zu verstehen sei.

Nun sollt ihr wissen: Sobald eine lebende Kreatur geboren werden soll, so müssen zwar der Vater und die Mutter dasein, damit die fernere Kreatur zustande komme. Nun, dieser Vater und diese Mutter, welche zur Geburt, d.h. zur Empfängnis der Geburt, verhelfen, ist das Salz als die Mutter mit dem Monde und der Schwefel mit der Sonne als Vater, d.h., Sulfur und Salz sind der Samen aller Geschöpfe. Dieweil es nun so steht, daß Sonne und Mond Vater und Mutter sind, und das ist astronomisch, so will es sich auch für mich schicken, diese Dinge astronomisch vorzutragen, wie zuerst die Kreaturen, welcherlei Art sie auch sein mögen, durch die angegebene Sonne und den Mond geboren werden. Daß diese Geburt, wie hier gesagt, geschieht und zugeht, beweist die große Welt alle Jahre einmal durch die drei Zeiten des Jahres, wie besonders zu merken ist. Drum so werde ich mit der niederen Geburt anfangen, d.h. mit der geringsten, und weitergehen bis zur allerhöchsten, also vom geringsten lebenden Tiere bis auf den König, d.h. den Menschen, welcher ein irdischer Herr und König aller Tiere ist.

Ihr sehet im Mai, nachdem der Winter vergangen ist, daß sich alles zu regen beginnt, was neues Leben zu empfangen befähigt ist. Denn zu dieser Zeit fängt die ganze Welt an, sich zu erneuern und zu grünen. Darauf achte, daß jede Kreatur, die Leben in sich hat, sich mit der großen Natur freut; das spürt man bei Kraut und Baum und allen Dingen der ganzen Welt. Diese Freude gleicht einer schwangeren Frau, die Gefallen, Lust und große Freude daran findet, ihre empfangene Frucht zur Welt zu bringen. Dies geschieht aber nicht eher, als bis die Zeit vollendet und ganz zum Ende gekommen ist. Ein Gleichnis bietet der Baum, der voller Früchte hängt und wegen der Last und Fülle seiner Früchte überdrüssig geworden ist, die schwere Last der Früchte zu tragen. Denn alle Dinge sind zu diesem Ende erschaffen. Dieserhalb hat Gott allen Geschöpfen ihren eigenen Herbst und Ernte verordnet, d.h. einem jeden Geschöpf seinen eigenen Herbst. Denn sobald eine Kreatur herangereift ist, stellen sich alsbald Erntezeit und Herbst ein und die Zeit, sich in Kelter und Scheune zu begeben, wohin eine jede Kreatur von Gott bestimmt ist, der Vogel ins Bauer, der Wein ins Faß, das Korn in die Scheuer. Weil aber der Früchte in der Welt vielerlei und mancherlei sind und jede ihren eigenen und besonderen Herbst, Sommer und Mai hat, so gibt es auch vielerlei Maienzeit, nach Art und Erfordernis der Eigenschaften einer jeden Kreatur, vielerlei Sommer und vielerlei Herbst. Vom Winter soll nicht geredet werden, denn er soll hier jetzt nicht eingemischt werden. Weil nun jedes Geschöpf, wie gesagt, seinen eigenen Mai hat zur Empfängnis und Geburt, so soll zuerst vom Mai der großen Schöpfung, d.h. von der Welt, geredet werden. So wird sich hernach der Mai der anderen und kleineren Kreaturen desto leichter und besser aus sich selbst erklären und auslegen. Ebenso auch der Sommer und der Herbst aller Geschöpfe.

Vom Mai der großen Welt

Das Wasser, d.h. das Element des Wassers, ist die Mutter aller Geschöpfe. Da nun die Mutter nicht gebären kann, ohne zuvor den Samen zu empfangen, aus dem die Frucht wächst oder wachsen soll, so folgt daraus, daß ein Vater dasein muß, der durch natürliche Begierde und Lust den Samen in das Mutterteil ausschüttet. Nun sind der Mond und das Element Wasser der Mutterleib und die Sonne und das Element des Feuers der Vater, der den Samen enthält und trägt, welcher Vater den Samen in das Mutterteil ausgießt, damit Früchte geboren werden. Der Samen der Früchte ist der Merkur, der zu seiner Reise, seinem Wachstum und seiner Vollkommenheit Sulfur und Sal bedarf. Hieraus ergibt sich nun, daß das Wasser und das Element des Wassers diesen Samen Merkur allezeit in sich hat, Frucht zu gebären. Es kommt aber auf die Lust und den Willen des Vaters an, der nicht jederzeit den Samen herausgeben kann, soll und will. Denn dieser Vater hat ein bestimmtes Maß und Ziel, eine bestimmte Zeit nach Gottes Anordnung, wann er die Frucht erzeugen soll. Das heißt, Sonne und Mond sollen nicht eher Frucht bringen, als bis die Zeit des Maien gekommen ist, d.h. die von Gott bestimmte Zeit, und das ist der Mai. Wenn nun der Samen zum Wachsen kommen soll und die zwei Genannten, Sulfur und Sal, von den Eltern angetrieben werden, den Samen zu fördern, so entwickelt sich im Erdboden zunächst eine Kälte mit Hilfe des Planeten Saturn, der ein Führer des Mondes ist. Das heißt, Saturn ist das Roß, Luna der Wagen. Dieser Saturn erzeugt durch den Mond eine Kälte im Erdboden, d.h. im Samen Merkur, welcher im Erdboden und im Wasser liegt. Diese Kälte ist zweierlei Art, d.h. hermaphroditisch, und zieht die Art des Mondes und der Sonne an sich, also Kälte und Hitze zugleich und zusammen. Die Hitze und Kälte aber, deren der Same Merkur zu seiner Entwicklung bedarf, darf nicht streng, sondern muß lind, mäßig und temperiert sein. Daher gibt es im ganzen Jahr keine lindere, gesündere, subtilere Hitze und Kälte als eben im Maien der ganzen Welt. Auch hat dieser Samen in sich die Art des Mondes, d.h. die Art der zwölf Zeichen der großen Welt. Und dieser Samen kann nicht anders zum Wachsen und Gebären treiben als durch die Sonne, den Vater, und den Mond, die Mutter, und das zu keiner anderen Zeit als eben im Mai.

Wenn nun, wie angegeben, das Element Wasser empfangen hat, d.h. Lust und Willen zu gebären (denn dieser Mutterleib bedarf nur des Willens und der Lust zu gebären, weil der Same der drei ersten, Sulfur, Merkur und Sal, bereits in ihm liegt), so bläht sich dieser Mutterleib auf, d.h., das Element Wasser wird trüb und fett, schmutzig und schlüpfrig, je länger, desto mehr, so lange, bis der Samen aus den Samengefäßen über ihn, d.h. über die Wasser, ausgegossen ist. Das werdet ihr im Anfang des Maien auf dem Wasser, d.h. auf den Weihern, Teichen und Gruben, sowie auf den Feldern finden. Daraus wachsen Frösche und Kröten, und ihr pflegt es Froschlaich zu nennen. Dieser Froschlaich ist zunächst ein Salz, ein salpetrisches Salz der Erde und des Wassers. Es vermischt sich mit Wasser nur allmählich, ganz allmählich, ein we-

nig und wieder ein wenig. Dieses Salz wird durch Hilfe und Zutun der Sonne dem Sulfur einverleibt, was zur Bildung einer solchen Frucht notwendig ist. Denn kein Salz kann auf dem Wasser schwimmen, weil es sich im Wasser auflöst. Da nun das Salz auf dem Wasser weder schwimmen kann noch schwimmen muß, vielmehr bei diesem Vorgang der Sulfur dem Salz einverleibt und eingeboren wird, so wird jeder Sulfur öliger Art und schwimmt auf dem Wasser, wie es denn des Sulfurs Art ist, immer obenauf zu schwimmen. Denn seine Art ist, sich nicht mit dem Wasser zu vermischen, vielmehr obenauf zu schwimmen. So ist des Schwefels Art. Hieraus folgt nun, daß das große Elternpaar, Sol und Luna, diese zwei, nämlich Sulfur und Sal, miteinander vereinigt und vermählt. In der Mittelzeit solcher Vereinigung wird der Samen reif und durch Sol, den Vater, und Luna, die Mutter, vollkommen; geboren schwimmt er nun auf dem Wasser. Weil das Salz allen Dingen die Form gibt und solches Salz vorherbestimmt ist, samt dem Sulfur und Merkur, ein Frosch zu werden, so wird ein solcher nach der Vorausbestimmung daraus, und das nach Art der Vorsehung Gottes und nach Art der Vorausbestimmung. (aus: Mikrokosmos und Makrokosmos – okkulte Schriften)

Die mystische Kabbalah

Das Symbol des Lebens und
die zehn kabbalistischen Schlüssel

Der Lebensbaum

Der Baum des Lebens

(von Rabbi Yitzhak Luria, dem Ari, Bnai Baruch)

Wisse, daß vor der Schöpfung
Nur das eine höhere Licht existierte,
Welches einfach und unbegrenzt war
Und das gesamte Universum erfüllte.
Es gab kein Erstes und kein Letztes,
Keinen Anfang und kein Ende,
Alles war gleichmäßig ausgewogenes unendliches Licht,
Harmonisch und sanft,
Vollkommen in Erscheinung und Art,
Als diese Welt und Seine Kreaturen
Durch Seinen Willen geschaffen wurden,
Und Er so Seine Perfektion enthüllte,
Quelle der Schöpfung aller Welten.
Hier, wo Er sich in Seinem zentralen Punkt zusammenzog,
Bewirkte er eine Begrenzung und einen Rückgang des Lichtes
Und schuf aus diesem zentralen, vom Licht umgebenen Punkt
Einen aus Kreisen geformten leeren Raum.
Nach dieser Einschränkung von Oben nach Unten
Löste sich ein Strahl des unendlichen Lichts
Und stieg stufenweise durch Evolution
In diesen leeren Urraum hinab.

Vereinigt und verschmolzen mit diesem Strahl,
Durchquerte das ewige Licht
Diesen leeren kreisförmigen Raum,
Und alle vollkommenen Welten waren erschaffen.
Vor diesen Welten gab es nur Ihn,
In einer solch perfekten Einheit,
Daß deren Schönheit
Sich keine Kreatur vorzustellen vermag.
Von keiner einzigen Intelligenz kann Er jemals erfaßt werden,
Denn Er bewohnt keinen Ort, und Er ist unendlich.
Er war, Er ist,
Und Er wird immer sein.
Und der Lichtstrahl stieg hinab,
In die dunkle Leere dieser Welten
In der jede Welt um so wichtiger ist,
Je näher sie sich am Licht befindet,
Bis zu unserer materiellen Welt,
Die in ihrem Zentrum liegt,
Innerhalb aller Kreise,
Inmitten dieser schillernden Leere,
Weit entfernt von dem,
Der eins ist,
Ferner noch als alle weiteren Welten,
Von Seiner Materie extrem erschwert.
Denn innerhalb aller Kreise,
Da ist sie,
Genau im Zentrum
Der leuchtenden Leere.

Die Sefiroth - Die Schalen der Schöpfung

Die vielschichtigen Bedeutungen des Symbols des Lebens, des kabbalistischen Lebensbaums, bespricht das vorliegende Buch ausführlich in den Kapiteln des Sefer Jezirah. Vergegenwärtigen Sie sich jedoch, daß alles, was über den Baum oder einen seiner Pfade gesagt wird, gleichzeitig auf mehreren Ebenen existiert. Derjenige, dem die mystischen Erklärungen der Schöpfung zum eigenen Verständnis oder gar zum Zwecke irgendeiner Beweisführung nicht ausreichen, möge sich mit den modernen Schriften der Quantenphysik beschäftigen (Buchempfehlung: Stephen Hawking, Das Universum in der Nußschale). Dort wird er dann viele Parallelen finden können, allerdings in ein anderes Vokabular gekleidet. Alles, was die moderne Physik über Dimensionen, über Raum und Zeit zu wissen glaubt, ist bereits Bestandteil des Wissens der Alten. Wird in der Quantenphysik von drei Grundkräften gesprochen, so findet der Kabbalist korrekte Entsprechungen bei den Beschreibungen der Mutterbuchstaben Schin, Alef, Mem – Feuer, Luft und Wasser.

Nach den alten Kabbalisten befindet sich der kabbalistische Lebensbaum – und somit alles in der Schöpfung Existierende – auf vier Ebenen, Welten, gleichzeitig. Diese vier Welten nennt man in der hebräischen Terminologie:

1. Aziluth – die Welt der Emanationen [Aussendungen]: der Göttliche Ursprung, die Archetypen [Urformen], das mental Abstrakte;
2. Beriah – die Welt der Schaffung Gottes: die Welt des Mentalen, des Denkens, die Sphäre des Geistes:
3. Jezirah – die Welt der Formung: die Instinkte sowie das niedere Empfinden, die Astralwelt:
4. Assiyah – die Welt der Aktion: das physische, die Verdichtung der feinstofflichen Welt, der Zodiak [Kreis des Lebens, Tierkreis] der Planeten.

Der Lebensbaum existiert nun nicht nur gleichzeitig in vier Welten, sondern innerhalb jeder einzelnen Sefirah findet sich noch einmal ein vollständiger Lebensbaum, der sich wiederum in zehn Schalen – die Sefiroth – aufteilt, die ebenfalls einen Lebensbaum enthalten. In dieser Darstellung wird deutlich, wie unendlich die Schöpfung tatsächlich ist – unbegreiflich für das menschliche Bewußtsein.

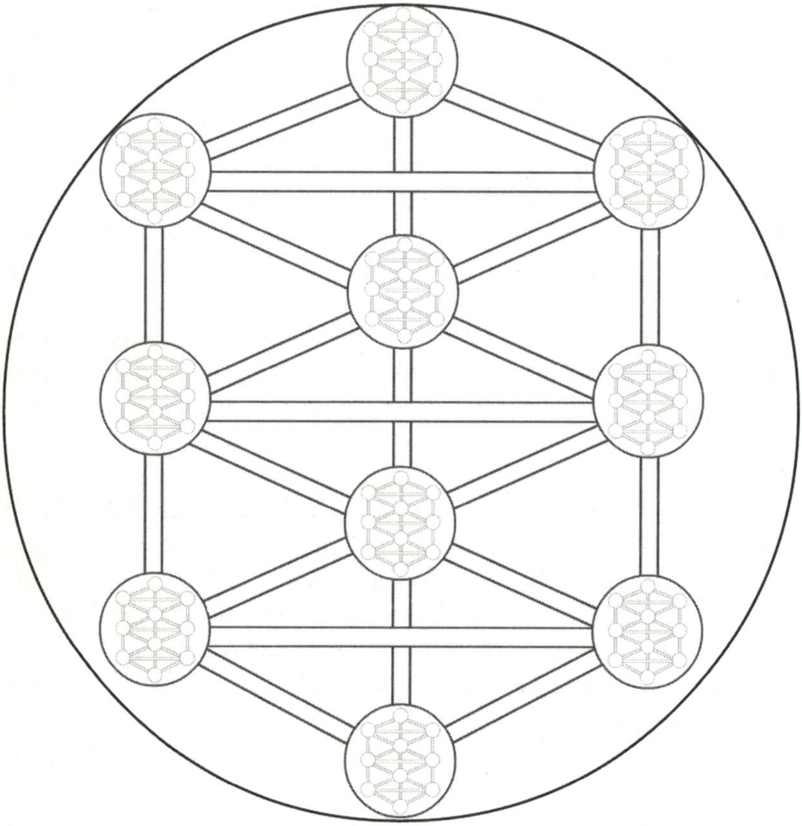

Der Orden vom Golden Dawn

Der Orden vom Golden Dawn hat die okkulte Landschaft der westlichen Mystik maßgeblich geprägt, so auch die Anhänger der Theosophischen Gesellschaft [1875 gegründet von Helena P. Blavatsky], aus der zahreiche noch heute bestehende Strömungen der Esoterik hervorgingen. Obwohl ich mit einigen Inhalten und kabbalistischen Zuordnungen dieses Ordens nicht konform gehe (wie im Kapitel »Die Sefiroth« aufgeführt), sei er hier in seiner Funktion als Meilenstein in der spirituellen Entwicklung des Westens gewürdigt.

Aus dem Sphinx Lexikon:

Die Gründung dieses für die Magie des 20. Jahrhunderts so wichtigen Ordens beginnt mit dem Auftauchen des Cypher Manuscripts und Briefen einer gewissen Anna Sprengel im Jahre 1887. Der Geistliche und Arzt Woodman, der diese in einer Geheimschrift abgefaßten Dokumente entdeckte, gab sie an Westcott weiter, der seinerseits den jungen Freimaurer MacGregor Mathers mit der Entzifferung betraute.

Das Manuskript enthält fünf mystische Rituale und die Briefe Sprengels, die der deutschen Rosenkreuzergesellschaft »Goldene Dämmerung« angehörte. 1888 gründeten Wescott, Woodman und Mathers in London den »Isis-Urania Temple of the Hermetic Order of the Golden Dawn«. Anfänglich beschränkte sich die Ordenstätigkeit auf das Studium von okkulten Texten, besonders von Zauberbüchern und die Durchführung von Ritualen und magischen Operationen (das Schließen eines Paktes mit seinem Schutzengel, das Herstellen von Talismanen und Sigillen etc.).

In Anlehnung an die zehn Sefiroth hatte der Orden zehn Grade: 1. Zelator, 2. Theoricus, 3. Practicus, 4. Philosophus, 5. Adeptus minor, 6. Adeptus major, 7. Adeptus exeptus, 8. Magister templi, 9. Magus, 10. Ipsissimus.

Die Lehren des Golden Dawn enthalten vor allem Elemente der Kabbalah, Gedankengut der Rosenkreuzer, der Theosophie und der ägyptischen Magie und Mythologie. 1892 wurde von Mathers ein »innerer« Orden »Ordo Rosae

Rubae er Aurae Crucis« [Orden der roten Rose und des goldenen Kreuzes] gegründet. Wer den Grad des Adeptus Minor erlangt hatte, konnte diesem zweiten Orden beitreten. Die Rituale, welche die Adepten dieses Grades vollziehen mußten, stammten von Mathers, der vorgab, sie von geheimen Meistern [Secret Chiefs] empfangen zu haben.

Jeder Adept musste sich sieben Ausrüstungsgegenstände herstellen: 1. einen Kelch für das Element Wasser, 2. einen Dolch für die Luft, 3. eine Scheibe für die Erde, 4. einen Zauberstab für das Feuer, 5. ein Schwert für die feurige Energie des Mars, 6. einen Lotosstab für die allgemeinen Beschwörungen, 7. ein Rosenkreuz. Diese Insignien erhielten ausgewählte Farben, die nach der Überzeugung des Golden Dawn ein Bindeglied zwischen der Welt des Geistes und der Welt der Materie waren. Überhaupt spielt die Farbentheorie eine wichtige Rolle, weil man mit Hilfe von Farben gezielt in das Unterbewußte eindringen konnte. So stellte man 25 (fünf Grundtattwas und zwanzig Subtattwas) verschieden gestaltete Tattwas her, die man zum Visualisieren benutzte. Aber auch mit Tarotkarten und magischen Zeichen rief man solche Astralvisionen hervor.

Die geheimen Lehren, Rituale und Instruktionen, die »Flying Rolls« [fliegende Rollen] hießen, wurden teilweise von Crowley in der Zeitschrift Equinox und ausführlich von Regardie (The Golden Dawn, 4 Bände 1937-40; Francis King: Astral Projection, Magic and Alchemy) veröffentlicht.

Nachdem Crowley 1898 dem Orden beigetreten war, kam es 1900 zum Konflikt, der damit endete, dass der Orden in gegenseitig sich befehdende Fraktionen zerfiel. Mathers, der sich in Paris aufhielt, geriet mit der Londoner Gruppe in Streit. Crowley gründete seinen eigenen Orden (A.A.) und veröffentlichte geheime Ordensrituale.

Nachdem Mathers und Crowley den Golden-Dawn verlassen hatten, übernahm Yeats die Leitung des äußeren und des inneren Ordens. Nach dem Ausscheiden Yeats im Jahre 1901 kam es zu einer Spaltung. Die Anhänger Mathers bildeten den »Alpha und Omega Tempel«, und eine andere Gruppe schloß sich 1903 als »Stella Matutina« [Morgenstern] Waite an, an dessen Stelle 1915 Felkin trat.

Das Wassermannzeitalter - ein neuer Baum

Viele Kabbalisten sowie westliche Okkultisten und jüdische Rabbiner sind sich zwar bezüglich der grafischen Grundform des Lebensbaums einig, allerdings machen sie Unterschiede hinsichtlich der Zuordnung und Bezeichnung der 22 verbindenden Pfade.

Betrachten wir den Lebensbaum der herkömmlichen Darstellung, so wird dem Leser auffallen, daß die sogenannte Mittlere Säule mit den Sefiroth Tifereth, Jesod und Malkuth nach unten herausgezogen ist. Dies ist die Darstellung der Getrenntheit der Materie und unserer Erde vom Göttlichen Ursprung und Bewußtsein. Das Reich Malkuth erfährt dadurch eine Überbetonung.

Wir alle wissen, daß nun das sogenannte Wassermannzeitalter, das Zeitalter des Geistes, angebrochen ist. Die Materie, unsere Erde und schließlich Malkuth gewinnen durch die höhere »atomare Teilchenschwingung« eine feinere Qualität, die ein höheres Bewußtsein mit sich bringt. Dadurch »schwingt« sich die Sefirah Tifereth vom Zentrum des Solarplexus – Ego – nach »oben« ins Herzzentrum und zieht Malkuth zurück in die natürliche Anordnung innerhalb der Schöpfung. Auf diese Weise wird sich der Mensch weg vom Materialismus hin zum Theoismus bewegen können – eine Evolutionsphase, die etwa 2000 Jahre andauern wird. Nach buddhistischer Lehre wird dann die Zeit des zukünftigen Buddha anbrechen – von Buddha Maitreya, der 4000 Jahre nach Gautama Buddha erscheinen soll. Ist dies möglicherweise der kommende kosmische Christus?

Eine der Öffentlichkeit bisher völlig unbekannte Darstellung des kabbalistischen Lebensbaums hat nach seinem physischen Tod der christliche Mystiker und Meister Dr. Stylianos Atteshlis, bekannt als Daskalos († 1995), in loser Manuskriptsammlung hinterlassen. Seine Aufzeichnungen sind derart wertvoll, daß es mir angebracht erschien, auf die Ausführungen von Daskalos näher einzugehen und sie in unser Übungssystem zu integrieren.

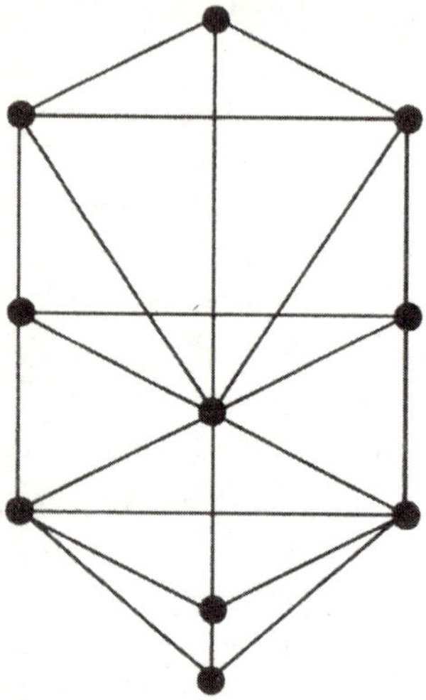

herkömmlicher Lebensbaum

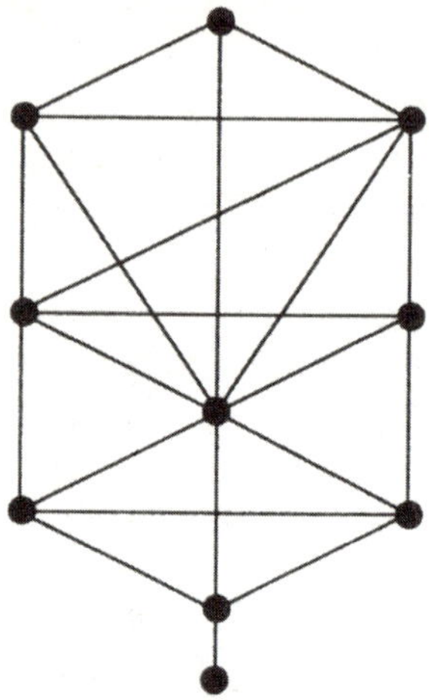

Lebensbaum nach der Safed-Schule

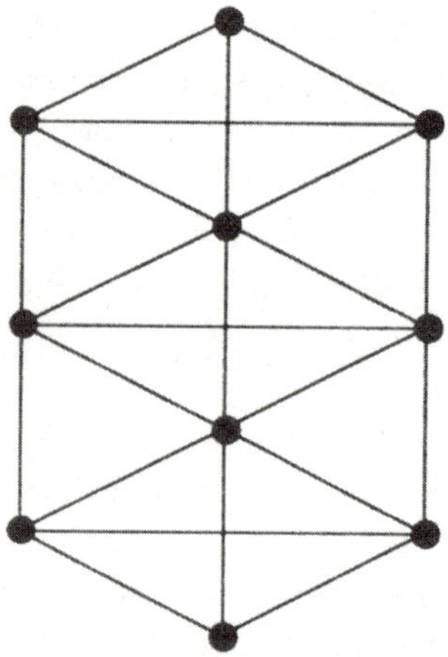

Lebensbaum mit natürlicher Anordung

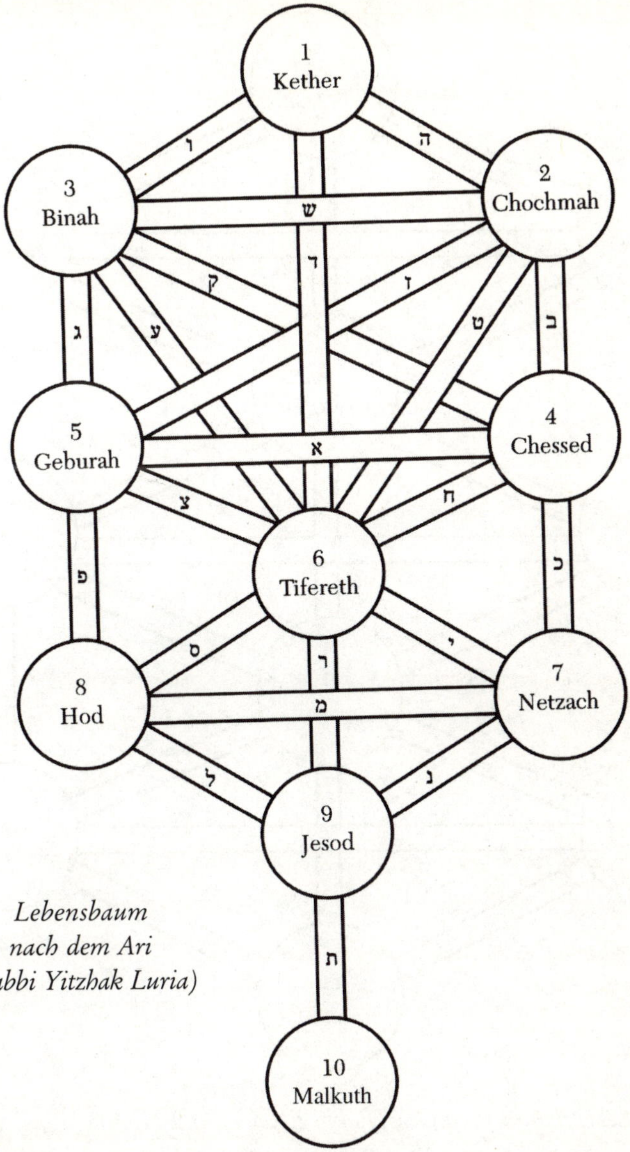

Lebensbaum nach dem Ari (Rabbi Yitzhak Luria)

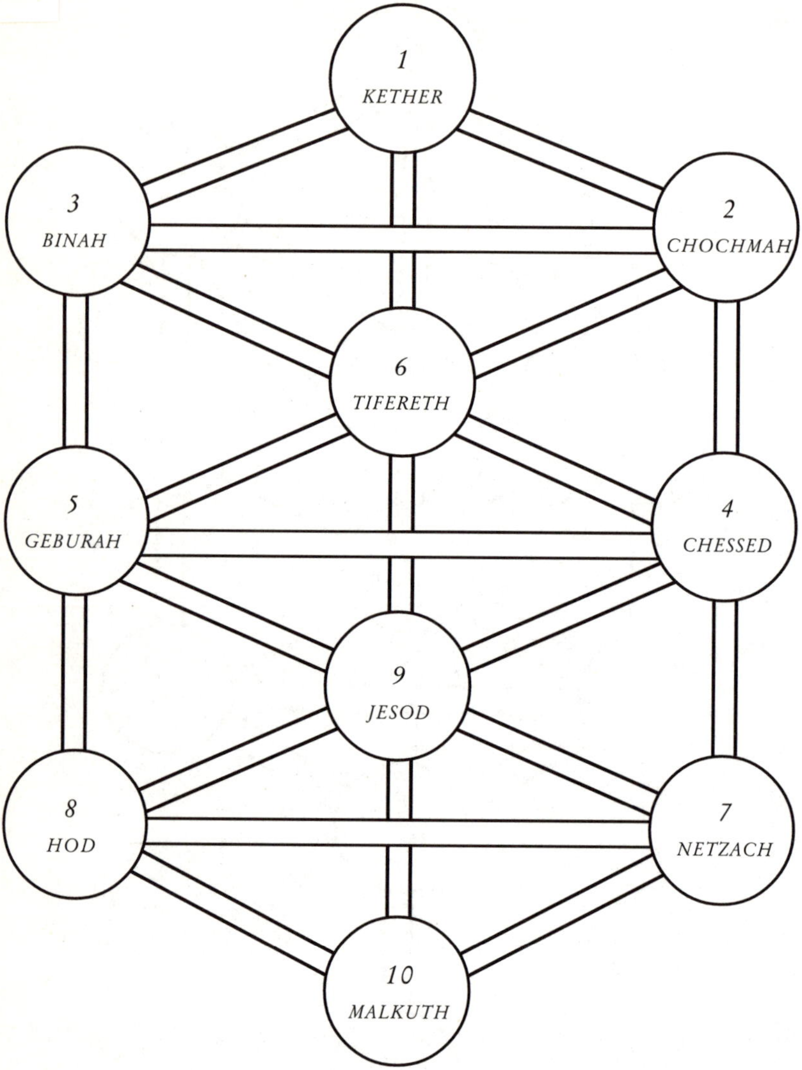

Lebensbaum nach Gra (Rabbi Elyaou) und H.·.O.·.M.·.

Ausdrücklich erklärt der Hellsichtige seine Distanz zum jüdischen Lebensbaum, dem Etz Ha Chayim. Er sagt jedoch gleichzeitig, daß das von ihm wiedergefundene System zwar gut und sicher ist, aber natürlich nicht das einzige, das zur Wahrheit führt und dem Selbst spirituellen Auftrieb zu geben imstande ist. Meiner Erfahrung nach erlaubt das von Daskalos vermittelte System durchaus die Integration der Kabbalah nach Bardon und der Ausführungen des Ari (Rabbi Yitzhak Luria, 1534–1572), des Rabbi Abraham Abulafia (1240–1288) und des Gra (Rabbi Elyaou, Gaon von Vilna, 1710–1798). Beim genauen Prüfen des Erbes von Daskalos verschwinden die scheinbar großen Unterschiede, wenn man sich die Mühe macht, die Wurzeln der Wahrheit insgesamt aufzuspüren.

Daskalos beschreibt die Schöpfungsgeschichte des Alten Testaments und bezeichnet es als Buch voller Wahrheit über die Schöpfung, die darin in symbolischer Form dargestellt wurde. Seine Absicht sei es nicht, so bemerkte der Eingeweihte, den Inhalt der Genesis und der übrigen Kapitel der Bibel abzuwerten, doch könne man viele Ansichten der damaligen Autoren nicht bedenkenlos teilen: »Mit allem Nachdruck müssen wir die Ansicht zurückweisen, daß die absolute unendliche Seinsheit, Gott, und der allweise und allmächtige Logos, so als wären sie mit menschlichen Schwächen behaftet, ihre Nachkommen, die Menschen, für Ungehorsam straften. Ein Wahrheitsforscher glaubt an den überaus weisen Göttlichen Plan – unfaßbar für den menschlichen Verstand –, der ganz bestimmt die Freude, den Willen, die Allweisheit, die Allmacht und ganz besonders die Liebe und die Gnade Gottes ausdrückt.«

Aton Pa Aa-a Neb-a En Pet En Maat En Utta
[Aton, der Gott, Großer Herr des Himmels, der Gerechtigkeit, der Kraft]

Der prähistorische Mensch lebte gemäß dem Instinkt und nutzte die Kraft seines Göttlichen Geistes nur sehr wenig. Er vergötterte die Sonne, da er fühlte, daß er von dort Kraft erhielt; er betete zum Mond, zum Feuer, zu Bergen und Flüssen. In seiner Vorstellung der Naturkräfte, von denen der Urmensch sich als abhängig empfand, gab er seinen Göttern menschliche Gestalt und Namen. Diese geschaffenen Götter waren nichts anderes als Elementale [dazu Franz Bardon: *»Die Mentalsphäre ist außerdem noch die Sphäre der Elementale. Das sind Wesen, die vom Menschen infolge eines wiederholten intensiven Denkens bewußt oder unbewußt geschaffen wurden. ... Der Unterschied zwischen einer Gedankenform und einem Elemental ist der, daß der Gedankenform eine oder mehrere Ideen zugrunde liegen. Das Elemental dagegen ist mit einem Quantum an Bewußtsein und somit Selbsterhaltungstrieb ausgestattet, unterscheidet sich aber ansonsten nicht viel von anderen Mental-Lebewesen, ja es kann sogar dieselbe Form haben wie eine Gedankenform. Der Eingeweihte bedient sich vielfach dieser Elementalwesen.«]*, die nur durch die Anbetung vieler Menschen Kraft gewannen und von einer gewissen Intelligenz durchdrungen wurden. Durch diese Vergötterung wurden die Elementale immer stärker, bis sie einen großen, machtvollen Einfluß auf ihre Erzeuger, die Menschen, ausübten.

Dem Kabbalah-Schüler wird hier sicherlich klar, daß es sich bei den kabbalistischen Buchstaben – siehe Kapitel »Praxis: Die hohe Kabbalah« und »Sefer Jezirah« – ebenfalls um Elementale handelt, um deren Beherrschung es geht.

Mit der Zeit lernte der Mensch, seine Erfahrungen durch Symbole darzustellen und diese seinen Nachkommen weiterzugeben. Er begann, Symbole an die Wände von Höhlen zu malen oder zu ritzen. Diese Zeichen drückten das Gedankengut seiner Gemeinschaft aus, verbanden sich mit ihm und wurden schließlich selbst zu mächtigen Elementalen. Die stärksten Symbole, die wiederum zu Elementalen wurden, sind die ägyptischen Hieroglyphen, die in Daskalos' kabbalistischem System eine besonders große Rolle spielen und von ihm den verschiedenen Sphären – Sefiroth – als Einweihungsschlüssel zugeordnet wurden.

Die wichtigsten Hieroglyphen

Knut-Kha: Symbol der diskarnierten [entkörperten] Seele

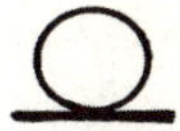

Ankh: bedeutet Leben und symbolisiert den inkarnierten [fleischgewordenen] Menschen

Ankh-Kha-Kha: Symbol für den eingeweihten Hierophanten, den Meister seiner drei Körper [physischer, astraler und mentaler Körper]

Ttuau oder Neter Khet: Symbol für den psychischen Körper [Astralkörper] und die Astralwelt [Unterwelt]

Sba Ttuau: das Pentagramm, Symbol für die Persönlichkeit des Menschen

Sba Sa-as: der Sechsstern, heute als Davidsstern bekannt, symbolisiert das Seelenego, die Individualität des Menschen

Mer oder Khen: Liebe

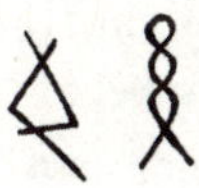

Ab: Herz

Utta: Symbol der Kraft, Stärke, Energie und Aktivität

Senb: Symbol der Gesundheit

Etwa 1500 v. Chr. wurde im Sommer (Juli) der Sohn einer israelisch-ägyptischen Sklavin geboren. Diesen Knaben adoptierte – um ihm das Leben, das in Gefahr war, zu retten – Shakn, die Tochter des Pharao. Er erhielt den Namen Kniu-Mu Mosis. Mosis wurde vom Hohepriester des Amon-Ra gesegnet und wurde später selbst Hohepriester des Amon-Ra. Die höchsten Einweihungen wurden ihm zuteil, so daß er sein Bewußtsein auf hohe Ebenen erheben konnte, um die Götter (Elementale) zu beschwören und ihre Kräfte unter seine Herrschaft zu bekommen. Das zweite Buch Moses (AT) beschreibt die Ereignisse und die Plagen, die Moses durch den Gebrauch des ägyptischen Symbols des Lebens und die darin enthaltenen Kräfte, Elementale, zu bewirken imstande war.

Bedingt durch die Feindschaft, die zwischen Shakh Kniu-Mu Mosis (bibl. Mosis) und dem Pharao Akh-Mosis entstand, veränderte der israelitische Mosis das ägyptische Symbol des Lebens und gestaltete den Etz Ha Chayim, den hebräischen Lebensbaum, und die hebräische Kabbalah (siehe Kapitel »Sefer Jezirah«). Mosis entfernte die Namen der ägyptischen Götter aus dem Lebensbaum und ersetzte sie durch die Namen Kether, Chochmah, Binah, Chessed, Geburah, Netzach, Hod, Tifereth, Jesod und Malkuth.

Bei dem von Daskalos verwendeten Lebensbaum handelt es sich um das alte ägyptische Symbol des Lebens, das vom ägyptischen Prinzen und hohen Hierophanten Khor-Aton während der Regierungszeit des Pharao Ankh-en-Aton [Echnaton] mit dessen Zustimmung wiederum abgeändert wurde. (Nach den Ausführungen von Daskalos inkarnierte dieser Hohepriester später als der christliche Bischof Origenes. Bischof Origenes änderte das Symbol des Lebens übrigens abermals, indem er es den Offenbarungen des Johannes, dem esoterischen Teil des Neuen Testaments, anpaßte. Diesen erneuerten Lebensbaum gab er an die Essener weiter.)

Die zehn Sefiroth werden von Daskalos öffentlich nur durch Numerierung benannt. Dem Verständnis halber bleiben wir jedoch im vorliegenden Buch bei den allgemein bekannten Namen von Kether bis Malkuth.

Der Leser wird beim Durcharbeiten des nachfolgenden Textes bemerken, daß die einzelnen Sefiroth sowohl als Bewußtseinszustände zu verstehen sind – ganz so, wie es das Sefer Jezirah beschreibt – als auch als Weg des menschlichen Geistes, der gerade dabei ist zu inkarnieren, einen neuen Körper anzunehmen. Zieht man die Dauer einer menschlichen Schwangerschaft von der Zeugung bis zur Geburt in Betracht (280 Tage), so erkennt der meditierende Kabbalist sofort, daß der Menschengeist in den zehn Schwangerschaftsmonaten (zehn Mondmonate mit je 28 Tagen) die Sefiroth durchwandert, und zwar von Kether, Zeugung, bis Malkuth, Geburt. Innerhalb der Schwangerschaftsperiode verweilt die Seele genau 28 Mondtage im Bewußtseinsraum – der Sphäre – jeder Sefirah.

Im übertragenen Sinne durchläuft der Mysterienschüler seinerseits den umgekehrten Weg, indem er in Malkuth beginnt und dort seinen Charakter veredelt, in Jesod die Astralwelt kennenlernt und lernt, diese in sich und außerhalb zu beherrschen, und in Tifereth als freier Geist mit seiner Göttlichkeit verschmilzt. Dort erkennt er, daß er von Gott nie getrennt war, daß Gott nicht «mit» ihm, sondern in ihm ist, immer dort war und niemals woanders sein wird. Hat der Eingeweihte den dauerhaften Bewußtseinszustand Tifereths erreicht, so ist er selbst zum Christus (Gesalbten) geworden. Aus dieser Erkenntnis heraus sagte Jesus Emanuel, der Christ: »Ich und der Vater sind eins!« (Johannes 10,30 und 17,11) Doch die eigentlichen Worte der Macht lauten: »Ich bin wie Er!«

Die Sefiroth

1. Kether

Die obere Triade, gebildet durch Kether und die zwei ersten Pfade, werden von Daskalos als Zentrum Nr. 1 bezeichnet. Es symbolisiert das Göttliche Dreieck. Mikrokosmisch umfaßt dieses Göttliche Dreieck den menschlichen Kopf, wobei sich die Spitze – Kether – etwa 15 cm über dem Scheitel befindet.

Der nachfolgende, sich aus den Hieroglyphen ergebende Satz dient dem meditierenden Mysterienschüler als Mantra, mit dem er sich auf die höchsten Göttlichen Seinsebenen einschwingt.

Die ägyptischen Symbole sind:
A-an Rekh en tut Aarit Neter
[nicht sind bekannt die Taten Gottes]

Weitere Symbole, die in der oberen Triade enthalten sind:

- Khen – Unendlichkeit
- Senb – Gesundheit
- Ttuau, Sba – Stern
- Sba Ttuau – Pentagramm
- Sba Sa-as – Hexagramm

Beschreibung und Zuordnung des »Golden Dawn«

- *Bezeichnung:* Kether; die Krone; das Leben der Leben; das Verborgene der Verborgenen; die unergründliche Höhe; der Alte der Alten; der Alte der Tage; der Urpunkt; der Punkt im Kreis; das weiße Haupt; das Haupt, das nicht ist; Makroposopos; Amen; Lux okkulta; Lux interna; He
- *Magisches Bild:* ein alter bärtiger König, im Profil dargestellt
- *Gottesname:* Ehyeh
- *Erzengel:* Metatron, der Engel der Gegenwart

- *Ordnung der Engel:* Chayyoth ha – Qpdesch, die heiligen Kreaturen
- *Weltliches Chakra:* Reshit ha – Gilgulim, Primum Mobile, erste Bewegung
- *Spirituelle Erfahrung:* Einheit mit Gott
- *Tugend:* Erreichung, Vollendung des großen Werkes
- *Laster:* [keines]
- *Entsprechung im Mikrokosmos:* der Schädel, der Sah, Jechidah, der Göttliche Funke, der tausendblättrige Lotus
- *Symbole:* der Punkt, die Krone, der Svastika
- *Tarotkarten:* die vier Asse

As der Stäbe:	Wurzel der Mächte des Feuers
As der Kelche:	Wurzel der Mächte des Wassers
As der Schwerter:	Wurzel der Mächte der Luft
As der Münzen:	Wurzel der Mächte der Erde

- *Farben:*

in Aziluth:	Glanz
in Beriah:	reiner weißer Glanz
in Jezirah:	reiner weißer Glanz
in Asiyah:	Weiß, goldgefleckt

2. Chochmah

Chochmah befindet sich, bezogen auf den menschlichen Körper, gegenüber Binah, oberhalb der linken Schulter (nach Daskalos Zentrum Nr. 3, nach Sefer Jezirah die zweite Sefirah). Es ist das Zentrum des Heiligen Geistes sowie der Erzengel und kann mit Worten nicht beschrieben werden. Es ist das Zentrum der Weisheit, des unformulierten Gedankens. Derjenige, der es mit seinem Bewußtsein erreichen kann, hat die höchste Einweihung erlangt. Ihm steht es nun frei, seine Individualität mit dem Göttlichen Licht zur Einheit zu verschmelzen. In diesem Zentrum drückt sich die absolute Seinsheit – die Göttliche Vorsehung – als Heiliger Geist aus, um jene Schwingungen hervorzubringen, die als Quelle allem später Erschaffenen und Sichtbargewordenem dient. Eigenschaft der Erzengel ist es, über die Allmacht Binahs und über die Allweisheit Chochmas zu verfügen.

Ägyptisches Mantra zu Chochmah:
Entef Ses-Sem U-aa em Ankh
[Er führt mich im Leben]

Beschreibung und Zuordnung des »Golden Dawn«

- *Bezeichnung:* Chockmah, Weisheit
- *Magisches Bild:* eine bärtige, männliche Figur
- *Bezeichnungen für Chockmah:* die Macht Jezirahs, Au, Abba, der höchste Vater, Tetragrammaton, Jod des Tetragrammaton
- *Gottesname:* Jehova
- *Erzengel:* Raziel, das Geheimnis oder Wappen Gottes
- *Ordnung der Engel:* Ophannim
- *Weltliches Chakra:* Mazzaloth, der Zodiak
- *Spirituelle Erfahrung:* die Vision Gottes von Angesicht zu Angesicht
- *Tugend:* Hingabe
- *Laster:* [keines]
- *Entsprechung im Mikrokosmos:* die linke Gesichtshälfte
- *Symbole:* das Lingam, der Phallus, das Jod des Tetragrammaton, das innere Gewand der Verklärung, der stehende Stein, der Turm, der aufgerichtete magische Stab, die gerade Linie
- *Tarotkarten:* die vier Zweien

	Zwei der Stäbe:	Herrschaft
	Zwei der Kelche:	Liebe
	Zwei der Schwerter:	wiederhergestellter Frieden
	Zwei der Münzen:	harmonische Veränderung
• *Farben:*	in Aziluth:	reines, zartes Blau
	in Beriah:	Grau
	in Jezirah:	Perlgrau, irisierend
	in Asiyah:	Weiß mit roten, blauen und gelben Flecken

3. Binah

Binah – bei Daskalos Zentrum Nr. 2, im Sefer Jezirah die dritte Sefirah – befindet sich mikrokosmisch, d.h. auf den menschlichen Körper bezogen, über der rechten Schulter. Es ist das Zentrum des Werdens. Es ist einem Erzengel aus der Hierarchie der Throne unterstellt, Metathron, der über dieses Zentrum einen Göttlichen Strahl seines Wesens aussendet, um mit dem hohen Selbst des meditierenden Menschen eins zu werden. Dieser Metathronios [Emanation Methatrons] wird zum persönlichen Schutzengel des Menschen.

Die Binah entsprechenden Symbole sind:

- Ankh – Leben
- Maat – Wahrheit
- Utta – Kraft
- Mer – Liebe

Wie auch im Sefer Jezirah beschrieben, stellt Binah die Welt der Gedanken, der Gesetze und der Ideen dar. Binah entspricht dem Intellekt, dem formulierten Gedanken, der Mentalwelt. Über dieses Zentrum arbeiten die vier Erzengelfürsten:

- Maha-El (Michael), der Herr des Feuers
- Ra-Pfa-El (Raphael), der Herr des Wasserelements
- Kha-Vir-El (Gabriel), der Herr des Ausgleichs, des Luftelements
- U-Ra-El (Uriel), der Herr des permanenten Atoms, des Erdelements

Beschreibung und Zuordnung des »Golden Dawn«

- *Bezeichnung:* Binah, Verstehen
- *Magisches Bild:* eine Frau im reifen Alter
- *Bezeichnungen:* Ama, die dunkle, unfruchtbare Mutter; Aima, die helle, fruchtbare Mutter; Kursiya, der Thron; Marah, das große Meer
- *Gottesname:* Jehova Elohim

- *Erzengel:* Tzaphkiel, Erblicker oder Auge Gottes
- *Ordnung der Engel:* Er´elim, Throne
- *Weltliches Chakra:* Shabbathai, Saturn
- *Spirituelle Erfahrung:* Vision der Trauer
- *Tugend:* Schweigen
- *Laster:* Habgier
- *Entsprechung im Mikrokosmos:* die rechte Gesichtshälfte
- *Symbole:* die Yoni, die Vesica Piscis, der Kelch oder Pokal, das äußere Gewand der Verheimlichung
- *Tarotkarten:* die vier Dreien

Drei der Stäbe:	etablierte (gefestigte) Stärke
Drei der Kelche:	Fülle
Drei der Schwerter:	Trauer
Drei der Münzen:	materielle Arbeiten

- *Farben:*

in Aziluth:	Karmesinrot
in Beriah:	Schwarz
in Jezirah:	Dunkelbraun
in Asiyah:	graugeflecktes Pink

4. Chessed

Die vierte Sefirah ist das Zentrum der Welt der Formen. Über diese Sefirah arbeiten die Erzengel gemeinsam mit den Engeln aus der Hierarchie der Herrschaften an allem, was in der Materie Form annehmen soll. Es ist auch das Zentrum der sieben bekannten Erzengelränge, aus denen die Wesen kommen, die das Licht des Heiligen Geistes in sich tragen und mit der Allweisheit der Göttlichen Vorsehung ausgestattet sind. Sie weben die Fäden all dessen, was bis hinab zur zehnten Sefirah, Malkuth, der Erde, geschaffen und manifestiert wird. Sie verdichten das Akashaprinzip – die Geistsubstanz – und kleiden es in Geistmaterie, so daß es sich in der physischen Welt materialisieren kann.

Für die Verdichtung der Schöpfung innerhalb der materiellen Welt bedarf es der Mitarbeit der »Herren der Welt«, mit denen die heiligen Erzengelränge in ständigem – scheinbaren – Kampf liegen. Diese Herren der Welt – die Herren von Malkuth – die sogenannten Sham-a-El's, sind nichts anderes als die »Luziferenhierarchie«. Diese Sham-a-El's sind die Erzengel der grobstofflichen Materie, und sie herrschen über den negativen Aspekt der Welt der Getrenntheit – die Erdsphäre. Der Machtbereich der Luziferenhierarchie ist auf die Zentren Malkuth und Jesod, Erde und Mond, beschränkt. Da sie alles Ungezügelte fördern, gelten sie als die bösen Kräfte. Die Namen dieser Erzengel sind Luzifer, Belial, Leviatan und Satan. Sie verkörpern auch jene bösen Kräfte, die in der hebräischen Kabbalah Kelipah, die Hüllen, genannt werden. Dies ist der Grund, weshalb die hebräischen Kabbalisten die zehnte Sefirah, Malkuth, nach unten aus der Harmonie des Baumes herausziehen und von den übrigen höheren Sefiroth trennen.

Ein ägyptisches Mantra zu Chessed ist von Daskalos nicht bekannt. Nach Frater M.·.M.·. [inkarniertes Oberhaupt des Hermetischen Orden Melchisedek, H.·.O.·.M.·.] lautet es aber:

Ankh en Aton Ankh
[Der in Gott lebt, lebt]

Beschreibung und Zuordnung des »Golden Dawn«

- *Bezeichnung:* Chessed, Barmherzigkeit
- *Magisches Bild:* ein mächtiger, gekrönter, thronender König
- *Bezeichnung:* Gedulah, Liebe, Majestät
- *Gottesname:* El
- *Erzengel:* Tsadkiel, das Wohlwollen Gottes
- *Ordnung der Engel:* Chaschmallim, die Funkelnden
- *Weltliches Chakra:* Tzedek, Jupiter
- *Spirituelle Erfahrung:* Vision der Liebe
- *Tugend:* Gehorsam
- *Laster:* Beschränktheit, Heuchelei, Völlerei, Tyrannei
- *Entsprechung im Mikrokosmos:* der linke Arm
- *Symbole:* die feste Form, das Tetraeder, die Pyramide, das

gleicharmige Kreuz, der Reichsapfel, der Stab, das Zepter, der Krummstab

- *Tarotkarten:* die vier Vieren

Vier der Stäbe:	vervollkommnete Arbeit
Vier der Kelche:	Freude
Vier der Schwerter:	Rast vom Streit
Vier der Münzen:	irdische Macht

- Farben:

in Aziluth:	Dunkelviolett
in Beriah:	Blau
in Jezirah:	Dunkelpurpur
in Asiyah:	dunkles Azurblau, gelbgefleckt

5. Geburah

Geburah, die fünfte Sefirah, ist das Zentrum der Menschwerdung des Geist-Seelen-Egos [hohes Selbst]. Ein Wesen vom Erzengelrang des »Himmelsmenschen« [hebräisch: Adam Kadmon], des Urbildes des Menschen, sendet einen Göttlichen Strahl aus sich selbst, um Mensch zu werden. Ein Erzengel vom Rang der Throne sendet ebenfalls einen Bewußtseinsstrahl seines Selbst aus, um mit dem hohen Selbst des Menschen zu verschmelzen, der nach dem Plan der Göttlichen Vorsehung dazu bestimmt ist, in den Ebenen der Existenz – Malkuth – zu inkarnieren. Dies macht der Erzengel aus dem Rang der Throne aus reiner Göttlichen Liebe zu seinem Bruder-Geist, der gerade im Begriff ist, Mensch zu werden.

Nur ein kleiner Teil des Geist-Seelen-Egos inkarniert tatsächlich in der Welt der Existenz, der dreidimensionalen Materie. Der Logos und der Heilige Geist, aber auch sein heiliger Schutzengel, begleiten den Bewußtseinsstrahl des menschlichen Geist-Egos, der inkarniert werden soll, bis sich sein Bewußtsein in Geburah, der Marssphäre, vollständig ergießt. Die Gesamtheit des menschlichen Wesens, sein Geist, ist in Wahrheit überall gleichzeitig im Universum. Diese Gesamtheit ist immer in Gott, dem Logos, und der Logos ist immer in uns. Daher sind die Interpretationen falsch, die sagen, daß der Logos »mit« uns und somit außerhalb des Menschen sei. Diese Ansicht lehrt die Getrenntheit von Gott und dem Menschen; wer ihr folgt, ist verblendet.

Die ägyptischen Symbole in Geburah sind:

- Ankh – Leben
- Mer – Liebe
- Utta – Macht, Kraft, Stärke
- Maat – Wahrheit, Recht, Gerechtigkeit
- Senb – Gesundheit
- Kheh – Strahlendes Licht
- Ses-set – Feuer
- Aapitu-f – Gericht

Beschreibung und Zuordnung des »Golden Dawn«

- *Bezeichnung:* Geburah, Stärke, Härte
- *Magisches Bild:* ein mächtiger Krieger in seinem Streitwagen
- *Bezeichnungen für Geburah:* Din [Gerechtigkeit], Pachad [Furcht]
- *Gottesname:* Elohim Gibbor
- *Erzengel:* Chamael, Strafe Gottes
- *Ordnung der Engel:* Seraphim, flammende Schlangen
- *Weltliches Chakra:* Ma'adim, Mars
- *Spirituelle Erfahrung:* Vision der Macht
- *Tugend:* Energie, Mut
- *Laster:* Grausamkeit, Zerstörung
- *Entsprechung im Mikrokosmos:* der rechte Arm
- *Symbole:* das Pentagon, die fünfblättrige Rose der Tudors, das Schwert, der Speer, die Geißel, die Kette
- *Tarotkarten:* die vier Fünfen
  - Fünf der Stäbe: Sreit
  - Fünf der Kelche: Verlust von Freude
  - Fünf der Schwerter: Niederlage
  - Fünf der Münzen: materieller Ärger
- *Farben:* in Aziluth: Orange

in Beriah:	Scharlachrot
in Jezirah:	strahlendes Scharlach
in Assiyah:	Rot, schwarzgefleckt

6. Tifereth

Mikrokosmisch liegt die sechste Sefirah etwa im Zentrum des Brustkorbs und entspricht dem Herz-Chakra des Menschen. Im ätherischen Doppel des materiellen Körpers, dem Astralleib, eines Mitglieds des inneren Kreises der Bruderschaft des Lichts ist der sechsstrahlige Stern [ägyptisch: Sba Ssaas], der Davidsstern, zu sehen, in dem sich wiederum der fünfstrahlige Stern [Sba Ttuau], das Pentagramm, befindet. Diese beiden Sterne drücken die Verbundenheit des Mikrokosmos, des Menschen, mit dem Makrokosmos, dem Universum und der Gottheit, aus. Je nach Religion ist in der Mitte des Sba Ssaas ein gleichseitiges Kreuz, bei Christen oft ein Kalvarienkreuz zu sehen. Dieses Kreuz zeigt, daß der Eingeweihte in seinem Mikrokosmos Herr über die vier Elemente geworden ist. Durch Tifereth strahlt der Logos in die Welt. So ist Tifereth auch das Zentrum des Christus.

Die Einweihung Tifereths schenkt die Fähigkeit, seinen Mentalkörper – Geist – vom Astralkörper zu lösen. In dieser Stufe ist der Eingeweihte fähig, nicht nur das Astralreich zu erforschen und sich darin frei zu bewegen, sondern jeden anderen Planeten und dessen Sphäre zu bereisen, ganz gleich, wo sich dieser »Ort« in den Weiten der Galaxien befinden mag.

Die ägyptischen Symbole Tifereths:

- Sba Ssa-as – Hexagramm
- Sba Ttuau – Pentagramm
- Ankh – Leben
- Mer – Liebe
- Maat – Wahrheit

Meditations-Mantra für Tifereth:
Aton Neter Ankh Kheh neb en Pet-u Mer neb en ab

[immerwährendes Leben Gott Herr der Himmel, Liebe meines Herzens]

Beschreibung und Zuordnung des »Golden Dawn«

- *Bezeichnung:* Tifereth; Schönheit; Zeir Anpin, das kleinere Angesicht; Melekh, der König; Adam, der Sohn; der Mensch
- *Magisches Bild:* ein majestätischer König, ein Kind, ein geopferter Gott
- *Gottesname:* Tetragrammaton, Eloah Va Daath
- *Erzengel:* Raphael, Heilen Gottes
- *Ordnung der Engel:* Melachim, Könige
- *Weltliches Chakra:* Shemesh, die Sonne
- *Spirituelle Erfahrung:* Vision der Harmonie der Dinge, die Mysterien der Kreuzigung
- *Tugend:* Hingabe an das große Werk
- *Laster:* Stolz
- *Entsprechung im Mikrokosmos:* die Brust
- *Symbole:* das Lamen (Symbol auf der Brust des Adepten: die Kraft, die er verkörpert), das Rosenkreuz, das Kalvarienkreuz, die stumpfe Pyramide, der Kubus
- *Tarotkarten:* die vier Sechsen
  Sechs der Stäbe: Sieg
  Sechs der Kelche: Freude
  Sechs der Schwerter: verdienter Erfolg
  Sechs der Münzen: materieller Erfolg
- *Farben:* in Aziluth: klares Rosa
  in Beriah: Gelb
  in Jezirah: sattes Lachsrosa
  in Assiyah: Gold, Bernstein

7. Netzach

Netzach, die siebte Sefirah, ist die Sphäre der Venus, die Sphäre der Kunst, der Schönheit, des Überflusses, der Liebe, aber auch der Erotik. Für Netzach findet sich bei Daskalos keine genauere Beschreibung, außer dem Hinweis, daß ausgehend von dieser Sphäre (Bewußtsein) die Erzengel der Elemente sich dadurch Ausdruck verleihen, daß sie direkt auf die zehnte Sphäre, Malkuth, wirken, um Formen zu bilden. Die Erzengel der Elemente arbeiten gemeinsam mit den Engelhierarchien der Fürstentümer, um die Voraussetzungen zu schaffen für neues Leben und alles, was in der materiellen Welt der Zeugung unterliegt.

Gelingt es dem Mysterienschüler, die Venussphäre mit seinem Bewußtsein zu betreten, so besteht die Gefahr, von der Schönheit und Erotik dieser Ebene derart verzückt und verzaubert zu werden, daß das Interesse verlorengeht, auch die übrigen, höheren Sphären zu erforschen. Aus diesem Grund sollte kein Schüler bestrebt sein, in die Sphären Netzachs einzutauchen, bevor er nicht ein gehöriges Maß an Charakterausgleich – die Harmonisierung der Elemente in sich – erreicht hat. Dieser Charakterausgleich gelingt dem Mysterienschüler in den Sphären Malkuth und Jesod [Erde und Mond], indem er intensive Introspektion – Selbstschau und Selbsterkenntnis – übt.

Die ägyptischen Symbole dieses Zentrums (nach Frater M.·.M.·.) sind:

- Ankh – Leben
- Ankh-Kha-Kha – Hierophant, Meister der drei Körper
- Mer – Liebe
- Ab – Herz
- Senb – Gesundheit
- Utta – Kraft
- Nefer – Schön

Beschreibung und Zuordnung des »Golden Dawn«

- *Bezeichnung:* Netzach, Sieg, Stärke
- *Magisches Bild:* eine wunderschöne, nackte Frau
- *Gottesname:* Jehova Tseva'oth, Herr der Heerscharen

- *Erzengel:* Haniel
- *Ordnung der Engel:* Elohim, Götter
- *Weltliches Chakra:* Nogah, Venus
- *Spirituelle Erfahrung:* Vision der siegreichen Schönheit
- *Tugend:* Selbstlosigkeit
- *Laster:* Unkeuschheit, Wollust
- *Entsprechung im Mikrokosmos:* Lenden, Hüften, Beine
- *Symbole:* Licht und Gürtel, die Rose
- *Tarotkarten:* die vier Siebenen
  - Sieben der Stäbe: Tapferkeit
  - Sieben der Kelche: täuschender Erfolg
  - Sieben der Schwerter: unbeständige Anstrengung
  - Sieben der Münzen: unerfüllter Erfolg
- *Farben:*
  - in Aziluth: Bernsteingelb
  - in Beriah: Smaragdgrün
  - in Jezirah: strahlendes Gelbgrün
  - in Assiyah: Olivgrün, goldgefleckt

8. Hod

Die achte Sefirah, Hod, ist das Zentrum, in dem der Logos, der Heilige Geist und die Erzengel der Elemente, Raphael, Michael, Gabriel und Uriel, schöpferisch wirken, um die Seelenpersönlichkeit des inkarnierenden Menschen mit seinem kleineren oder niederen Bewußtsein zu prägen und zu formen. In dieser Phase der Entwicklung weiß das Unterbewußte des gerade in die Materie eintretenden Menschen um die Unendlichkeit des Makrokosmos und um die Einschränkungen der Materie. Diese Sefirah entspricht Merkur, der Mentalwelt. Beim weiteren Abstieg in die folgenden Sefiroth beginnt der Mensch, sich der Materie und seinem zukünftigen materiellen Leben zu nähern.

Symbol der achten Sefirah ist ein Sonnenzeichen, ein Kreis in hellgelber Farbe mit einem weiteren kleinen hellgelben Kreis in dessen Zentrum. Dieser kleinere Kreis hat eine rote Umrandung und einen schwarzen Punkt in seiner Mitte. Der schwarze Punkt symbolisiert den unsterblichen Geist, das wahre Wesen des Menschen.

Die ägyptischen Symbole dieses Zentrums (nach Frater M.·.M.·.) sind:

- Ankh – Leben
- Ra – Ra
- Nefer – Schön
- Maat – Wahrheit
- Neter – Gott
- Achqa u. nich-Aich-A – Hirtenstab u. Geißel
- Ankh-Kha-Kha – Hierophant, Meister der drei Körper

Beschreibung und Zuordnung des »Golden Dawn«:

- *Bezeichnung:* Hod, Herrlichkeit
- *Magisches Bild:* ein Hermaphrodit (männl.-weibl. Zwitterwesen)
- *Gottesname:* Elohim Tseva'oth, der Gott der Heerscharen
- *Erzengel:* Michael, der Gottähnliche
- *Ordnung der Engel:* Bene Elohim, Söhne der Götter
- *Weltliches Chakra:* Kokab, Merkur
- *Spirituelle Erfahrung:* Vision des hellen Glanzes
- *Tugend:* Wahrhaftigkeit
- *Laster:* Falschheit, Unehrlichkeit
- *Entsprechung im Mikrokosmos:* Lenden und Beine
- *Symbole:* Namen, Versikel [mantrische Sätze] und Schürze
- *Tarotkarten:* die vier Achten
  - Acht der Stäbe: Schnelligkeit
  - Acht der Kelche: verworfener Erfolg
  - Acht der Schwerter: verminderte Kraft
  - Acht der Münzen: Klugheit
- *Farben:*
  - in Aziluth: Violett, Purpur
  - in Beriah: Orange

in Jezirah: Rotbraun
in Assiyah: Gelbschwarz, weißgefleckt

9. Jesod

Die neunte Sefirah, Jesod, befindet sich im Mikrokosmos Mensch in der Mitte des Bauches. Dort wird die menschliche Vitalität und die gesamte psychische Persönlichkeit des Menschen geregelt und ausgedrückt. Für den Mysterienschüler ist es besonders wichtig, dieses Zentrum mit Lebenskraft – Vitalität – zu füllen. Übungen, wie sie im Chi-Gong bekannt sind, eignen sich hierfür besonders gut. Jesod entspricht makrokosmisch der Mondsphäre mit ihren 28 Mondstationen (siehe »Sefer Jezirah«, S. 312) und deren jeweiligen Vorstehern (Fixstern-Intelligenzen) sowie der gesamten Astralwelt. Meistert der Mysterienschüler Jesod, so ist er in der Lage, seinen physischen Körper bewußt zu verlassen und astral zu reisen.

Das ägyptische Mantra, das der Sphäre von Jesod entspricht, ist:
Aaha fi er Khet-Tta
[Steh auf, warte bis Tagesanbruch]

Das Hauptsymbol der 9. Sefiroth ist der fünfzackige Stern, das Pentagramm. Der ägyptische Name lautet: Sba Ttuau.

Weitere Symbole:
- Ankh – Leben
- Neter Khet – das Allerheiligste
- Mer – Liebe
- Ttuau – die psychische (astrale) Welt
- Maat – Wahrheit, Gesetz, Gerechtigkeit
- Amentet – die höheren psychischen (astralen) und geistigen (mentalen) Welten
- Ssuit – Licht
- Mu – Wasser

• Het – Feuer

Als tiefere Meditationshilfe weist Dr. Stylianos Atteshlis – Daskalos – auf das Matthäus-Evangelium 25:1–13 hin:

1. Dann wird es mit dem Himmelreich sein wie mit zehn Jungfrauen, die ihre Lampen nahmen und dem Bräutigam entgegengingen.
2. Fünf von ihnen waren töricht, und fünf waren klug.
3. Die törichten nahmen ihre Lampen mit, aber kein Öl,
4. die klugen aber nahmen außer den Lampen noch Öl in Krügen mit.
5. Als nun der Bräutigam lange nicht kam, wurden sie alle müde und schliefen ein.
6. Mitten in der Nacht aber hörte man plötzlich laute Rufe: Der Bräutigam kommt! Geht ihm entgegen!
7. Da standen die Jungfrauen alle auf und machten ihre Lampen zurecht.
8. Die törichten aber sagten zu den klugen: Gebt uns von eurem Öl, sonst gehen unsere Lampen aus.
9. Die klugen erwiderten ihnen: Dann reicht es weder für uns noch für euch; geht doch zu den Händlern und kauft, was ihr braucht.
10. Während sie noch unterwegs waren, um das Öl zu kaufen, kam der Bräutigam; die Jungfrauen, die bereit waren, gingen mit ihm in den Hochzeitssaal, und die Tür wurde zugeschlossen.
11. Später kamen auch die anderen Jungfrauen und riefen: Herr, Herr, mach uns auf!
12. Er aber antwortete ihnen: Amen, ich sage euch, ich kenne euch nicht.
13. Seid also wachsam! Denn ihr wißt weder den Tag noch die Stunde.

Daskalos erklärt:

»Die fünf weisen Jungfrauen symbolisieren die fünf Aspekte der permanenten Persönlichkeit, die Individualität, die Ausdrucksform des Seelen-Ego-Selbst [niederes Selbst]. Die fünf törichten Jungfrauen symbolisieren die fünf

Aspekte der derzeitigen Persönlichkeit und deren Egoismus, der über kein lichtspendendes Material – das Öl des vernunftmäßigen Denkens – verfügt. Der Bräutigam ist der Menschensohn, das Geist-Seelen-Ego (hohes Selbst), die Bewußtheit des wirklichen Selbst, als Ausdruck des Geist-Seelen-Egos.« (Zitat aus Dr. Stylianos Atteshlis: The Symbol of Life)

Beschreibung und Zuordnung des »Golden Dawn«

- *Bezeichnung:* Jesod, das Fundament
- *Magisches Bild:* ein schöner, nackter, sehr starker Mann
- *Gottesname:* Shaddai El Chai; der allmächtige, lebendige Gott
- *Erzengel:* Gabriel, starker Mann oder Held Gottes
- *Ordnung der Engel:* Keruvim, die Starken
- *Weltliches Chakra:* Levanah, der Mond
- *Spirituelle Erfahrung:* Vision der Maschinerie des Universums
- *Tugend:* Unabhängigkeit
- *Laster:* Untätigkeit
- *Entsprechung im Mikrokosmos:* die Fortpflanzungsorgane
- *Symbole:* Düfte und Sandalen
- *Tarotkarten:* die vier Neunen

Neun der Stäbe:	große Stärke
Neun der Kelche:	materielles Glück
Neun der Schwerter:	Verzweiflung und Grausamkeit
Neun der Münzen:	materieller Gewinn

- *Farben:*

in Aziluth:	Indigo
in Beriah:	Violett
in Jezirah:	sehr dunkles Purpur
in Assiyah:	Zitronengelb, azurblaugefleckt

10. Malkuth

Die zehnte Sefirah entspricht mikrokosmisch dem 10. Zentrum, Malkuth, dem Reich, dem gesamten physischen Körper mit seinem ätherischen Doppel, insbesondere dem Knochenapparat und dem Wurzel-Chakra (Darmbereich). Im Makrokosmos zählen die Erde, aber auch alle anderen physisch sichtbaren [materiellen] Planeten, Sterne, Milchstraßen, Galaxien zu Malkuth. Ebenso gehört das ätherische Doppel all jener Planeten und Sterne zu Malkuth, der sogenannten Erdgürtelzone mit ihren 360 Vorstehern. Innerhalb dieses »Raumes« herrschen die Scham-a-Els, die »Herren der Welt«, die Luziferenhierarchie, mit ihrem durchaus dämonischen Charakter. Es sind die Fürsten Luzifer, Leviathan, Belial und Satan. Ihre Gegenspieler, die theurgischen [erschaffenden] Fürsten der spirituellen Ebenen, sind Michael, Raphael, Gabriel und Uriel, die ihren jeweiligen Machteinfluß bis in die physische Welt, die Materie, ausdehnen.

Hier in Malkuth ist es die Aufgabe des Mysterienschülers, seinen Charakter zu erkennen und diesen zu reinigen und die Elemente in sich ins Gleichgewicht zu bringen. Dies ist sehr mühsam und erfordert jahrelanges Arbeiten an sich selbst. Die meisten Menschen, die sich danach sehnen, die höheren Stufen der Einweihung zu erklimmen, scheitern bereits hier. Es ist nicht leicht, sich mit seinen eigenen Schatten auseinanderzusetzen. Doch was ist schon Zeit auf dem Weg der Ewigkeit? Einige der westlichen Eingeweihten wie Alice Bailey, Omraam Mikhael Aivanhov und Stylianos Atteshlis (Daskalos), sprachen von den versteckten Mysterienprüfungen des griechischen Helden Herakles. Seine zwölf Prüfungen symbolisieren die Meisterschaft von Malkuth und Jesod; sie symbolisieren die kompromißlose Selbstanalyse – Introspektion – und die dadurch ermöglichte Charakterveredelung, ohne die kein Aufsteigen in die höheren Bewußtseinsebenen möglich ist (siehe Übungen des Neophytus-Grades, ab Seite 108).

Zuvor wurde erwähnt, daß Malkuth auch die Sphäre des Bösen ist. Um das Wirken des Bösen besser zu verstehen, empfiehlt sich das Kapitel im Sefer Jezirah, das den Bund mit Gott und die Beschneidung an Zunge und Membrum beschreibt. Es sind die von uns Menschen selbst erzeugten Elementale, die das Böse schaffen und nähren.

»Wir haben 32 Funken in uns »Lamed Bet Nitzotzim« und »Lev haEven«, das Herz aus Stein, welches dem Egoismus entspricht, der nicht korrigiert werden kann, bevor das generelle Licht welches »Messiah« genannt wird, korrigiert ist. Nur dieses Licht kann den Egoismus korrigieren. Wir müssen Beständigkeit an den Tag legen, um diesen Teil des Egoismus in unserer Welt zu korrigieren, denn sobald sich ein Verlangen in uns erweckt, vollzieht sich das Verschwinden des »Messiah«, dessen, was die Welt von ihren Ketten befreien wird.« (Rabbi Michael Laitman, Bnai Baruch)

Die ägyptischen Symbole der zehnten Sefirah sind:

- eine Pyramide
- Ankh – Leben
- Mer – Liebe
- Utta – Kraft, Macht, Stärke

Beschreibung und Zuordnung des »Golden Dawn«

- *Bezeichnung:* Malkuth, das Reich; das Tor; das Tor des Todes; das Tor des Todesschattens; das Tor der Tränen; das Tor der Gerechtigkeit; das Tor des Gebets; das Tor der Tochter der Mächtigen; das Tor zum Garten Eden; die untere Mutter; Malkah, die Königin; Kallah, die Braut; die Jungfrau
- *Magisches Bild:* eine junge Frau, die auf einem Thron sitzt und eine Krone trägt
- *Gottesname:* Adonai Melekh oder Adon ha-Arets
- *Erzengel:* Sandalphon
- *Engelschor:* Ishim, Feuerseelen
- *Weltliches Chakra:* Olam ha-Jesodoth, Sphäre der Elemente
- *Spirituelle Erfahrung:* Vision des heiligen Schutzengels
- *Tugend:* Urteilsvermögen
- *Laster:* Geiz, Trägheit
- *Entsprechung im Mikrokosmos:* die Füße, der After
- *Symbole:* der doppelkubische Altar, das gleicharmige Kreuz, der magische Kreis, das Dreieck der Kunst

- *Tarotkarten:* die vier Zehnen
  Zehn der Stäbe: Unterdrückung
  Zehn der Kelche: andauernder Erfolg
  Zehn der Schwerter: Ruin
  Zehn der Münzen: Wohlstand
- *Farben:* in Aziluth: Gelb
  in Beriah: Zitronengelb, Oliv, Rostbraun, Schwarz
  in Jezirah: Zitronengelb; Oliv; Rötlichbraun; Schwarz, goldgefleckt
  in Assiyah: Schwarz, gelbgestreift

Die Erzengelränge

Die Ränge der Erzengel, die sich in den jeweiligen Sefiroth durch einen Strahl ihrer Selbst ergießen, sind:

1. Kether: Die Mächte
2. Chochmah: Die Fürstentümer
3. Binah: Die Throne
4. Chessed: Die Erzengel Uriels, die U-Ra-Els
5. Geburah: Die Erzengel Raphaels, die Ra-pfa-Els
6. Tifereth: Die Erzengel Michaels, die Maha-Els
7. Netzach: Die Erzengel Gabriels, die Kha-vir-Els
8. Hod: Die Seraphim, Se-Ra-pfa
9. Jesod: Die Cherubim, Khe-Ra-pfa
10. Malkuth: Die Luziferenhierarchie, die Sham-a-Els

Die zehn kabbalistischen Zahlenschlüssel

Jede Idee und jede Existenz innerhalb des Mikro- und des Makrokosmos läßt sich durch einen Zahlenschlüssel darstellen. Der fortgeschrittene Kabbalah-Student lernt, alles in der Schöpfung Existierende anhand von Zahlenanalogien zu begreifen und zu erklären. Die Gesetze und Methoden um die Zahlenschlüssel sollten auch jeden Theologen beschäftigen, der daran interessiert ist, die alten Schriften wie Altes und Neues Testament auch nur annähernd zu verstehen und korrekt zu deuten. Was der Verstand in den Schriften liest, ist das eine, und was die verborgenen Zahlenschlüssel tatsächlich vermitteln wollen, ist das andere. Jedes Wort und jeder Satz der alten Schriften stellt in Wahrheit eine Abfolge zahlenmäßig verschlüsselter Botschaften dar. Sobald einer der Originaltexte in eine andere Sprache übersetzt wird, sind diese Schlüssel verloren. So obliegt es ausschließlich einem Kabbalisten, das Johannes-Evangelium oder gar die Apokalypse des Johannes richtig zu interpretieren und zu verstehen.

Da die Gematria – wie die Numerologie im Hebräischen genannt wird – selbst den Umfang eines großen Buches annehmen würde, sei hier nur ansatzweise auf die Zahlen eins bis zehn eingegangen, und zwar entsprechend ihren jeweiligen Analogien zu den Sefiroth.

Am Rande weise ich darauf hin, daß die 22 Verbindungspfade zwischen den jeweiligen Sefiroth ebenfalls numeriert sind, jedoch einer anderen planetaren Zuordnung unterliegen als die nachfolgend beschriebenen zehn Zahlenschlüssel (siehe nebenstehende Tabelle). Die westlichen Kabbalisten ordnen in der Regel jede Tarotkarte einem der insgesamt 22 Pfade des Lebensbaums zu.

(Die Zuordnung gemäß nebenstehender Tabelle ist bei der numerologischen Berechnung von Geburtstagen, Namen, Ereignissen usw. heranzuziehen.)

Zahl	Zahlenschlüssel bezüglich der Sefiroth		Zahlenschlüssel bezüglich der Verbindungspfade	
	Sephirah	***Planet***	***Pfad (Gr. Arkana)***	***Planet***
1	Kether	Neptun	Der Magier	Sonne
2	Chochmah	Uranus	Die Hohepriesterin	Mond
3	Binah	Saturn	Die Herrscherin	Jupiter
4	Chessed	Jupiter	Der Herrscher	Uranus
5	Geburah	Mars	Der Hierophant	Merkur
6	Tifereth	Sonne	Die Liebenden	Venus
7	Netzach	Venus	Der Wagen	Neptun
8	Hod	Merkur	Die Gerechtigkeit	Saturn
9	Jesod	Mond	Der Eremit	Mars
10	Malkhut	Erde	Das Schicksalsrad	Sonne
11			Die Kraft	Mond
12			Der Gehängte	Jupiter
13			Der Tod	Uranus
14			Die Mäßigkeit	Merkur
15			Der Teufel	Venus
16			Der Turm	Neptun
17			Der Stern	Saturn
18			Der Mond	Mars
19			Die Sonne	Sonne
20			Das Gericht	Mond
21			Die Welt	Jupiter
0			Der Narr	Pluto

Die Zahl Eins

Symbol: Punkt

Die Zahl Eins ist die erste Zahl des Alphabets (jeder Buchstabe entspricht einer Zahl; Eins entspricht A) und somit, den Analogiegesetzen entsprechend, auch die erste Zahl des Universums. Von den Eingeweihten graphisch als Punkt dargestellt, symbolisiert sie die höchste vom Menschen vorstellbare Gottheit. Außerhalb der Eins existiert nichts Größeres oder Höheres, was der Mensch je begreifen könnte. So ist die in der jüdischen Tradition genannte En-Soph-Sphäre, die durch die Null zum Ausdruck gebracht wird, lediglich ein Hinweis auf das unvorstellbare Göttliche jenseits der erschaffenen Welten. Die Eins steht für das manifestierte, offenbarte Licht, für Gott in seiner Einheit und für alles, was aus dieser Einheit heraus erschaffen wurde. Somit sind alle weiteren Zahlen lediglich Erscheinungsformen bzw. Manifestationszustände dieser höchsten Göttlichen Einheit. Die Eins ist auch der »erste Tag der Schöpfung«, wie er in der Bibel genannt wird. Aus seiner Manifestation gehen alle Formen der Evolution hervor.

Die Zahl Eins – der im Lebensbaum die Sefirah Kether zugeordnet ist – steht also für die höchste Allmacht und das Verschmelzen mit Gott zur Einheit. Die Zehn (1 + 0) hingegen symbolisiert den Zustand der tiefsten Demut. Will der Mysterienschüler jemals die Einheit mit seiner eigenen inneren Gottheit und folglich die Einheit mit dem Höchsten erreichen, sollte er deshalb ein Einweihungssystem mit der Zehn – die Malkuth zugeordnet ist – und nicht mit der Eins – Kether – beginnen.

Die Zahl Zwei

Symbol: waagrechter Strich

Die Zahl Zwei symbolisiert den Zustand der Dualität in allen Sphären und Reichen. Sie zeigt Pol und Gegenpol, die stets gemeinsam auftreten und von denen einer niemals ohne den anderen existieren bzw. vom anderen unterschieden werden kann. Es sind das Gute und das Böse, das Licht und der Schatten, die Liebe und der Haß, das Plus und das Minus, der Tag und die Nacht sowie schließlich die Elektrizität und der Magnetismus. Jene Glaubensrichtungen, Religionen und Philosophien, die Gott als etwas Gesondertes, Getrenntes betrachten und zwischen dem einen oder anderen Manifestationszustand der Schöpfung unterscheiden, sind der Zahl Zwei zugeordnet.

Obwohl der Große Lichtbringer Jesus Emanuel, der Christ, stets betonte, daß es in Wahrheit keine Trennung zwischen dem Vater – dem höchsten Gott – und der Schöpfung, also auch dem Menschen, gibt, vermag es anscheinend die Mehrheit der sich auf ihn berufenden Religionen nicht, jene letzte Hürde aufzugeben, welche die Verschmelzung, das Einswerden mit dem Urschöpfer, verhindert. Mit seinen Worten: »Der Vater und ich sind eins«, drückte der Menschensohn die Einheit aller Menschen mit Gott aus und nicht nur seine eigene.

Die Zahl Drei

Symbol: Dreieck

Die Zahl Drei, graphisch als Dreieck dargestellt, ist die Zahl des sogenannten Akashaprinzips, des Schöpferstroms oder Astrallichts, wie es manche Eingeweihten nennen. Die Drei entspricht der Saturnsphäre und somit auch dem Schicksal. Von jenem Akashaprinzip bzw. Astrallicht geht alles Erschaffene, alles Vergangene, Gegenwärtige und Zukünftige aus. Die Drei entspricht schließlich der Zeugung durch die Vereinigung von Plus und Minus. Es ist das Kind, das aus dem Geschlechtsakt zwischen Mann und Frau hervorgeht. Alle Religionssysteme, gleich welcher Richtung und Auffassung, sind aus der Drei entstanden. Die Drei drückt darüber hinaus Leben, Tod und schließlich den Zustand höchster Erkenntnis aus.

Die Zahl Vier

Symbol: Quadrat

Die Zahl Vier vertritt alle Grundelemente – Feuer, Luft, Wasser und Erde – gleichzeitig, ebenso die vier Himmelsrichtungen – Süden, Osten,

Westen und Norden. Von den Eingeweihten als Quadrat dargestellt, steht sie auch für den Planeten Jupiter und die vier Grundeigenschaften Gottes: Allmacht, Allweisheit, Alliebe und Unsterblichkeit (= Bewußtsein). Die Vier ist die Zahl des Gesetzes, der Ordnung, der Gerechtigkeit und der Verwirklichung.

Die Zahl Fünf

Bild: Pentagramm

Die Fünf, von den Eingeweihten als Pentagramm dargestellt, symbolisiert den vollkommenen Mikrokosmos, den Menschen. Die Gesamtheit der Schöpfung – Makrokosmos – drückt sich in der Zehn aus, die Zahl des Menschen erfaßt also die Hälfte dieser Gesamtschöpfung. Dieser Analogie entsprechend ist die Zahl Fünf auch die geheime Zahl des Menschen in sämtlichen Manifestationszuständen und Daseinsformen. Die Fünf symbolisiert seine aktive Macht und Kraft und steht daher in analogem Zusammenhang mit dem Planeten Mars. Auch die aktive bzw. rituelle Magie ist der Zahl Fünf und dem Planeten Mars zugeordnet.

Das Akashaprinzip [Akasha wirkt in und durch alle Sphären. Die Saturnsphäre, siehe »Die Zahl 3«, verdichtet es, so daß es in der dritten Dimension, der physischen Welt, Materie zu bilden und Situationen hervorzurufen], das sogenannte fünfte Element, projiziert aus sich heraus die vier Grundelemente, Feu er, Luft, Wasser und Erde, wobei es diese auch gleichzeitig lenkt und führt.

Die Zahl Sechs

Bild: Davidsstern/Hexagramm

Während die Fünf den Mikrokosmos symbolisiert, stellt die Zahl Sechs den Makrokosmos in seiner Perfektion und Vollkommenheit dar. Das in der westlichen Tradition als Davidsstern bekannte Hexagramm hat seinen graphischen Ursprung in zwei übereinandergelegten Dreiekken. Das Dreieck mit der Spitze nach oben steht, magisch betrachtet, für die Göttlichen Qualitäten [Eigenschaften] und Quantitäten [Kräfte] und deren Einfluß auf die mentale, astrale und grobstoffliche Welt. Der christlichen Lehre nach sind das Vater, Sohn und Heiliger Geist, wobei der Sohn (Christus/Osiris) dem aktiven männlichen Prinzip und der Heilige Geist (Maria/Isis) dem passiven weiblichen Aspekt der Göttlichen Vorsehung entsprechen. Das Dreieck mit der Spitze nach unten symbolisiert hingegen den Menschen mit seiner Dreidimensionalität: Körper, Geist und Seele. In der intuitiven Gesamtbetrachtung des Hexagramms wird klar, daß die höchste Stufe der menschlichen Entwicklung in einer totalen Verschmelzung mit dem Göttlichen ihre Darstellung findet.

Kabbalistisch wird die Zahl Sechs Tifereth – dem Sonnenzentrum – zugeordnet, und jeder in der magischen Tradition Eingeweihte weiß, daß er seinen Geist bis Tifereth erheben muß, um mit dem Göttlichen (bewußt) verschmelzen zu können. Die Tradition besagt, daß uns das Göttliche, die Vorsehung, aus den obersten Sphären bis Tifereth entgegenkommt, um sich dort mit dem erwachten Menschen zu vereinigen. Tifereth ist auch der Ort und die Strahlung des Logos, des Christus, des menschgewordenen Wort Gottes, und auch hier werden die Worte Jesu verständlich, der da sagte: »Der Vater und ich sind eins.«

Diese Betrachtungsweise berücksichtigend, könnte man auch das erste Dreieck mit der Spitze nach oben als Darstellung der höheren feinstofflichen Körper auffassen: 1. der Atman-Körper – die Göttliche Allmacht, 2. der Buddhi-Körper – die Göttliche Liebe, 3. der Kausalkörper – die Göttliche Weisheit. Das untere Dreieck stünde dann für niedereren Körper: 1. der physische Körper – die Handlungen, 2. der Astralkörper – die Gefühle, 3. der Mentalkörper – Gedanken.

Die Zahl Sieben

Bild: Siebenstern

Für die graphische Darstellung der Zahl Sieben wurden von den Eingeweihten mehrere unterschiedliche Symbole gebraucht. Es konnte der

Siebenstern sein, aber auch ein Dreieck im Quadrat und umgekehrt, ein Quadrat im Dreieck, oder ein gleicharmiges Kreuz in der Mitte eines Dreiecks.

In der Sieben finden die sieben (Göttlichen) Strahlen, die sieben Spektralfarben des Regenbogens, die sieben Chakras, die sieben Tugenden, die sieben Grundtöne und vieles mehr ihren Ausdruck. Die magisch-kabbalistische Tradition ordnet der Sieben den Planeten Venus, also die Venussphäre, zu. Die Sieben ist auch die Zahl der Harmonie, der Liebe, der Fruchtbarkeit und Fortpflanzung, der Güte, der Barmherzigkeit, der Tugendhaftigkeit usw.

Die Zahl Acht

Bild: Achteck

Die Zahl Acht – graphisch als Achteck dargestellt – ist die Zahl des Wissens, des Verstandes und des Intellekts. So ist auch jede Form von Wissenschaft – natürlich auch jene der Magie und Kabbalah – mit all ihrer Theorie der Zahl Acht zuzuordnen. Astrologisch entspricht die Acht dem Planeten Merkur und hat ihre analoge Beziehung zum Mentalreich bzw. Mentalkörper. Die zwei übereinanderliegenden Quadrate des Achtecks drücken auch die Beziehung und das Wechselspiel zwischen dem Menschen und den Elementen aus, wobei das eine Quadrat die vier Elemente – Feuer, Luft, Wasser, Erde – und das andere Quadrat die »Vierpoligkeit« des Menschen – das ihm innewohnende Jod-He-Vau-He, das Tetragrammaton – versinnbildlicht. Dieser vierpolige Magnet birgt das Geheimnis der im Menschen wirkenden Elemente, die ebenfalls die vier Grundeigenschaften des Geistes – Wille, Verstand, Gefühl, Bewußtsein – einschließen. An dieser Stelle weise ich nochmals darauf hin, daß das Jod-He-Vau-He (JHVH) nichts mit dem Namen Jehova oder Jave zu tun hat und das eine mit dem anderen niemals verwechselt werden darf.

Ein weiterer Symbolinhalt der als Achteck dargestellten Acht ist auch das Wirken von Plus und Minus, Aktiv und Passiv bzw. Positiv und Negativ, das jedem der vier Elemente innewohnt. Würde man hier noch in die

Tiefe weiterer Bedeutungen eintauchen, so stieße man auf die Erkenntnis, daß jedes Element in seiner positiven, aufbauenden und guten Eigenschaft von den vier Erzengelfürsten Michael (Feuer), Raphael (Luft), Gabriel (Wasser) und Uriel (Erde) vertreten und beherrscht wird; hingegen die negativen, abbauenden und bösen Eigenschaften eines jeden Elements (im verdichteten Aggregatzustand) von den vier oberen Erzdämonen – Elementefürsten – Luzifer, Belial, Leviathan und Satan vertreten und beherrscht werden. So ist das eine JHVH als Gott des Himmels (Adonai Elohim), das entgegengesetzte JHVH als Herr der materiellen Welt (Adonai Baphomet) zu verstehen.

Die Zahl Neun

Symbol: Neuneck als drei Dreiecke

Die Eingeweihten alter Zeit symbolisierten den Mond, seine Kräfte und Eigenschaften durch das Symbol dreier übereinanderliegender Dreiecke. Alles Wirken und Walten der astralen Welten und des Astralkörpers, deren Herrscher der Mond ist, findet in dieser Darstellung seinen Ausdruck.

Der Rhythmus des um die Erde kreisenden Nachtgestirns – des Mondes – durchschneidet förmlich die Atmosphäre der Erde und sorgt für stärkste elektrische und magnetische Ströme, die alles Leben auf der Erde unabdingbar beeinflussen. So regelt der Mond die Gezeiten der Meere – Ebbe und Flut – ebenso wie die Monatsblutung der Frau und diesbezüglich auch unmittelbar das Entstehen neuen Lebens durch Steuerung der Fruchtbarkeit eines jeden Lebewesens. So ist der Mond also der Herr aller Rhythmen und des Lebens schlechthin. Er ist die verwirklichende Kraft in allen Formen der Natur-, Astral- und Mumialmagie (Arbeit mit dem astralen Doppel, ähnlich wie Voodoo).

Die Zahl Zehn

Symbole: Quadrat mit Kreis/Kreis mit achtstrahligem Kreuz

Die graphische Darstellung der Zahl Zehn und somit der Uridee, die in der Sefirah Malkuth symbolisiert wird, ist ein alchimistisches Zeichen: ein Kreis, der ein achtstrahliges Kreuz umgibt. Manchmal wird die Zehn auch als Quadrat im Kreis – wie in Leonardo da Vincis Zeichnung »Der Mensch« – dargestellt.

Die Zahl Zehn stellt die dichteste Form der Materie dar, ist aber auch die Zahl der sogenannten Erdgürtelzone. Es ist die der Erde am nächsten liegende geistige Sphäre, die von den 360 Genien des Erdgürtels regiert und verwaltet wird. Die Zehn ist daher auch die Zahl des Menschen in seiner Vollkommenheit als absolutes und sichtbares Ebenbild Gottes. Dies wird an den zehn Fingern und den zehn Zehen des Menschen widergespiegelt, die jeweils für je eine Sefirah bzw. eine Uridee als Zahl stehen.

Das Geheimnis der Buchstaben

In diesem Kapitel werden die kabbalistischen Buchstaben nebst ihren Qualitäten – Eigenschaften – beschreiben, wie sie von Franz Bardon gelehrt wurden und es dem Lehrmaterial des H.·.O.·.M.·. entspricht. Bisher unveröffentlicht waren die Körperstellungen nebst der Zuordnung der ägyptischen Hierglyphe; zudem finden Sie im Anhang zu jedem Buchstaben eine Farbtafel.

A

Ebene	Eigenschaften/Fähigkeiten
AKASHA:	höchste Weisheit, höchste Intuition, Reinheit aller Ideen
MENTAL:	erleuchteter Verstand, dazu gehören u.a. ein gutes Urteilsvermögen, das Begreifen und Verstehen tiefster Wahrheiten, die Erweckung sämtlicher intellektuellen Fähigkeiten
ASTRAL:	musikalische Talente, Rednergabe, Dichtkunst; die Fähigkeit des Hellsehens, des Fernhörens, der Levitation sowie das Verstehen und Anwenden der Symbolsprache
MATERIE:	Macht über das Luftelement, dazu gehören u.a. die Herrschaft über die Luftgeister, das Beherrschen von Stürmen, das Heilen von Brustleiden
Farbe:	Hellblau
Ton:	G
Organ:	Lunge
Element:	Luft

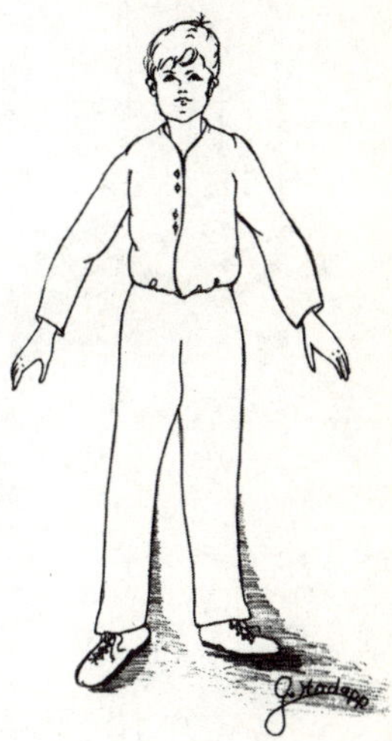

B

Ebene	Eigenschaften/Fähigkeiten
AKASHA:	Begreifen des universalen Lebens, Erkennen der Polarität aller Daseinsformen
MENTAL:	vollkommene Macht über das elektrische und das magnetische Fluid, dadurch Herr über Leben und Tod; Fähigkeit, jedes Schicksal zu verändern, was jedoch kein Kabbalist ohne triftigen Grund tun wird
ASTRAL:	Fähigkeit, magisch-kabbalistische Volte zu bilden (Volte sind, sehr vereinfacht dargestellt, dynamische Energiekugeln – siehe Übungsteil, das Herstellen kabbalistischer und elektromagnetischer Volte), kabbalistische Talismane zu laden, sexualmagisch zu wirken, sowie höchste Intuition, Verstehen der tiefsten Mysterien
MATERIE:	(auch auf dieser Ebene) vollkommener Herr über das elektrische und das magnetische Fluid, Beherrschen jeder Disharmonie im menschlichen Körper, d.h. die Fähigkeit, jede Krankheit zu heilen und zugeordnete Heilmittel aufzuladen
Farbe:	Hellviolett
Ton:	A
Organ:	rechtes Auge
Element:	Erde

C

Ebene	Eigenschaften/Fähigkeiten
AKASHA:	alle Mysterien der Eucharistie (grobstoffliche Aufnahme) geistiger Ideen, Vergeistigung, Umwandlung
MENTAL:	alle Praktiken betreffend eine Beeinflussung des Mentalleibs der eigenen oder einer anderen Person mit einer Göttlichen Idee, Tugend, Eigenschaft, Kraft usw.
ASTRAL:	Eucharistie, astrale Imprägnierung (Durchtränkung), Beherrschen der astralen Aura
MATERIE:	Beleben der Materie mit mentalen und astralen Tugenden, Kräften etc.; jede grobstoffliche Form kann kabbalistisch imprägniert und verändert werden (= kabbalistische Alchimie)
Farbe:	Zinnoberrot
Ton:	D
Organ:	Magen
Element:	Feuer–Luft

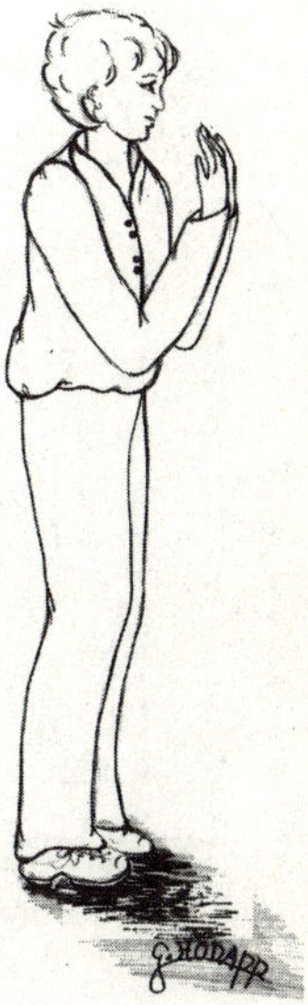

D

Ebene	Eigenschaften/Fähigkeiten
AKASHA:	Erkenntnis der Gesetze der Schöpfung in Mikro- und Makrokosmos, tiefste Weisheit
MENTAL:	(bei sich selbst und anderen) Beherrschen der Mentalmatrize [Der Mensch hat drei Hauptkörper: 1. Physischer Körper, 2. Astralleib/psychischer Körper/Gefühlskörper und 3. Mentalkörper/intellektueller Körper. Diese Körper überlagern sich gegenseitig, wobei der physische Körper von allen anderen durchdrungen wird. Der Astralkörper durchdringt den physischen, nicht aber den mentalen Körper. Stellen Sie sich dazu einfach eine Zwiebel mit ihren Schichten vor. Die Matrize ist das Bindeglied – der Vitalstoff –, welches die drei Körper zusammenhält und verbindet. Es gibt eine Astralmatrize und eine Mentalmatrize. Die Astralmatrize verbindet den physischen mit dem astralen Körper, die Mentalmatrize den astralen mit dem mentalen Körper.], tiefste Weisheit und Erkenntnis bezüglich des Ich-Bewußtseins
ASTRAL:	Beherrschen der Sexual- und Liebesmagie in Theorie und Praxis
MATERIE:	Beherrschen der Fruchtbarkeit,

sämtlicher Zeugungsakte; Fähigkeit des Einprägens von Charaktereigenschaften in das Sperma

Farbe: Dunkelblau
Ton: C
Organ: rechtes Ohr
Element: Feuer

E

Ebene	Eigenschaften/Fähigkeiten
AKASHA:	Allbewußtsein [vereinigt das Normalbewußtsein mit dem kosmischen Bewußtsein], die Göttliche Idee in allem, was ist
MENTAL:	höchste Intuition, Göttliches Bewußtsein in höchster Form, Verlassen von Raum und Zeit [mentale Bewußtseinsversetzung]
ASTRAL:	Hellhören, und zwar nicht nur das reine Hören von Wesenheiten, sondern auch das Verstehen der Tiersprache, das akustische Wahrnehmen aus Vergangenheit, Gegenwart und Zukunft
MATERIE:	Materialisieren und Entmaterialisieren
Farbe:	Dunkelviolett
Ton:	D
Organ:	Rückgrat
Element:	Akasha [Äther]

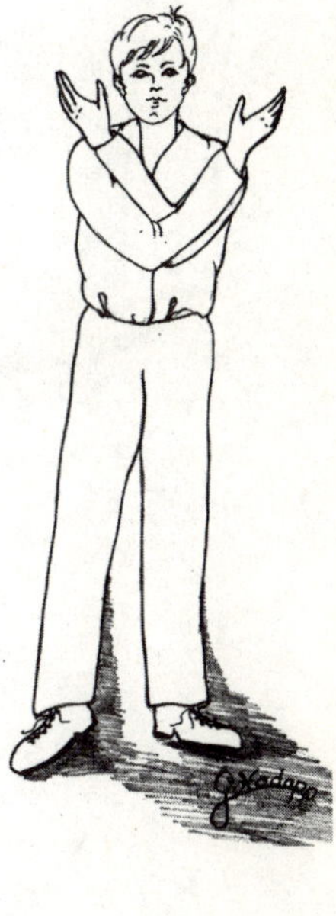

F

Ebene	Eigenschaften/Fähigkeiten
AKASHA:	Harmonie aller sichtbaren Welten des Makro- und Mikrokosmos, Erkennen von analogen Gesetzmäßigkeiten
MENTAL:	Vereinigung der vier Grundeigenschaften: Wille, Intellekt, Gefühl, Bewußtsein sowie deren Beherrschung bei sich und anderen
ASTRAL:	Enthüllung des Geheimnisses des vierpoligen Magneten [Tetragrammaton], Beherrschen jeder Charaktereigenschaft durch das Verständnis des Wirkungsbereichs der vier Elemente
MATERIE:	Offenbarung des Geheimnisses der magischen Quadratur des Kreises, das Erkennen und Anwenden des Tetragrammaton [Jod–He–Vau–He]
Farbe:	Hellgrün
Ton:	fis
Organ:	linke Hand
Element:	Erde

G

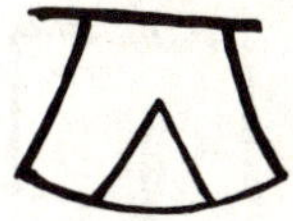

Ebene	Eigenschaften/Fähigkeiten
AKASHA:	Erkennen der tiefsten Göttlichen Gnade und Barmherzigkeit in allen Aspekten sowie bei Mensch und Tier
MENTAL:	Erreichen der Fähigkeiten, wahren Göttlichen Segen zu verteilen und die Tugend Göttlichen Friedens zu verwirklichen
ASTRAL:	Gefühl der Glückseligkeit, vollkommene Zufriedenheit, Glück, Erfolg, Wohlstand
MATERIE:	(bei sich selbst und anderen) alle Phasen des Reichtums und Wohlstands, Glück und Zufriedenheit, Überfluß in allem
Farbe:	Grasgrün
Ton:	F
Organ:	linkes Auge
Element:	Wasser

H

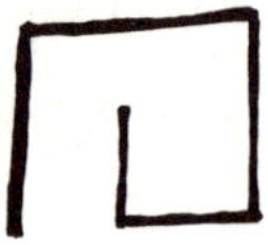

Ebene	Eigenschaften/Fähigkeiten
AKASHA:	Verstehen und Anwenden der kosmischen Sprache, der Macht des Wortes, also die Fähigkeit, jedem Buchstaben schöpferische Macht zu verleihen
MENTAL:	Verstehen des Wirkens der Göttlichen Vorsehung, Hellsehen im Geiste [es wird unterschieden zwischen astralem Sehen und mentalem Sehen, die Übergänge sind fließend; Hellsehen im Geiste meint mentales Sehen]
ASTRAL:	Beeinflussen jedes Schicksals, Verstehen aller kabbalistischen Systeme
MATERIE:	vollkommener Herr der Materie, Beherrschen des Prinzips: ES WERDE
Farbe:	Silberviolett
Ton:	A
Organ:	rechter Arm (von der Schulter bis zu den Fingerspitzen)
Element:	Feuer

CH

Ebene	Eigenschaften/Fähigkeiten
AKASHA:	Tugend der Klarheit und Reinheit
MENTAL:	Fähigkeit, die Sprache des Universums und aller Menschen und Tiere zu verstehen und von allen verstanden zu werden
ASTRAL:	Herrschaft über Leben und Tod, dazu gehört z.B. die Fähigkeit, einen abgestorbenen Baum wieder zum Leben zu erwecken; der Rhythmus des Lebens wird offenbar
MATERIE:	Herrscher über das Wasserelement, über alle Wassergeister, u.a. die Fähigkeit, Meere und Stürme zu beherrschen, Wasser hervorzubringen oder versiegen zu lassen
Farbe:	Violett
Ton:	A
Organ:	beide Beine (vom Oberschenkel bis zu den Zehenspitzen)
Element:	Wasser

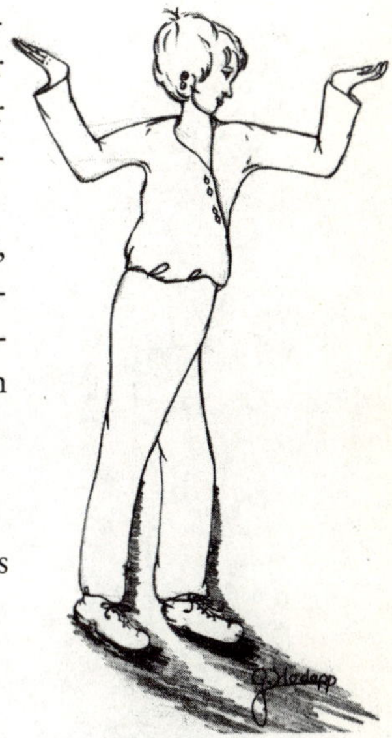

I

<u>Ebene</u>	<u>Eigenschaften/Fähigkeiten</u>
AKASHA:	Gesetz des Karma [Gesetz von Ursache und Wirkung über den Tod hinaus], Göttliche Vorsehung
MENTAL:	alle Fähigkeiten, die das Gedächtnis, die Erinnerung und das Gewissen auf der Mentalebene betreffen
ASTRAL:	Die Schwingung des I entspricht hier der Astralmatrize bzw. dem Odkörper, dem Bindeglied zwischen grobstofflichem und Astralkörper; der Kabbalist kann einen bereits Verstorbenen wieder zum Atmen veranlassen, indem er die Astralmatrix wieder an den Körper bindet
MATERIE:	Fähigkeit, die Materie durch Form, Maß, Zahl und Gewicht zu beherrschen und größte Wunder zu vollbringen
Farbe:	Hellopal
Ton:	G
Organ:	linke Niere
Element:	Erde

J

Ebene	Eigenschaften/Fähigkeiten
AKASHA:	Erfassen und Empfinden der Alliebe
MENTAL:	Verzückung [Ekstase], d.h. Empfindung des Einsseins mit der Göttlichen Liebe, Vereinigung in den vier Formen der Ekstase, die den Elementen entsprechen
ASTRAL:	Herrscher über Liebe bei Mensch und Tier sowie alle Mysterien der Liebesmagie; Fähigkeit, Gefühle und Sympathien entstehen und abflauen zu lassen
MATERIE:	Herrscher über die Liebe und Zeugungskraft bei Mensch und Tier; Fähigkeit, das Geschlecht eines Kindes im voraus zu bestimmen (vor der Zeugung)
Farbe:	Dunkelopal
Ton:	gis
Organ:	Zwerchfell
Element:	Wasser

K

Ebene	Eigenschaften/Fähigkeiten
AKASHA:	Allmacht als Göttliche Tugend und Kraft, sowohl im Mikro- als auch im Makrokosmos; höchstes reines Licht, entspricht dem Urfeuer
MENTAL:	Glaubensmanifestation, d.h. Verwirklichung eines jeden Wunsches, gleichgültig auf welcher Ebene
ASTRAL:	(bei sich selbst und anderen) Beharrlichkeit, Geduld, Mut, Ausdauer und dergleichen; Aufhebung von Ängsten aller Art, Stärkung des Selbsterhaltungstriebs
MATERIE:	Herr über alle irdischen Schätze
Farbe:	Silberblau
Ton:	H
Organ:	linkes Ohr
Element:	Feuer

L

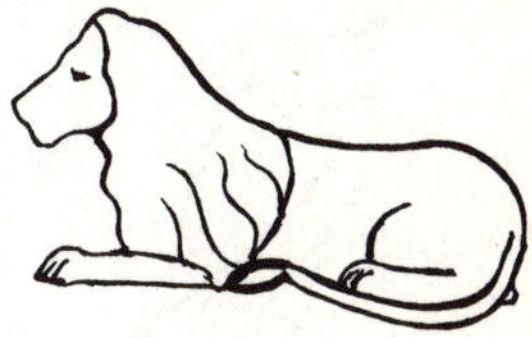

Ebene	Eigenschaften/Fähigkeiten
AKASHA:	höchste Göttliche Tugend
MENTAL:	Erfassen der Göttlichen Moral, also die Fähigkeit, Gut und Böse als gleichberechtigt zu akzeptieren; Erleuchtung
ASTRAL:	Erfassen des Charakters eines jeden Menschen, Göttliche Tugend; Fähigkeit, sich unsichtbar zu machen; astrale Unsterblichkeit
MATERIE:	vollkommene Gesundheit, Schönheit, Harmonie, ewige Jugend (bei Einwilligung des Kosmos auch für andere)
Farbe:	Dunkelgrün
Ton:	F
Organ:	Milz
Element:	Luft

M

Ebene	Eigenschaften/Fähigkeiten
AKASHA:	Fähigkeit, das Prinzip des Wasserelements zu erfassen und zu beherrschen
MENTAL:	(bei sich selbst und anderen) Beherrschen der Gefühle
ASTRAL:	Beherrschen von Emotionen [Empfindungen] und allem, was dem Wasserelement entspricht
MATERIE:	Herrscher über alle Flüssigkeiten
Farbe:	Blaugrün
Ton:	D
Organ:	Bauch als Hohlraum (ohne Organe)
Element:	Wasser

N

<u>Ebene</u>	<u>Eigenschaften/Fähigkeiten</u>
AKASHA:	Glückseligkeit in ihrer höchsten Form
MENTAL:	Sehen der mentalen Aura [Energiefeld], Beherrschen der Mentalmatrize, Erkennen des Entwicklungsgrades eines jeden Menschen; durch Erzeugen dieser Schwingung kann der Kabbalist seine Mitmenschen so erleuchten, daß sie ihre Probleme mühelos lösen können
ASTRAL:	Beherrschen des Selbsterhaltungstriebs in der astralen Welt, kein Element kann ihn nun mehr in der astralen Welt angreifen; vollkommener Herrscher über alle Wesen in der Erdgürtelzone
MATERIE:	Herr über Mensch und Tier, Macht über Bewegung und Gang der Lebewesen; Fähigkeit, Lahme gehend zu machen; N steht in Verbindung mit Anziehungskraft [Gravitation] und spezifischer Schwere sowie mit der Macht über die Zusammenhangskraft [Adhäsion] der Materie
Farbe:	Rot
Ton:	A
Organ:	Leber
Element:	Wasser

O

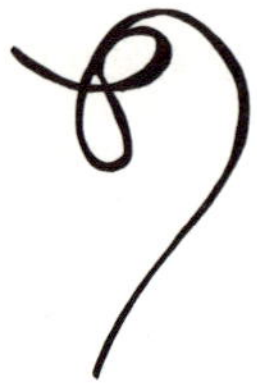

Ebene	Eigenschaften/Fähigkeiten
AKASHA:	Gerechtigkeit, Göttliche Gesetze, Übereinstimmung des Kabbalisten mit der Göttlichen Vorsehung
MENTAL:	Harmonie in allen Grundeigenschaften, mitbestimmend für alle zukünftigen Inkarnationen, gute Urteilskraft
ASTRAL:	absolute Ausgeglichenheit und Zufriedenheit im astralen Bereich, Unfehlbarkeit und Unantastbarkeit
MATERIE:	absoluter Erfolg und vollkommenes Glück, umfassende Fröhlichkeit; Verstehen und Beherrschen des elektromagnetischen Fluids im menschlichen Körper und in der grobstofflichen Welt in bezug auf die höheren Sphären
Farbe:	Ultramarin
Ton:	C
Organ:	Schlund [Hals, inkl. Luftröhre]
Element:	Erde

P

Ebene	Eigenschaften/Fähigkeiten
AKASHA:	Sehnsucht nach geistiger Vervollkommnung und höchster Vergeistigung, Streben nach Vereinigung mit den vier Göttlichen Grundeigenschaften
MENTAL:	höchste Verehrung des Göttlichen, tiefste Demut; das Bedürfnis, Gott zu dienen und den Menschen materiell und vor allem auch geistig helfend zur Seite zu stehen
ASTRAL:	Sehnsucht nach Charakterveredelung, magisches Gleichgewicht, das Empfinden absoluter Schönheit, Harmonie in ihrer Reinheit und Tiefe
MATERIE:	Fortpflanzung, Kinderliebe/Mutterliebe
Farbe:	Dunkelgrau
Ton:	H
Organ:	rechter Nasenflügel
Element:	Erde

R

Ebene	Eigenschaften/Fähigkeiten
AKASHA:	Hüter und Herr über die Freiheit und Ungebundenheit, Unantastbarkeit
MENTAL:	ausgezeichneter Verstand, Willens- und Handlungsfreiheit; der Kabbalist wird nie gegen ein Gesetz verstoßen, sondern selbst zum Herr aller Gesetze werden, Fähigkeit zu höchster Demut und Dankbarkeit
ASTRAL:	hochgradige Genialität
MATERIE:	verstandesmäßige Erweiterung des Intellekts, jedes Wissen wird rasch und leicht erfaßt und in Worten zum Ausdruck gebracht
Farbe:	Gold
Ton:	C
Organ:	Nasenflügel
Element:	Erde

S

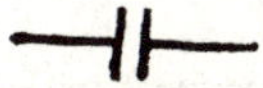

Ebene	Eigenschaften/Fähigkeiten
AKASHA:	die alles durchdringende Kraft, Kontakt mit dem Göttlichen Urfeuer
MENTAL:	vollkommene Beherrschung des elektrischen Fluids, Beherrschung des Feuerelements
ASTRAL:	absolutes Hellsehen in reinster Form, die Gabe der Prophetie, vollkommene Macht über Mensch und Tier
MATERIE:	vollkommene Beherrschung des eigenen Bewußtseins sowie desjenigen anderer Menschen und Wesen sämtlicher Sphären
Farbe:	Purpurrot
Ton:	gis
Organ:	Galle
Element:	Feuer

SCH

Ebene	Eigenschaften/Fähigkeiten
AKASHA:	Urlicht & Urfeuer = unmanifestierte Allmacht, der höchste Buchstabe, die höchste Erleuchtung
MENTAL:	höchste Erleuchtung, höchste Vergeistigung bis zum Zustand der Ekstase; Verstand und Bewußtsein werden erleuchtet
ASTRAL:	vollkommene Beherrschung des Feuerelements in allen Reichen und somit auch Beherrschung des Willens
MATERIE:	Festigung des absoluten Glaubens, Beherrschung des elektrischen Fluids; Fähigkeit, das Feuerelement auf der grobstofflichen Ebene zu beeinflussen
Farbe:	Feuerrot
Ton:	C
Organ:	Gehirn
Element:	Feuer

T

Ebene	Eigenschaften/Fähigkeiten
AKASHA:	hohe Inspiration und Intuition
MENTAL:	günstige Beeinflussung des Gedächtnisses; gute Erfindungsgabe, insbesondere bezüglich mechanischer Abläufe.
ASTRAL:	wahre Astralmagie, Herrschaft über alle Elemente
MATERIE:	Verstehen und Anwenden aller Analogiegesetze in Mineral-, Pflanzen- und Tierreich
Farbe:	Braunschwarz
Ton:	F
Organ:	rechte Niere
Element:	Feuer

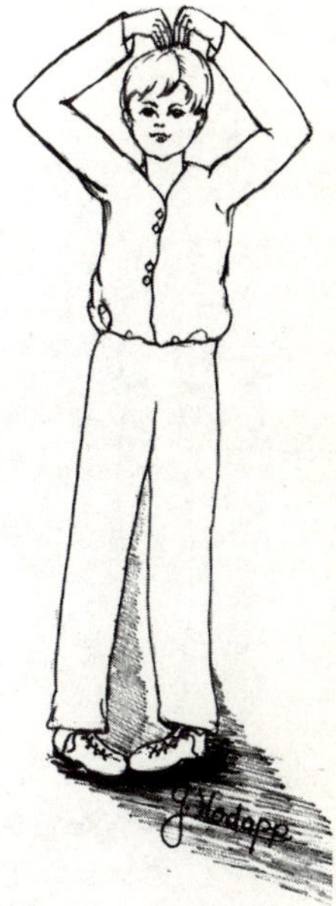

U

Ebene	Eigenschaften/Fähigkeiten
AKASHA:	das Ursein allen Seins offenbart sich, das Begreifen des Schöpfungsaktes vom Standpunkt des Karma aus
MENTAL:	höchste Inspiration, Fähigkeit zu höchster Intuition; Möglichkeit, sein eigenes Karma zu erforschen, zu beherrschen und zu ändern
ASTRAL:	Beherrschung der Bewußtseinsversetzung, Trancezustände, Astralreisen
MATERIE:	Verstehen und Anwenden der Geheimnisse des Akashaprinzips in bezug auf die Materie, Begreifen der Wirkung des vierpoligen Magneten (Tetragrammaton) auf die gesamte Materie, Beherrschen und Verstehen aller Mysterien
Farbe:	Samtschwarz
Ton:	H
Organ:	Bauchspeicheldrüse
Element:	Akasha [Äther]

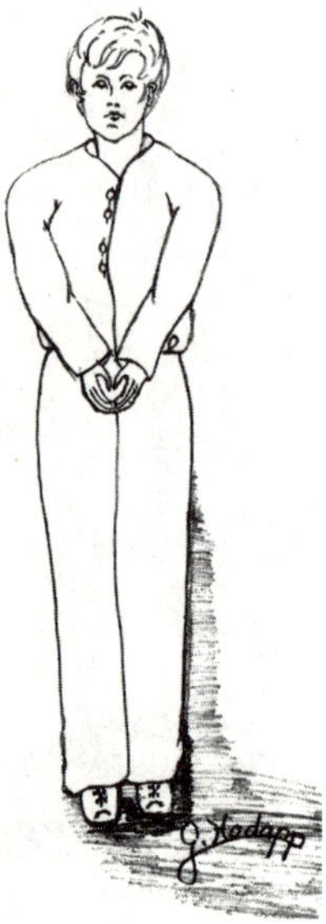

W

Ebene	Eigenschaften/Fähigkeiten
AKASHA:	Vereinigung mit dem kosmischen Bewußtsein, Alliebe, kosmische Intuition
MENTAL:	alle medialen Fähigkeiten, Erhöhung der Konzentrationsfähigkeit bis zur Vollkommenheit (Samadhi)
ASTRAL:	erweckt religiöses Empfinden: der Kabbalist wird selbst zum Tempel; absolute Fähigkeit des Hellhörens und Fernsprechens
MATERIE:	Fähigkeit, alles Vergängliche vom Ewigen zu unterscheiden; Herrschaft über das Wasserelement
Farbe:	Lila [Lila geht im Unterschied zu Violett, das eher rötlich ist, mehr in Richtung Blau – siehe Farbtafeln im Anhang]
Ton:	G
Organ:	gesamter Darm bis After
Element:	Wasser

Y (Ü)

Ebene	Eigenschaften/Fähigkeiten
AKASHA:	Verstehen und Beherrschen der Urrhythmen sowie der Gesetze des Lebens und der Harmonie
MENTAL:	tiefste kosmische Intuition und Inspiration, tiefste Liebe und Hingabe
ASTRAL:	unfehlbare Weissagungen, höchste Gabe der Prophetie
MATERIE:	das Beherrschen des Akashaprinzips in bezug auf die Materie: der Kabbalist kann den Dichtegrad der Materie verändern, wodurch er sich unsichtbar machen, sich entmaterialisieren und an anderer Stelle wieder materialisieren kann
Farbe:	Rosa
Ton:	cis
Organ:	Herz
Element:	Akasha/Erde

Z

Ebene	Eigenschaften/Fähigkeiten
AKASHA:	höhere Verstandeskraft, Erkenntnisfähigkeit, in Einklang mit allen kosmischen Gesetzen
MENTAL:	allgemeine Steigerung der intellektuellen Fähigkeiten und Talente; insbesondere vermag diese Schwingung, alle Erinnerungen und intellektuellen Fähigkeiten aus Vorleben wachzurufen, was jedoch nur bei genügender Reife und Schulung zu empfehlen ist
ASTRAL:	sämtliche künstlerischen Fähigkeiten; Fähigkeit, abstrakte Ideen in leicht verständliche Worte zu kleiden; Empfangen und Senden von Botschaften durch die Luft [die Luft wird zur Schallschwingung genutzt]
MATERIE:	Frohsinn, Heiterkeit, gute Laune, Beherrschen von Stürmen, lange Fußmärsche ohne Ermüden
Farbe:	Zitronengelb
Ton:	G
Organ:	Herz
Element:	Luft

Ä

Ebene	Eigenschaften/Fähigkeiten
AKASHA:	Erfassen der Göttlichen Vorsehung, Begreifen des Lebens und seiner Transformation (Tod)
MENTAL:	Herr über alle Gedanken, Handlungen und Wünsche auch in bezug auf die Materie
ASTRAL:	vollkommene Freiheit und Unabhängigkeit, Herrscher über alle Begierden und Leidenschaften
MATERIE:	absoluter Herr über alles Grobstoffliche auf unserem Planeten
Farbe:	Lehmbraun
Ton:	C
Organ:	After
Element:	Erde

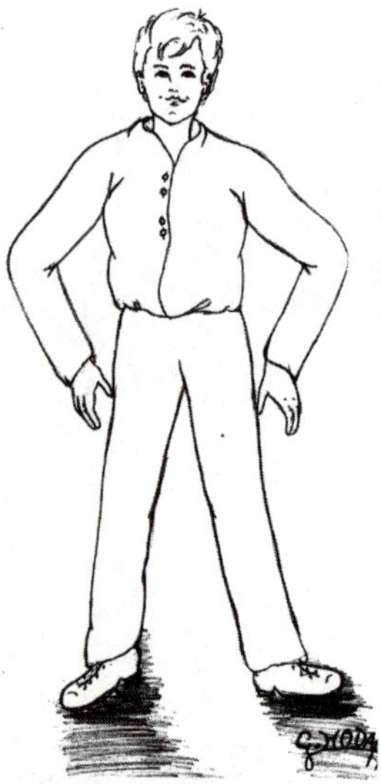

Ö

Ebene	Eigenschaften/Fähigkeiten
AKASHA:	tiefste Erkenntnis, die durch die Göttliche Liebe erfahren werden kann; Verstehen aller Umwandlungsmöglichkeiten des Geistes
MENTAL:	Beherrschung der kabbalistischen Alchimie [durch kabbalistische Worte umgewandelte Ideen, Tugenden etc.]
ASTRAL:	vollkommene Astralprojektion, d.h., der Kabbalist kann jede gewünschte Form des Astralkörpers annehmen, ohne daß er darin von anderen Wesen erkannt wird; Fähigkeit, jede astrale Schwingung und jedes Element in die gewünschte Schwingung umzuwandeln
MATERIE:	vollkommene Kenntnis der kabbalistischen Alchimie auf der grobstofflichen Ebene; wahre Zubereitung des Steins der Weisen im grobstofflichen Sinn: Fähigkeit, jedes Metall in Gold zu verwandeln oder einen gewöhnlichen Stein in einen Edelstein
Farbe:	Dunkelorange
Ton:	dis
Organ:	Hoden bzw. Eierstöcke
Element:	Akasha/Erde

Spezielle Übungen zur Intonation der Buchstaben finden Sie im Abschnitt »Sefer Jezirah – Das Buch der Schöpfung«.

PRAXIS

I. Die meditative Kabbalah

Die kabbalistischen Schlüssel nach Bardon

Meditation mit dem Symbol des Lebens

Zurück zu den Quellen

Jetzt haben Sie ja schon eine ganze Menge gelesen. Vielleicht haben Sie auch schon in dem Kapitel geblättert, welches das Sefer Jezirah ausführlich behandelt und viele Grundlagen der Kabbalah, der Schöpfung und der menschlichen Entwicklung vermittelt. Obwohl im Sefer Jezirah und dessen Besprechung keine konkreten Übungsanleitungen gegeben werden, steckt es doch voller Hinweise zur praktischen Anwendung kabbalistischen Wissens. Dort sind Sie, lieber Leser, aufgefordert, auch zwischen den Zeilen zu lesen und zu verstehen.

Wer die Kabbalah nicht nur theoretisch durcharbeitet, sondern sich auch der Mühe unterziehen will, sie praktisch in sein Leben zu integrieren, den lade ich ein, dazu mit den Übungen dieses Kapitels zu beginnen. Vielleicht wird der eine oder andere jetzt spektakuläre Übungen suchen, die wunderwirkende Kräfte versprechen. Davon werden Sie hier nichts finden und trotzdem feststellen, daß die folgenden, so einfach anmutenden Anweisungen weit mehr sind als ein gemächlicher Spaziergang durch die Landschaft der Esoterik – es gibt keine Abkürzung ins Paradies. Folgen Sie den Übungen, so werden Sie Schritt für Schritt kleinste Veränderungen an sich und Ihrer Umwelt und wie sie Ihnen begegnet, bemerken, sofern Sie die Gelegenheit nutzen und sich nur aufmerksam genug selbst studieren.

Obwohl nachfolgend jede der zehn Sefiroth bearbeitet wird, bewegen wir uns hier, im ersten Tempel, ausschließlich innerhalb der Sphäre Malkhuts, die, wie schon mehrfach erwähnt, das »Behauen«, das Veredeln unseres Charakters verlangt. Die Übungen sind so angelegt, daß sie entweder innerhalb eines Monats oder über einen Zeitraum von drei Monaten erarbeitet werden können, wobei die Beschreibung für je einen Monat abgefaßt ist. Der Mysterienschüler sollte sich allerdings für einen gleichbleibenden Rhythmus entscheiden und diesen während den Übungsphasen nicht ohne triftigen Grund ändern.

Entschließen Sie sich, die Übungen zu machen, sollten Sie sich ein Tagebuch besorgen, in das Sie ab sofort Ihre Notizen zu Ihren Übungen eintragen. Überlegen Sie sich, ob Sie lieber ein ganz edles Büchlein erwerben oder einen einfachen Notizblock vorziehen. Ich selbst ziehe das Edlere vor: Eigens für diesen Zweck erwarb ich einen besonderen Füllfederhalter, den ich ausschließlich für magisch-kabbalistische Arbeiten verwende.

Klopfen wir nun also gemeinsam an die Tore des Tempels.

Vorbereitung des Neophytus [Einzuweihenden] – Die Tore des Tempels

- Beginnen Sie mit Ihrem Vorhaben am ersten Tag nach Vollmond.
- Zeichnen Sie zuallererst das Symbol des Lebens – den kabbalistischen Lebensbaum – (siehe nebenstehende Abbildung) auf einen ca. ein Quadratmeter großen Karton oder auf eine Leinwand auf (darf auch größer sein).
- Es ist wichtig, daß Sie Ihr Bild selbst malen und mit der Zeit eine tiefe Beziehung zu ihm aufbauen können.
- Achten Sie darauf, daß die Geometrie und die Anordnung der zehn Sefiroth so exakt wie möglich ist. Verwenden Sie dazu ein großes Lineal, ein Winkeldreieck und einen Zirkel.
- Falls Sie sich allzu unbegabt fürs Zeichnen fühlen, bitte ich Sie, hier Ihre erste Hürde zu nehmen und das Unterfangen dennoch in Angriff zu nehmen. Im alleräußersten Ausnahmefall ist es erlaubt, die Kopiervorlage zu nehmen und eine Vergrößerung anfertigen zu lassen. Bitte malen Sie aber auf keinen Fall in die Kopie, sondern nehmen Sie diese lediglich als Vorlage, um davon Ihre eigene Abbildung abzupausen.
- Zeichnen Sie jede Sefirah erst einmal als leeren Kreis, ganz so, wie es bei der Kopiervorlage der Fall ist. Beginnen Sie mit der ersten Sefirah, Kether, und halten Sie die Reihenfolge ein: 2. Chochmah, 3. Binah, 4. Chessed, 5. Geburah, 6. Tifereth, 7. Netzach, 8. Hod, 9. Jesod, 10. Malkuth.
- Wichtig ist, daß Sie sich beim Zeichnen Ihres Symbols des Lebens Zeit lassen. Sie haben einen ganzen (Mond-)Monat, 28 Tage. Am letzten Tag vor dem nächsten Vollmond aber sollte ihr Bild, die zehn (leeren) Sefiroth und die 22 Verbindungslinien – Pfade – fertiggestellt sein.
- Bitte unterschätzen Sie diesen ersten Schritt nicht. Er ist eine wichtige und effektive Vorbereitung für alle folgenden Übungen.
- Falls Sie Ihr Bild schneller fertigstellen, so hängen oder stellen Sie es an einen Ort, an dem Sie es in aller Ruhe betrachten können, und warten Sie das Ende dieser Mondphase – also bis zum Vollmond – ab.
- An dem Tag, der diesem Vollmond folgt, also wiederum am ersten Tag im abnehmenden Mond, beginnen Sie mit den Übungen der Stufe 2.

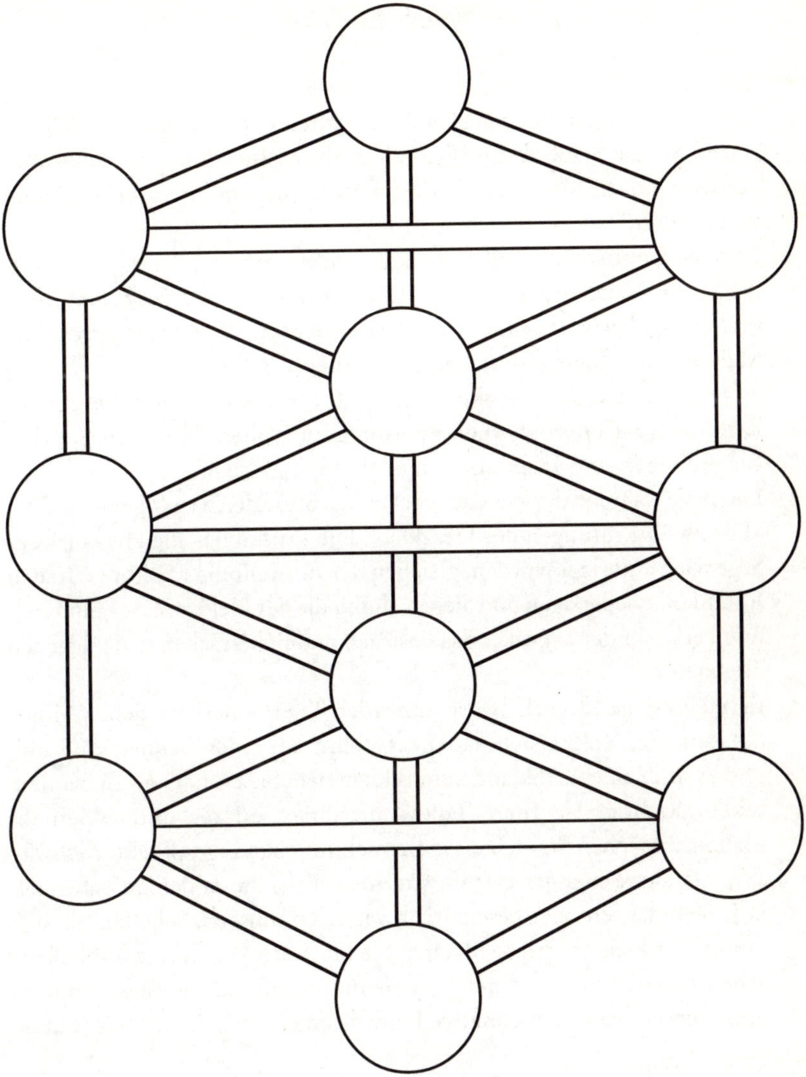

1. Neophytus-Grad

- Beginnen Sie am ersten Tag nach Vollmond.
- Betrachten Sie die nebenstehende Zeichnung von Malkuth, und übertragen Sie die Symbole und Farben in Ihr eigenes Bild. Sie haben wieder den ganzen Monat Zeit, die zehnte Sefirah in ihrem Lebensbaum zu gestalten.
- Denken Sie ausführlich über jedes Zeichen und jede Hieroglyphe nach, die Malkuth zugeordnet werden. *Schreiben Sie Ihre Eindrücke und Ideen in Ihr Tagebuch; es genügen Stichworte und kurze Bemerkungen.* Bei Malkuth und allen anderen Sefiroth, ebenso bei den 22 Pfaden, kann es unter Umständen vorkommen, daß Sie das Gefühl haben, mehr Zeichen oder Hieroglyphen zuordnen zu wollen. Notieren Sie Ihre Eingebungen und Inspirationen in Ihrem Tagebuch.
- Lesen Sie während der Zeitdauer der ersten Stufe den nachfolgenden Text: »Die zwölf Prüfungen des Herakles«. Die Prüfungen, die Herkules der Sage nach auferlegt wurden, gleichen der Einweihung Malkhuts. In den Kämpfen, Niederlagen und Siegen, durch die der Held im Epos hindurch muß, erkennt der Mystiker das Besiegen und Beherrschen seiner eigenen Triebnatur.
- Betrachten Sie Ihren Lebensbaum jeden Tag mindestens sieben Minuten lang. Setzen Sie sich dabei entspannt auf einen bequemen Stuhl, und zwar in einem Abstand zum Bild, in dem Sie es im Ganzen bequem sehen. Richten Sie Ihren Fokus allerdings auf die untere Sefirah: Malkuth. Machen Sie sich diese Betrachtung zur Tagespflicht. *Kein Tag darf ausgesetzt oder gar vergessen werden*. Falls Sie in der Zwischenzeit in Urlaub fahren oder geschäftlich verreisen müssen, behelfen Sie sich mit einem kleinen Trick: Machen Sie ein Foto von Ihrem kabbalistischen Lebensbaum und nehmen Sie dieses mit auf die Reise. Führen Sie in diesem Fall die meditative Betrachtung mittels Ihres Fotos durch.

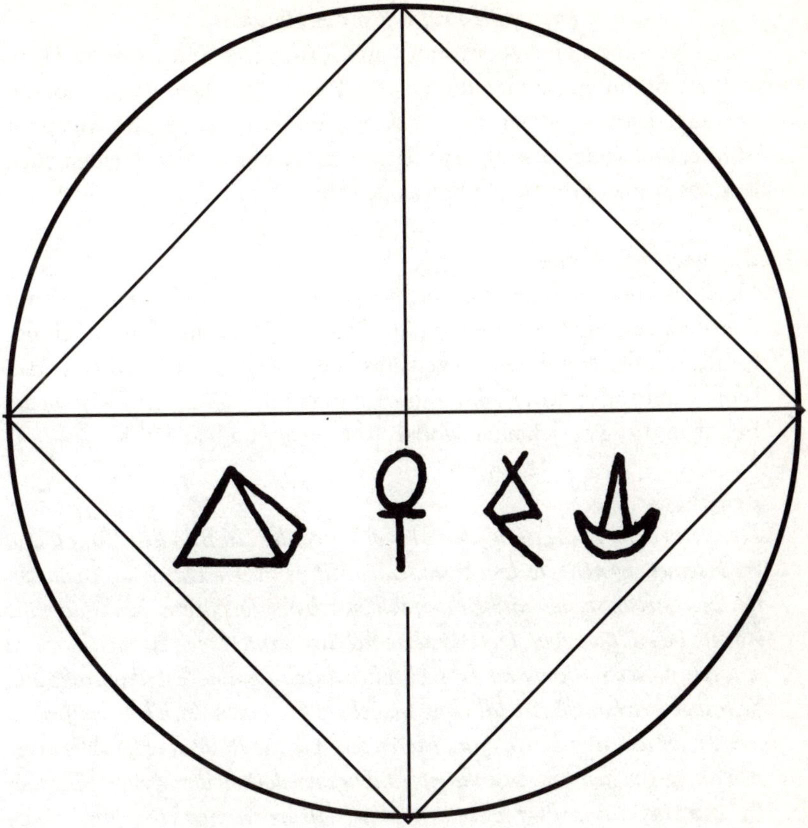

Malkuth

Die zwölf Prüfungen des Herakles

Herakles, ein unehelicher Sohn von Göttervater Zeus, strebte Göttlichkeit an. So unterzog man ihn einigen Prüfungen, die erweisen sollten, ob er dieser Ehre wert war. Es war König Eurystheus, der die Aufgaben auswählte, und seine Auswahl war hart, denn er war auf den Helden eifersüchtig, dem man Göttlichen Status gewähren wollte.

1. *Der nemeische Löwe*

   Herakles wurde zunächst nach Nemea geschickt, um ein Löwenungeheuer zu töten, dessen Haut unverwundbar war. Der Held fertigte eine riesige Keule, mit der er auf den Löwen einschlug, bevor er ihn erwürgte. Anschließend zog er dem Kadaver des Tieres mit dessen eigenen Klauen das Fell ab und zog es sich über, wodurch er unverwundbar wurde.

   Bedeutung:

   Der nemeische Löwe ist für den Mysterienschüler ein Bild des Zornes, und zwar seines eigenen wie desjenigen seiner Mitmenschen. Durch das Beobachten aggressiver Szenen und Bilder, soll er sich der zerstörerischen Macht des Zornes bewußt werden. Der Mysterienschüler lernt, seinen eigenen Zorn zu entdecken, zu bändigen und ihn schließlich durch absolute Selbstkontrolle und Selbstbeherrschung unschädlich zu machen. Um seinen Zorn beherrschen zu lernen, wird er sich durch Visualisieren selbst in die Rolle des Herakles begeben und gegen den Löwen ankämpfen. Dies wiederholt der Mysterienschüler so lange, bis er im Alltag feststellen kann, daß er wirklich Herr über seinen eigenen Zorn geworden ist.

2. *Die lernäische Hydra*

   Ein weiterer Auftrag war, die neunköpfige Wasserschlange zu töten, die in einem Sumpf bei Lerna hauste. Doch jedesmal, wenn Herakles ihr einen Kopf abschlug, wuchsen an dessen Stelle zwei neue. Außerdem hatte die erboste Hera [Zeus' Göttergattin] der Hydra einen großen Krebs als Hilfe geschickt, den Herakles jedoch mit einem Fuß zerquetschte. Ioalos [Sohn von Herakles' Halbbruder Iphikles] half dem Helden, indem er jeden eines Kopfes beraubten Hals mit einer Fackel ausbrannte, so daß keine neuen Köpfe nachwachsen konnten. Nach seinem Sieg tauchte Herakles seine Pfeile in das Blut des Ungeheuers, wodurch sie tödliche Wirkung erhielten.

Bedeutung:
Der Mysterienschüler begibt sich abermals in die Situation des Herakles und visualisiert den Kampf mit der Hydra. Wie in einem großen Bühnenstück spielt er die Szenen so lebhaft nach, wie er es vermag; er muß die ganze Szene, den Sumpf, das Wasser und die Felsen vor sich sehen. Ebenso sieht er sich als Herkules, mit der Hydra kämpfend, und er sieht Ioalos, der die Hälse ausbrennt.
Die Hydra symbolisiert alle unkontrollierten Wünsche und Sehnsüchte des Menschen. Jeder der verschiedenen Köpfe ist ein anderer Wunsch oder eine andere Sehnsucht. Der Sumpf, in dem die Szene spielt, ist der Ort des Unterbewußtseins, des Seelengartens des Mysterienschülers. Herkules ist das Ego, Ioalos verkörpert den Schutzengel, der jedem Menschen stets helfend zur Seite steht. Das Feuer, das der Schutzengel entfacht und Herkules reicht, damit er die Köpfe der Hydra – die Wünsche also – ausbrennt, ist Symbol des Geistes. Die Fackel, die das Feuer trägt, verkörpert die aus dem Geist entstandenen Gedanken der Vernunft. Der Dolch schließlich steht für die Willenskraft des Mysterienschülers. Der Schüler erkennt, daß, sobald er einen Wunsch aufgibt, sofort zwei neue Wünsche entstehen, solange er nicht durch die Kraft des Geistes und der Vernunft alle Wünsche und Sehnsüchte ausbrennt. Dies zu verstehen ist für jeden Mysterienschüler oberstes Gebot, um eine wahrhafte Chance zu haben, im Baum des Lebens, das heißt in seiner geisteigen Entwicklung, aufzusteigen.

3. *Die keryneische Hirschkuh*
Dieses Tier mit ehernen Hufen und Hörnern aus Gold lebte auf dem Berg Kerynea und war die heilige Hindin der Artemis [jüngfräuliche Göttin der Jagd]: Herakles mußte sie unverletzt einfangen, um nicht den Zorn der Artemis auf sich zu ziehen. Nachdem er das Tier ein Jahr lang verfolgt

hatte, fügte er ihm eine Wunde zu und brachte es Eurystheus, dem er die Schuld für die Verletzung zuschob. So entging er dem Zorn der Artemis.

Bedeutung:
In der Hirschkuh findet der Mysterienschüler das Symbol seiner Persönlichkeit und Ausdruck seines Egos. Die Aufgabe des Herakles war es, die Hirschkuh einzufangen, sie aber nicht zu töten. Die Wunde, die Herakles der Hirschkuh zufügte, steht für das Verletzen des Egos. Nur durch gezieltes und wohldosiertes »Verletzen« seines Egos erkennt der Mysterienschüler die Stärken und Schwächen seiner Persönlichkeit. Seine Aufgabe ist nicht, das wilde und ungezügelte Temperament seiner Persönlichkeit auszumerzen, sondern es in positive – ausgeglichene – Qualitäten und Eigenschaften umzuwandeln. (Bei dieser Aufgabe – Umwandlung – hilft Ivar, Genius der Erdgürtelzone, 3° Löwe)

4. *Der erymanthische Eber*
Ein riesiger Eber wütete im Gebiet um den Berg Erymanthos, und Herakles erhielt den Auftrag, ihn lebend dem König Eurystheus zu bringen. Unterwegs besiegte er die Kentauren in einer Schlacht. Schließlich kehrte er mit dem Eber zurück, der den König jedoch derartig in Schrecken versetzte, daß er sich in ein Faß verkroch.

Bedeutung:
Der riesige wilde Eber symbolisiert für den Mysterienschüler seinen grobstofflichen Körper, der von den niederen, teilweise animalischen Trieben des Egos beherrscht wird. In dieser Szene beobachtet sich der Mysterienschüler selbst. Er beobachtet seinen Körper mit seinem Verlangen und seinen Bedürfnissen. Er lernt, seinen Körper und all seine Triebe zu erkennen und zu beherrschen. Das heißt nicht, daß der Mysterienschüler in Verzicht oder gar im Zölibat zu leben hat. Nein, es heißt, daß er auch das körperliche Verlangen meistern muß und sich nicht durch das Verlangen seines Körpers beherrschen läßt.

5. *Die Ställe des Augias*
Augias, Sohn des Sonnengottes Helios, besaß große Viehherden. Darunter waren auch zwölf herrliche weiße Stiere. Sie wurden in Ställen gehalten, die niemals gesäubert wurden und so mit dem Mist von vielen Jahren angefüllt waren. Herakles bekam nun die undankbare Aufgabe zugewiesen, die Ställe in einem Tag zu säubern. Dies gelang ihm, indem er die Flüsse Alpheios und Peneios durch die Ställe leitete.

Bedeutung:
Auch in dieser Aufgabe findet der Mysterienschüler Analogien zu seiner eigenen unbewußten Persönlichkeit. Die Ställe des Augias symbolisieren den unbewußten »Raum« der menschlichen Persönlichkeit, wobei die darin lebenden Tiere wiederum Symbol der so zahllosen Elementale sind, die im allgemeinen den Charakter des Menschen beherrschen. Die zwölf weißen Stiere verkörpern die reinen Kräfte der Lebenskraft, die im Unterbewußtsein – dem Seelengarten – immer vorahnden sind und über die zwölf Monate, den Zodiak [Tierkreis], gespeist werden. Die zwei Flüsse stehen für die beiden Schlangen Ida und Pingala, die Kundalini also, die auch Teil des heiligen Stabes des Hermes sind. Indem der Mysterienschüler lernt, diese beiden Kraftströme zu beherrschen und gezielt zu lenken, wird er Herr über seine Gesundheit und Vitalität. Er nutzt seine Lebenskraft konstruktiv und kann die nötige Vitalität und Ausdauer aufrechterhalten, die er benötigt, um den Pfad der Mysterien weiter zu erklimmen.

6. *Die stymphalischen Vögel*
Der See Stymphalos in Arkadien war die Heimstatt menschenfressender Raubvögel mit ehernen Schnäbeln, Krallen und Flügeln. Herakles hatte den Befehl, sie zu verscheuchen. Er schreckte die Vögel von den Bäumen auf, indem er eine eherne Klapper schlug, ergriff sodann seinen Bogen und erschoß sie mit seinen Pfeilen.

Bedeutung:
Dem Mysterienschüler symbolisieren die Vögel Elementale, die durch starke

Begierden und Gefühlsausbrüchen entstanden sind. Diese Elementale ernähren sich von der Lebenskraft – Vitalität – des Menschen. Es kann hier durchaus der Vergleich zum Vampir gezogen werden. Aufgabe des Mysterienschülers ist, diese Energievampire tief in seinem Inneren ausfindig zu machen und sie mit gezielten, ihnen entgegenwirkenden Gedanken auszumerzen. Diese gezielt ausgerichteten Gedankenformen werden im Mysterienspiel durch die Pfeile des Helden dargestellt.

7. *Der kretische Stier*
Auf der Insel Kreta lief ein riesiger Stier frei umher und versetzte die Bewohner in Angst und Schrecken. Auf Eurystheus' Befehl fing Herakles ihn ein und brachte ihn lebend nach Tiryns.

Bedeutung:
Dem Mysterienschüler symbolisiert der kretische Stier eine wilde menschliche Persönlichkeit, die sich durch den physischen Körper Ausdruck verleiht. Auch bei dieser Herausforderung des Herakles geht es für den Mysterienschüler ausschließlich darum, sein ungezügeltes Temperament zu erkennen und es, falls noch immer vorhanden, zu bändigen und zu zähmen. Er lernt dabei, seine Vitalität gezielt einzusetzen, statt sie ungenutzt verpuffen zu lassen.

8. *Die Stuten des Diomedes*
Herakles mußte Eurystheus eine Roßherde des Thrakers Diomedes bringen, der seine Tiere mit Menschenfleisch fütterte. Herakles tötete Diomedes und warf ihn seinen Rossen zum Fraß vor. Von diesem Augenblick an waren die Tiere zahm, und Herakles konnte sie Eurystheus bringen.

Bedeutung:
Diomedes symbolisiert für den Mysterienschüler das Böse schlechthin. In der hebräischen Kabbalah wird diese Art des Bösen Klipoth – die Hüllen – genannt. Der Eingeweihte kämpft mit dem Bösen, dem Egoismus der Menschen, und ist bestrebt, es zu vernichten. Die durch das Töten des

*Egoismus freigesetzte Lebenskraft nutzt der Eingeweihte, um positives Neues zu schaffen.**

9. *Der Gürtel der Hippolyte*
Hippolyte, die Königin der kriegerischen Amazonen in Kleinasien, besaß einen schönen Gürtel, der die Habgier der Tochter Eurystheus' erregte. Herakles schlug die Amazonen in einer Schlacht, nahm Hippolyte gefangen und erhielt ihren Gürtel als Lösegeld.

Bedeutung:
Hippolyte stellt für den Mysterienschüler den momentanen Ausdruck seiner Persönlichkeit dar, und die Amazonenkriegerinnen die Elementale, die seine Persönlichkeit umgeben und Einfluß auf sie nehmen. Der Gürtel steht für die Lebenskraft, das »innere Feuer«, das weder vom Ego noch vom physischen Körper selbst beherrscht werden kann. Nur der Mysterienschüler eines gewissen Einweihungsgrades – Fortschrittsgrades – erwirbt die Fähigkeit, über dieses Feuer zu herrschen. Dieses Feuer wird im Zentrum des Solarplexus entfacht, um dann bis ins Herzzentrum zu strömen, sich dort zu entfalten und auszudehnen.

---

* Rabbi Michael Laitman: Die Bemühungen des Menschen, für sich eine schöne Bekleidung herzustellen, gehen, wie bei allen unseren Handlungen, von einer inneren Motivation aus. Die Kabbalah sagt, daß sämtliche Kleider Korrekturen darstellen. So hat Adam nach seiner Sünde entdeckt, daß ihm die Kleider fehlten, weil sich ihm ein Mangel offenbart hat – seine Nacktheit, ein Fehlen der Korrektur in seinem Egoismus. Vorher hat er keine Scham empfunden, da sich bei ihm, wie bei einem Kind, der Egoismus noch nicht gezeigt hat. Daher empfand er vor dem Schöpfer kein Schamgefühl. In unserer Welt stammt das Streben nach Bekleidung von einem anderen Egoismus ab. Dieses Streben wird nicht durch das Empfinden des Schöpfers verursacht, sondern durch den Wunsch des Menschen nach mehr Macht und Ruhm. Das heißt: Die Bekleidung, der Schmuck haben ihren Ursprung nicht in dem Wunsch nach Korrektur. Im Gegensatz dazu stammen sie von den Klipoth ab (egoistischen Wünschen). Da die Klipoth zum Äußeren (Streben nach Erfüllung egoistischer Wünsche, Egoismus) und nicht zum Inneren (Erlangen altruistischer Absicht, Altruismus [Menschenliebe]) streben, fügen sie immer mehr an Äußerem hinzu. So ist es bei allen, die mit dem Äußeren verbunden sind. Diejenigen, die zum Inneren streben, sind bereit, alle Kleider wegzugeben. Sie legen keinen Wert auf äußere Attribute, Orden, Medaillen, besondere Auszeichnungen, und können Lumpen tragen. Das wichtigste für sie ist das Innere. Daher entdecken sie in sich selbst immer mehr an innerer Tiefe. Deswegen wird für sie das gestrige Innere (die Eigenschaften, die man gestern noch als positiv, als dem Altruismus nahestehend empfunden hat) heute zum Äußeren, von dem man sich befreien will.

10. *Das Vieh des Geryon*

Geryon, ein dreileibiger Riese, lebte weitab im Westen und hielt rotgeflecktes Vieh, das von einem Riesenhirten und dessen Hund bewacht wurde. Herakles erhielt von Helios einen goldenen Becher, in dem er den Okeanos, den Ozean, überquerte, um in Geryons Land zu gelangen. Er tötete den Riesen, den Hirten und seinen Hund und kehrte mit der Viehherde zu Eurystheus zurück. Die Säulen des Herakles [Straße von Gibraltar] kennzeichnen den westlichsten Schauplatz seiner Abenteuer.

Bedeutung:

Geryon symbolisiert den menschlichen Egoismus. Jeder seiner drei Köpfe beherrscht einen der menschlichen Körper, den physischen, den astralen und den mentalen. Dem Mysterienschüler wird hier nun die letzte Aufgabe erteilt, mit der er Herr über seine drei niederen Körper werden kann. Durch das Besiegen des dreiköpfigen Hundes hat der Mysterienschüler gelernt, seine Begierden und Triebe zu beherrschen, die vom physischen Körper ausgehen, seine Gefühle zu beherrschen, die sich durch seinen Astralleib Ausdruck verschaffen, und seine Gedanken in Zaum zu halten und sie zu beherrschen. Er kann seine Gedanken nun nach belieben ruhen lassen oder auf die Reise schicken. Dies ist der im Sefer Jezirah beschriebene Blitz, der zwischen Chochmah und Binah hin und her schießt, zwischen Weisheit und Verständnis. So weit in seiner Entwicklung angekommen, wird der Schüler zum Meister seiner drei Körper. Dies berechtigt ihn, ein weiteres Tor des Tempels zu durchscheiten.

11. *Die Äpfel der Hesperiden*

Die Hesperiden waren Nymphen im fernen Westen, Töchter des Titanen Atlas. Sie hüteten einen Baum mit goldenen Äpfeln, die Herakles dem König bringen sollte. Herakles tötete Ladon, einen Drachen, der den Baum bewachte, und stahl die Äpfel die er dann Athene, der Göttin der Weisheit, anbot.

Bedeutung:
Der Baum mit den goldenen Äpfeln ist das Symbol des Lebens, der kabbalistische Lebensbaum mit den Sefiroth, welche zugleich die Planeten verkörpern. Die elfte Aufgabe des Herakles symbolisiert das Aufsteigen innerhalb des Lebensbaums und das Beherrschen der Sefiroth bis Tifereth, dem Sonnenzentrum. Beherrscht der zukünftige Adept die Zentralsonne Tifereth, so kann er sich unter die Führung der Weisheit – Chochmah im Lebensbaum – begeben. Ab diesem Grad der Entwicklung, kommt dem zukünftigen Adepten die Göttliche Vorsehung entgegen, und es obliegt ihm dann selbst, sich allmählich mit Ihr zu vereinen.

12. *Das Ungeheuer Kerberos*
Die letzte Aufgabe des Herakles bestand darin, dem König den dreiköpfigen Hund Kerberos [lat. cerberus] zu bringen, der die Tore zur Unterwelt bewachte. Der Held drang in die Unterwelt ein, kämpfte mit Kerberos und zog ihn heraus, um ihn Eurystheus zu zeigen. Dann schickte er ihn in die Unterwelt zurück.

Bedeutung:
Jede geistige Ebene hat seinen Wächter, der im griechischen Heldenepos durch Kerberos symbolisiert wird. Hüter der Schwelle sind die Intelligenzen des Saturn, Binah im Baum des Lebens. Herkules zeigt, daß er durch das Bestehen der »heiligen Prüfungen« die Macht errang, sich an den Hütern vorbeizubewegen und die tiefsten Mysterien zu erfahren. Erst durch das Beherrschen der saturnischen Ströme Binahs, Zentrum des Verständnisses, wird dem zukünftigen Adepten erlaubt, die Herrlichkeit der Schöpfung zu verstehen, zu betrachten und sie selbstbewußt zu verkörpern. Doch in dem Wissen, daß die Mysterien bewacht waren und auch in Zukunft zu bewachen sein werden, setzt Herkules den Wächter zurück an seinen Platz.

2. Neophytus-Grad

- Gratuliere, Sie haben die Stufe des zweiten Neophytus-Grades erreicht! Schreiten Sie nun weiter auf den Pfaden der Kabbalah:
- Wieder den ersten Tag nach Vollmond abwartend, beginnen Sie bitte, die neunte Sefirah, Jesod, in Ihr Bild vom Lebensbaum einzuzeichnen.
- Lesen Sie alles, was Sie im vorliegenden Buch über Jesod und die Astralsphäre finden können.
- Lesen Sie Bücher über Systemische Aufstellungen nach Bert Hellinger (Buchempfehlung: Marlies Holitzka & Elisabeth Remmert: Systemische Familien-Aufstellungen).
- Achten Sie in dieser Stufe besonders auf Ihre Gefühlsregungen.
- Wie bei allen anderen Übungen und Stufen auch, notieren Sie in Ihrem Tagebuch alles, was Ihnen im Zusammenhang mit dieser Übung ein- bzw. auffällt.
- Setzen Sie sich ruhig und entspannt vor Ihr Bild. Stellen Sie Ihren Fokus zuerst auf »unendlich« ein, so daß Ihr Blickfeld den gesamten Lebensbaum erfassen kann. Nach einem kurzen Moment der Einstimmung stellen Sie Ihren Blick von unendlich auf »scharf« und konzentrieren Sie sich mindestens sieben Minuten lang auf die neunte Sefirah, Jesod.
- Suchen Sie sich Bücher und Schriften über luzides Träumen

Jesod

3. Neophytus-Grad

Und wieder sind Sie einen Schritt weiter auf dem Pfad der Einweihung! Der dritte Grad beschäftigt sich nun mit der Mentalsphäre. Es ist, wie Sie bereits wissen, die Sphäre des Intellekts, der Logik, der Ratio und der Gedanken. Sie haben jetzt die Möglichkeit, Ihre Gedankenwelt und Ihre Glaubensstrukturen zu ordnen und gegebenenfalls auch zu korrigieren.

- Wie bereits in den vorherigen zwei Stufen geübt, malen Sie nun, am ersten Tag nach Vollmond, die achten Sefirah, Hod, aus.
- Stellen Sie bei jedem Symbol und jeder Farbe, die Sie einzeichnen, Überlegungen über deren Bedeutung und Wirkung an. Alles, was Sie in die »Schale« (Sefirah) einzeichnen, zeichnen Sie auf den feinstofflichen Ebenen in Ihre eigene Persönlichkeit. Dies gilt natürlich für alle Stationen dieser und vieler anderer Übungen.
- Meditieren Sie mit Ihrem Lebensbaum auf dieselbe Art und Weise, wie Sie sie bereits vom ersten und zweiten Grad kennen, und konzentrieren Sie sich mindestens sieben Minuten lang auf die Sefirah Hod.
- Natürlich meditieren Sie täglich, auch mit der noch unvollständig ausgemalten Sefirah.
- Noch einmal: **Kein Tag darf bei diesen Übungen ausgelassen werden, wenn die Arbeit ihre allumfassende Wirkung entfalten soll!**
- Studieren Sie in der Zeitperiode des dritten Neophytus-Grades immer wieder die Tabelle der 72 Genien (S. 310), welche in direkter Beziehung zu Merkur und der Sefirah Hod stehen.
- Vergessen Sie nicht, Ihre Eingebungen und Erfahrungen in Ihrem Tagebuch einzutragen.

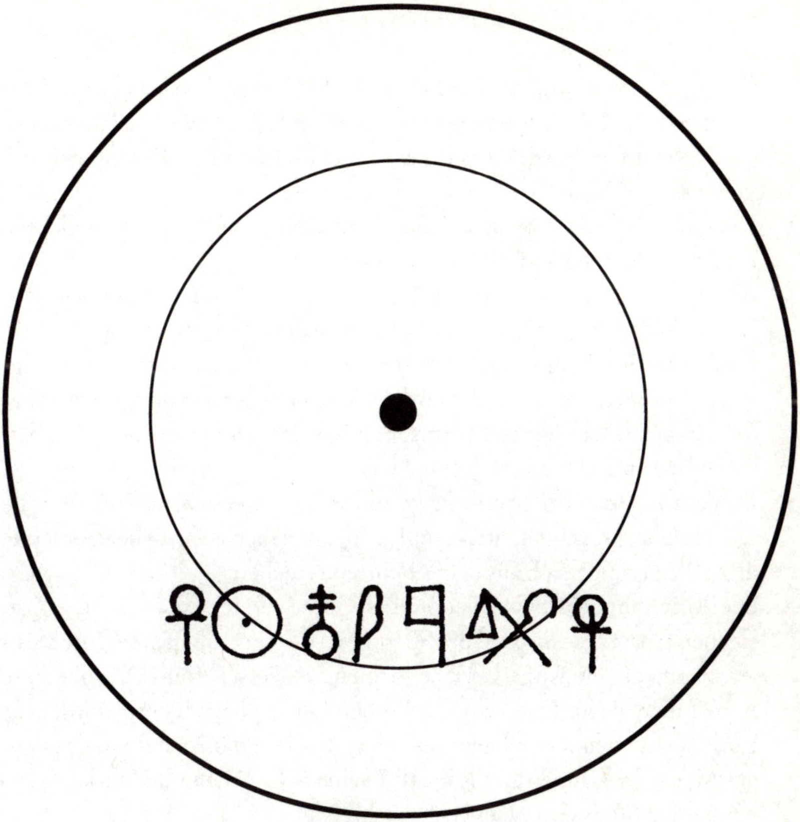

Hod

4. Neophytus-Grad

Sie wissen nun schon, wie es geht und wie Sie vorzugehen haben, um einen weiteren Schritt ins Mysterium vorzudringen. Wenn Sie unsicher sind, schauen Sie einfach noch einmal bei den vorherigen Beschreibungen der Vorgehensweise nach.

- Die siebte Sefirah, Netzach, ist der Venussphäre zugeordnet, zu der die Kunst, das Schöne und das Sinnliche gehören.
- Anregung sollten Sie auf dieser Stufe in den Bildern Michelangelos, Leonardo da Vincis und Albrecht Dürers suchen. Falls Ihr eigenes Bücherregal keine Bildbände und Schriften zu deren Werken aufzuweisen hat, suchen Sie bitte danach, z.B. in öffentlichen Büchereien oder im Internet (wobei ein Buch den elektronischen Medien immer vorzuziehen ist, da es energetisch unverfälschter ist).
- Denken Sie, wie mittlerweile gewohnt, an Ihr Tagebuch, und notieren sie alle Einfälle, Gegebenheiten und Ideen, aber auch eventuelle Probleme, die vielleicht plötzlich aus dem Nichts auftauchen.
- Die Arbeit innerhalb der Neophytus-Grade versteht sich als Arbeit am eigenen Charakter. Sie sind der Steinmetz, der am rauhen Stein Ihrer Seele arbeitet, um ein Kunstwerk zu formen, ja zu erschaffen. Obwohl diese Arbeit niemals im Laufe eines irdischen Lebens beendet sein wird, liegt Ihr Hauptaugenmerk gerade auf dem ersten Jahr der Ausbildung, in dem der Mysterienschüler und Kabbalist seine Schwächen und Stärken kennenlernt. Später wird er sein eigener Meister sein.

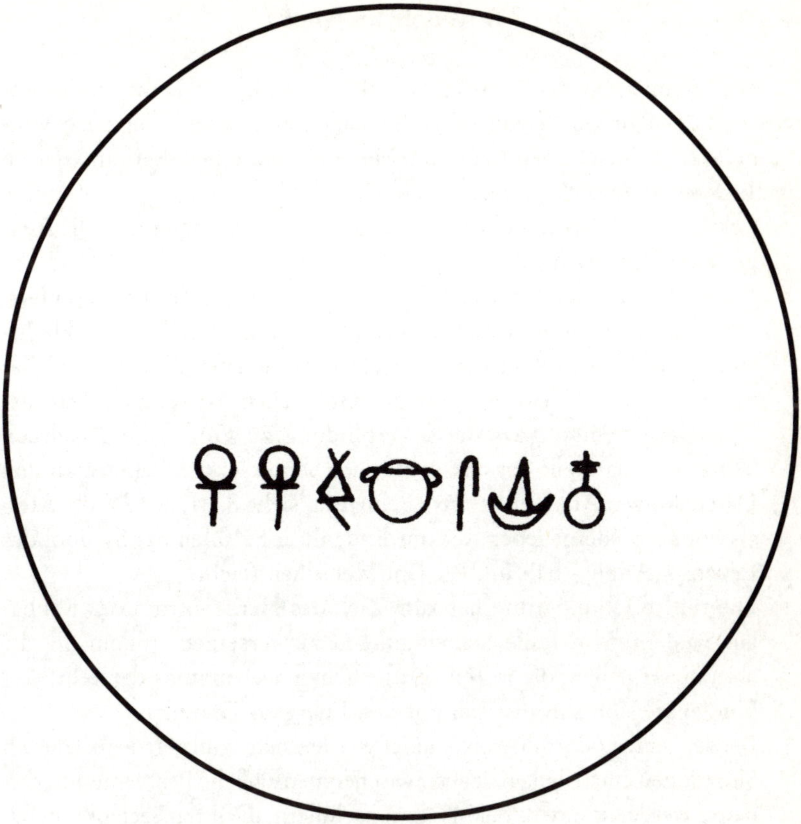

Netzach

5. Neophytus-Grad

Willkommen bei der sechsten Sefirah, Tifereth, dem Zentrum des Logos und des Christusbewußtseins! Sie haben nun ab dem Tag nach Vollmond wieder einen Monat (bzw. drei Monate) Zeit, um die Sefirah Tifereth in Ihr *Symbol des Lebens* einzuzeichnen.

- Lektüre für diesen Grad ist die Bergpredigt (K.O. Schmidt: Die Religion der Bergpredigt).
- Die kabbalistischen Urschriften sehen den Erzengel Metatron als Herrscher über die Sonnensphäre (obwohl er von den westlichen Okkultisten Kether zugeordnet wird). Er gilt dort, in Tifereth, als Vermittler zwischen dem Menschen und der Göttlichen Vorsehung. Das altägyptische Symbol, das diese Verbindung zu Gott zum Ausdruck bringt und darstellt, ist das Ankh, der Schlüssel des Lebens. In den Darstellungen Ankh en Atons (Echnaton, siehe S. 21) wird Gott Aton als Sonne wiedergegeben, die am Ende ihrer Strahlen das Symbol des Lebens – Ankh – hält und es dem Menschen reicht.
- Die fünfte Übungsstufe hat zum Ziel, das Herzzentrum des Kabbalah-Studenten in feine Schwingungen zu versetzen. Indem Sie die Sefirah ausmahen, die ja Teil Ihres eigenen Seelenraums darstellt, verbinden Sie sich automatisch mit den Energien Tifereths.
- Bei dem einen oder anderen Schüler werden sich wohl gerade in Tifereth Situationen einstellen, in denen zwischenmenschliche Probleme aufgearbeitet werden können. Bei Mysterienschülern, die ihren Seelenraum bereits außergewöhnlich intensiv bearbeitet, ja regelrecht aufgeräumt haben, werden sich vielleicht ein erhöhtes Maß an Intuition oder beispielsweise Vorstufen der Hellsicht entwickeln.

Tifereth

Die Bergpredigt (Mt. 5,1–7,29)

- *Die Rede von der wahren Gerechtigkeit:*

5,1 Als Jesus die vielen Menschen sah, stieg er auf einen Berg. Er setzte sich, und seine Jünger traten zu ihm.

5,2 Dann begann er zu reden und lehrte sie.

- *Die Seligpreisungen* (5,3–12):

5,3 Er sagte: Selig, die arm sind vor Gott; denn ihnen gehört das Himmelreich.

5,4 Selig die Trauernden; denn sie werden getröstet werden.

5,5 Selig, die keine Gewalt anwenden; denn sie werden das Land erben.

5,6 Selig, die hungern und dürsten nach der Gerechtigkeit; denn sie werden satt werden.

5,7 Selig die Barmherzigen; denn sie werden Erbarmen finden.

5,8 Selig, die ein reines Herz haben; denn sie werden Gott schauen.

5,9 Selig, die Frieden stiften; denn sie werden Söhne Gottes genannt werden.

5,10 Selig, die um der Gerechtigkeit willen verfolgt werden; denn ihnen gehört das Himmelreich.

5,11 Selig seid ihr, wenn ihr um meinetwillen beschimpft und verfolgt und auf alle mögliche Weise verleumdet werdet.

5,12 Freut euch und jubelt: Euer Lohn im Himmel wird groß sein. Denn so wurden schon vor euch die Propheten verfolgt.

- *Vom Salz der Erde und vom Licht der Welt* (5,13–16):

5,13 Ihr seid das Salz der Erde. Wenn das Salz seinen Geschmack verliert, womit kann man es wieder salzig machen? Es taugt zu nichts mehr; es wird weggeworfen und von den Leuten zertreten.

5,14 Ihr seid das Licht der Welt. Eine Stadt, die auf einem Berg liegt, kann nicht verborgen bleiben.

5,15 Man zündet auch nicht ein Licht an und stülpt ein Gefäß darüber, sondern man stellt es auf den Leuchter; dann leuchtet es allen im Haus.
5,16 So soll euer Licht vor den Menschen leuchten, damit sie eure guten Werke sehen und euren Vater im Himmel preisen.

- *Vom Gesetz und von den Propheten* (5,17–20):

5,17 Denkt nicht, ich sei gekommen, um das Gesetz und die Propheten aufzuheben. Ich bin nicht gekommen, um aufzuheben, sondern um zu erfüllen.
5,18 Amen, das sage ich euch: Bis Himmel und Erde vergehen, wird auch nicht der kleinste Buchstabe des Gesetzes vergehen, bevor nicht alles geschehen ist.
5,19 Wer auch nur eines von den kleinsten Geboten aufhebt und die Menschen entsprechend lehrt, der wird im Himmelreich der Kleinste sein. Wer sie aber hält und halten lehrt, der wird groß sein im Himmelreich.
5,20 Darum sage ich euch: Wenn eure Gerechtigkeit nicht weit größer ist als die der Schriftgelehrten und der Pharisäer, werdet ihr nicht in das Himmelreich kommen.

- *Vom Töten und von der Versöhnung* (5,21–26):

5,21 Ihr habt gehört, daß zu den Alten gesagt worden ist: Du sollst nicht töten; wer aber jemanden tötet, soll dem Gericht verfallen sein.
5,22 Ich aber sage euch: Jeder, der seinem Bruder auch nur zürnt, soll dem Gericht verfallen sein; und wer zu seinem Bruder sagt: Du Dummkopf!, soll dem Spruch des Hohen Rates verfallen sein; wer aber zu ihm sagt: Du [gottloser] Narr!, soll dem Feuer der Hölle verfallen sein.
5,23 Wenn du deine Opfergabe zum Altar bringst und dir dabei einfällt, daß dein Bruder etwas gegen dich hat,
5,24 so laß deine Gabe dort vor dem Altar liegen; geh und versöhne dich zuerst mit deinem Bruder, dann komm und opfere deine Gabe.

5,25 Schließ ohne Zögern Frieden mit deinem Gegner, solange du mit ihm noch auf dem Weg zum Gericht bist. Sonst wird dich dein Gegner vor den Richter bringen, und der Richter wird dich dem Gerichtsdiener übergeben, und du wirst ins Gefängnis geworfen.

5,26 Amen, das sage ich dir: Du kommst von dort nicht heraus, bis du den letzten Pfennig bezahlt hast.

- *Vom Ehebruch* (5,27–30):

5,27 Ihr habt gehört, daß gesagt worden ist: Du sollst nicht die Ehe brechen.

5,28 Ich aber sage euch: Wer eine Frau auch nur lüstern ansieht, hat in seinem Herzen schon Ehebruch mit ihr begangen.

5,29 Wenn dich dein rechtes Auge zum Bösen verführt, dann reiß es aus und wirf es weg! Denn es ist besser für dich, daß eines deiner Glieder verlorengeht, als daß dein ganzer Leib in die Hölle geworfen wird.

5,30 Und wenn dich deine rechte Hand zum Bösen verführt, dann hau sie ab und wirf sie weg! Denn es ist besser für dich, daß eines deiner Glieder verlorengeht, als daß dein ganzer Leib in die Hölle kommt.

- *Von der Ehescheidung* (5,31–32):

5,31 Ferner ist gesagt worden: Wer seine Frau aus der Ehe entläßt, muß ihr eine Scheidungsurkunde geben.

5,32 Ich aber sage euch: Wer seine Frau entläßt, obwohl kein Fall von Unzucht vorliegt, liefert sie dem Ehebruch aus; und wer eine Frau heiratet, die aus der Ehe entlassen worden ist, begeht Ehebruch.

- *Vom Schwören* (5,33–37):

5,33 Ihr habt gehört, daß zu den Alten gesagt worden ist: Du sollst keinen Meineid schwören, und: Du sollst halten, was du dem Herrn geschworen hast.

5,34 Ich aber sage euch: Schwört überhaupt nicht, weder beim Himmel, denn er ist Gottes Thron,
5,35 noch bei der Erde, denn sie ist der Schemel für seine Füße, noch bei Jerusalem, denn es ist die Stadt des großen Königs.
5,36 Auch bei deinem Haupt sollst du nicht schwören; denn du kannst kein einziges Haar weiß oder schwarz machen.
5,37 Euer Ja sei ein Ja, euer Nein ein Nein; alles andere stammt vom Bösen.

- *Von der Vergeltung* (5,38–42):

5,38 Ihr habt gehört, daß gesagt worden ist: Auge für Auge und Zahn für Zahn.
5,39 Ich aber sage euch: Leistet dem, der euch etwas Böses antut, keinen Widerstand, sondern wenn dich einer auf die rechte Wange schlägt, dann halt ihm auch die andere hin.
5,40 Und wenn dich einer vor Gericht bringen will, um dir das Hemd wegzunehmen, dann laß ihm auch den Mantel.
5,41 Und wenn dich einer zwingen will, eine Meile mit ihm zu gehen, dann geh zwei mit ihm.
5,42 Wer dich bittet, dem gib, und wer von dir borgen will, den weise nicht ab.

- *Von der Liebe zu den Feinden* (5,43–48):

5,43 Ihr habt gehört, daß gesagt worden ist: Du sollst deinen Nächsten lieben und deinen Feind hassen.
5,44 Ich aber sage euch: Liebt eure Feinde und betet für die, die euch verfolgen,
5,45 damit ihr Söhne eures Vaters im Himmel werdet; denn er läßt seine Sonne aufgehen über Bösen und Guten, und er läßt regnen über Gerechte und Ungerechte.
5,46 Wenn ihr nämlich nur die liebt, die euch lieben, welchen Lohn könnt ihr dafür erwarten? Tun das nicht auch die Zöllner?

5,47 Und wenn ihr nur eure Brüder grüßt, was tut ihr damit Besonderes? Tun das nicht auch die Heiden?
5,48 Ihr sollt also vollkommen sein, wie es auch euer himmlischer Vater ist.

- *Vom Almosen* (6,1–4):

6,1 Hütet euch, eure Gerechtigkeit vor den Menschen zur Schau zu stellen; sonst habt ihr keinen Lohn von eurem Vater im Himmel zu erwarten.
6,2 Wenn du Almosen gibst, laß es also nicht vor dir herposaunen, wie es die Heuchler in den Synagogen und auf den Gassen tun, um von den Leuten gelobt zu werden. Amen, das sage ich euch: Sie haben ihren Lohn bereits erhalten.
6,3 Wenn du Almosen gibst, soll deine linke Hand nicht wissen, was deine rechte tut.
6,4 Dein Almosen soll verborgen bleiben, und dein Vater, der auch das Verborgene sieht, wird es dir vergelten.

- *Vom Beten – Das Vaterunser* (6,5–15):

6,5 Wenn ihr betet, macht es nicht wie die Heuchler. Sie stellen sich beim Gebet gern in die Synagogen und an die Straßenecken, damit sie von den Leuten gesehen werden. Amen, das sage ich euch: Sie haben ihren Lohn bereits erhalten.
6,6 Du aber geh in deine Kammer, wenn du betest, und schließ die Tür zu; dann bete zu deinem Vater, der im Verborgenen ist. Dein Vater, der auch das Verborgene sieht, wird es dir vergelten.
6,7 Wenn ihr betet, sollt ihr nicht plappern wie die Heiden, die meinen, sie werden nur erhört, wenn sie viele Worte machen.
6,8 Macht es nicht wie sie; denn euer Vater weiß, was ihr braucht, noch ehe ihr ihn bittet.
6,9 So sollt ihr beten: Unser Vater im Himmel, dein Name werde geheiligt, [In der Liturgie ist folgende ökumenische Fassung gebräuchlich: Vater unser im Himmel, geheiligt werde dein Name.

Dein Reich komme. Dein Wille geschehe, wie im Himmel, so auf Erden. Unser tägliches Brot gib uns heute. Und vergib uns unsere Schuld, wie auch wir vergeben unsern Schuldigern. Und führe uns nicht in Versuchung, sondern erlöse uns von dem Bösen.]

6,10 dein Reich komme, dein Wille geschehe wie im Himmel, so auf der Erde.

6,11 Gib uns heute das Brot, das wir brauchen.

6,12 Und erlaß uns unsere Schulden, wie auch wir sie unseren Schuldnern erlassen haben.

6,13 Und führe uns nicht in Versuchung, sondern rette uns vor dem Bösen. [Spätere Textzeugen fügen dem Gebet des Herrn noch einen Lobpreis an, der in Anlehnung an 1. Chr. 29,10f gestaltet ist:] Denn dein ist das Reich und die Kraft und die Herrlichkeit in Ewigkeit. Amen.

6,14 Denn wenn ihr den Menschen ihre Verfehlungen vergebt, dann wird euer himmlischer Vater auch euch vergeben.

6,15 Wenn ihr aber den Menschen nicht vergebt, dann wird euch euer Vater eure Verfehlungen auch nicht vergeben.

- *Vom Fasten* (6,16–18):

6,16 Wenn ihr fastet, macht kein finsteres Gesicht wie die Heuchler. Sie geben sich ein trübseliges Aussehen, damit die Leute merken, daß sie fasten. Amen, das sage ich euch: Sie haben ihren Lohn bereits erhalten.

6,17 Du aber salbe dein Haar, wenn du fastest, und wasche dein Gesicht, dein Haar [wörtlich: deinen Kopf].

6,18 Damit die Leute nicht merken, daß du fastest, sondern nur dein Vater, der auch das Verborgene sieht; und dein Vater, der das Verborgene sieht, wird es dir vergelten.

- *Von der falschen und der rechten Sorge* (6,19–34):

6,19 Sammelt euch nicht Schätze hier auf der Erde, wo Motte und Wurm sie zerstören und wo Diebe einbrechen und sie stehlen,

6,20 sondern sammelt euch Schätze im Himmel, wo weder Motte noch Wurm sie zerstören und keine Diebe einbrechen und sie stehlen.
6,21 Denn wo dein Schatz ist, da ist auch dein Herz.
6,22 Das Auge gibt dem Körper Licht. Wenn dein Auge gesund ist, dann wird dein ganzer Körper hell sein.
6,23 Wenn aber dein Auge krank ist, dann wird dein ganzer Körper finster sein. Wenn nun das Licht in dir Finsternis ist, wie groß muß dann die Finsternis sein!
6,24 Niemand kann zwei Herren dienen; er wird entweder den einen hassen und den andern lieben, oder er wird zu dem einen halten und den andern verachten. Ihr könnt nicht beiden dienen, Gott und dem Mammon.
6,25 Deswegen sage ich euch: Sorgt euch nicht um euer Leben und darum, daß ihr etwas zu essen habt, noch um euren Leib und darum, daß ihr etwas anzuziehen habt. Ist nicht das Leben wichtiger als die Nahrung und der Leib wichtiger als die Kleidung?
6,26 Seht euch die Vögel des Himmels an: Sie säen nicht, sie ernten nicht und sammeln keine Vorräte in Scheunen; euer himmlischer Vater ernährt sie. Seid ihr nicht viel mehr wert als sie?
6,27 Wer von euch kann mit all seiner Sorge sein Leben auch nur um eine kleine Zeitspanne verlängern? [Andere Übersetzungsmöglichkeit: kann … seiner Körpergröße auch nur eine Elle hinzufügen?]
6,28 Und was sorgt ihr euch um eure Kleidung? Lernt von den Lilien, die auf dem Feld wachsen: Sie arbeiten nicht und spinnen nicht.
6,29 Doch ich sage euch: Selbst Salomo war in all seiner Pracht nicht gekleidet wie eine von ihnen.
6,30 Wenn aber Gott schon das Gras so prächtig kleidet, das heute auf dem Feld steht und morgen ins Feuer geworfen wird, wieviel mehr dann euch, ihr Kleingläubigen!
6,31 Macht euch also keine Sorgen und fragt nicht: Was sollen wir essen? Was sollen wir trinken? Was sollen wir anziehen?

6,32 Denn um all das geht es den Heiden. Euer himmlischer Vater weiß, daß ihr das alles braucht.

6,33 Euch aber muß es zuerst um sein Reich und um seine Gerechtigkeit gehen; dann wird euch alles andere dazugegeben.

6,34 Sorgt euch also nicht um morgen; denn der morgige Tag wird für sich selbst sorgen. Jeder Tag hat genug eigene Plage.

- *Vom Richten* (7,1–5):

7,1 Richtet nicht, damit ihr nicht gerichtet werdet!

7,2 Denn wie ihr richtet, so werdet ihr gerichtet werden, und nach dem Maß, mit dem ihr meßt und zuteilt, wird euch zugeteilt werden.

7,3 Warum siehst du den Splitter im Auge deines Bruders, aber den Balken in deinem Auge bemerkst du nicht?

7,4 Wie kannst du zu deinem Bruder sagen: Laß mich den Splitter aus deinem Auge herausziehen! – und dabei steckt in deinem Auge ein Balken?

7,5 Du Heuchler! Zieh zuerst den Balken aus deinem Auge, dann kannst du versuchen, den Splitter aus dem Auge deines Bruders herauszuziehen.

- *Von der Entweihung des Heiligen:*

7,6 Gebt das Heilige nicht den Hunden, und werft eure Perlen nicht den Schweinen vor, denn sie könnten sie mit ihren Füßen zertreten und sich umwenden und euch zerreißen. [Der Ausdruck «das Heilige» bezeichnete ursprünglich wahrscheinlich Opferfleisch, dann im übertragenen Sinn bei den Juden die Thora (das Gesetz) und hier die Lehre Jesu.]

- *Vom Vertrauen beim Beten* (7,7–11):

7,7 Bittet, dann wird euch gegeben; sucht, dann werdet ihr finden; klopft an, dann wird euch geöffnet.

7,8 Denn wer bittet, der empfängt; wer sucht, der findet; und wer anklopft, dem wird geöffnet.

7,9 Oder ist einer unter euch, der seinem Sohn einen Stein gibt, wenn er um Brot bittet,

7,10 oder eine Schlange, wenn er um einen Fisch bittet?

7,11 Wenn nun schon ihr, die ihr böse seid, euren Kindern gebt, was gut ist, wieviel mehr wird euer Vater im Himmel denen Gutes geben, die ihn bitten.

- *Die Goldene Regel:*

7,12 Alles, was ihr also von anderen erwartet, das tut auch ihnen! Darin besteht das Gesetz und die Propheten.

- *Von den zwei Wegen* (7,13–14):

7,13 Geht durch das enge Tor! Denn das Tor ist weit, das ins Verderben führt, und der Weg dahin ist breit, und viele gehen auf ihm.

7,14 Aber das Tor, das zum Leben führt, ist eng, und der Weg dahin ist schmal, und nur wenige finden ihn.

- *Von den falschen Propheten* (7,15–23):

7,15 Hütet euch vor den falschen Propheten; sie kommen zu euch wie [harmlose] Schafe, in Wirklichkeit aber sind sie reißende Wölfe. [Wörtlich: sie kommen zu euch in Schafspelzen, innen aber sind sie reißende Wölfe.]

7,16 An ihren Früchten werdet ihr sie erkennen. Erntet man etwa von Dornen Trauben oder von Disteln Feigen?

7,17 Jeder gute Baum bringt gute Früchte hervor, ein schlechter Baum aber schlechte.

7,18 Ein guter Baum kann keine schlechten Früchte hervorbringen und ein schlechter Baum keine guten.

7,19 Jeder Baum, der keine guten Früchte hervorbringt, wird umgehauen und ins Feuer geworfen.

7,20 An ihren Früchten also werdet ihr sie erkennen.

7,21 Nicht jeder, der zu mir sagt: Herr! Herr!, wird in das Himmelreich kommen, sondern nur, wer den Willen meines Vaters im Himmel erfüllt.

7,22 Viele werden an jenem Tag zu mir sagen: Herr, Herr, sind wir nicht in deinem Namen als Propheten aufgetreten, und haben wir nicht mit deinem Namen Dämonen ausgetrieben und mit deinem Namen viele Wunder vollbracht?

7,23 Dann werde ich ihnen antworten: Ich kenne euch nicht. Weg von mir, ihr Übertreter des Gesetzes!

- *Vom Haus auf dem Felsen* (7,24–27):

7,24 Wer diese meine Worte hört und danach handelt, ist wie ein kluger Mann, der sein Haus auf Fels baute.

7,25 Als nun ein Wolkenbruch kam und die Wassermassen heranfluteten, als die Stürme tobten und an dem Haus rüttelten, da stürzte es nicht ein; denn es war auf Fels gebaut.

7,26 Wer aber meine Worte hört und nicht danach handelt, ist wie ein unvernünftiger Mann, der sein Haus auf Sand baute.

7,27 Als nun ein Wolkenbruch kam und die Wassermassen heranfluteten, als die Stürme tobten und an dem Haus rüttelten, da stürzte es ein und wurde völlig zerstört.

- *Die Wirkung der Bergpredigt* (7,28–29):

7,28 Als Jesus diese Rede beendet hatte, war die Menge sehr betroffen von seiner Lehre;

7,29 denn er lehrte sie wie einer, der [Göttliche] Vollmacht hat, und nicht wie ihre Schriftgelehrten.

6. Neophytus-Grad

Im sechsten Grad des Neophytus angekommen, werden Sie sich mit den Kräften des Mars beschäftigen und auseinandersetzen.

- Zeichnen Sie nun die fünfte Sefirah, Geburah, mit allen Symbolen in Ihren Baum des Lebens.
- Alle Meditationsanweisungen, die Sie in den vorhergehenden Stufen erhielten, gelten natürlich auch für alle Stufen bis zum zehnten Neophytus-Grad.
- Wie sieht es mit Ihrem Willen aus? Mit Ihrer Wut? Was macht Ihre Durchsetzungskraft? Welches Verhältnis, welche Gefühle und Einstellung haben Sie zu den Kriegen, die immer wieder auf dieser Erde entflammen? Sind Sie bereit, Konflikte auszutragen? Wenn ja, wie machen Sie das?
- Überlegen Sie sich, was »Harmonie aus Konflikt« bedeutet.
- Notieren Sie Ihre Erkenntnisse in Ihr Tagebuch.

Geburah

7. Neophytus-Grad

Wie fühlen Sie sich bis jetzt mit Ihren Übungen? Obwohl die in den Neophytus-Graden gestellten Aufgaben recht einfach anmuten, fordern sie doch eine Menge an Disziplin und Durchhaltevermögen. Welche Reaktionen bemerkten Sie bei den bisherigen Übungen? Haben Sie feststellen können, daß Sie mit der einen oder anderen Situation und Herausforderung des Alltags anders umgehen, als Sie es vielleicht vor einem oder zwei Jahren gewohnt waren? Konnten Sie feststellen, daß sich sogar Ihr Umfeld und Freundeskreis wandelt? Manche Freunde gehen, manche Freunde kommen, ganz so, wie es ihrem eigenen Entwicklungsstand und ihrer Lernaufgabe entspricht.

- Die vierte Sefirah, die Sie in diesem Grad bearbeiten werden, ist Chessed, die Sphäre, die sich durch Jupiter Ausdruck verschafft. Chessed ist die Sphäre des Glücks, des Erfolgs, der glücklichen Expansion und Vermehrung.
- Gönnen Sie sich in diesem Grad etwas, tun Sie all das, was Sie schon immer gerne getan hätten, was Sie sich aber, aus welchen Gründen auch immer, nicht zu tun gegönnt haben. Tun Sie jetzt das, was Ihnen Freude bereitet.
- Wie schon bei den vorhergehenden Graden beginnen Sie im siebten Grad des Neophytus am Tag nach Vollmond die Symbole der vierten Sefirah in Ihren Lebensbaum zu zeichnen. Bringen Sie sich erneut in Erinnerung, daß das Symbol des Lebens und alles, was Sie damit machen, und wie Sie damit umgehen, äußeres Zeichen Ihrer eigenen Innenwelt ist.
- Erinnern Sie sich, daß Sie, wie alle Menschen, ein multidimensionales geistiges Wesen sind. Die moderne Physik hat bereits begonnen zu verstehen, daß der Mensch in allen Dimensionen gleichzeitig existiert. Nur der Umstand, daß hier unten in der dreidimensionalen Welt die größte Ansammlung unserer »Teilchen« oder »Quanten« besteht, bewirkt, daß wir mit unserem Verstandesdenken eben nur diese Dimension der materiellen Welt wahrnehmen können. Wir sind überall im Raumzeit-Gefüge gleichzeitig!
- Wie in den Graden zuvor meditieren Sie bitte täglich mindestens sieben Minuten über Ihrem Bild des Lebensbaums. So, wie sich Ihr Bild langsam vervollständigt und »ganz« wird, so werden auch Sie, lieber Pilger auf dem

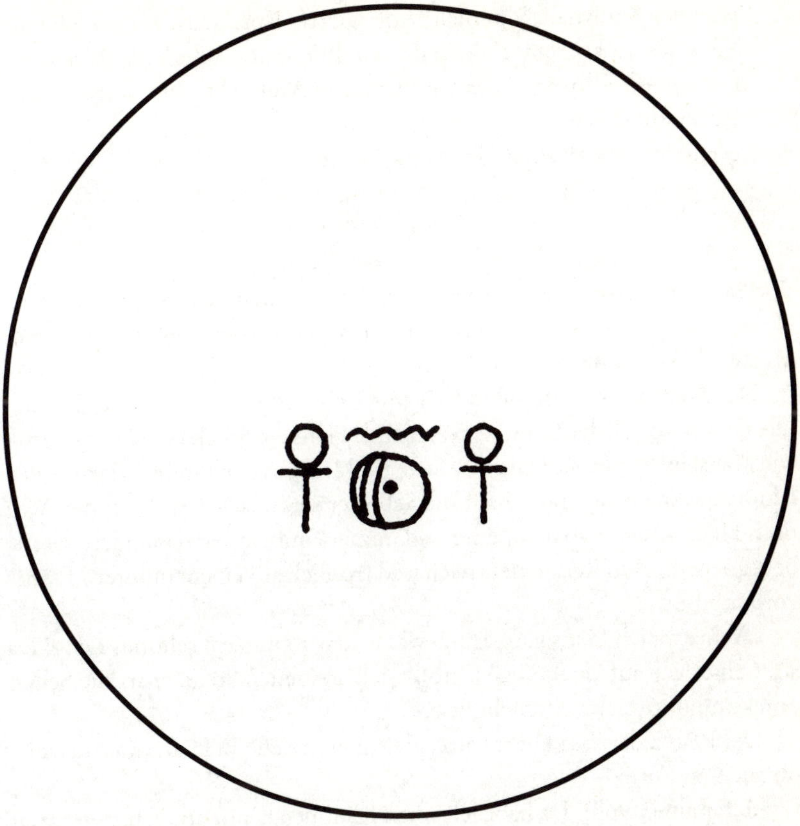

Chessed

Pfade der Kabbalah, innerlich »korrigiert«. Korrigiert, fragen Sie jetzt vielleicht – ja, korrigiert; doch niemand Fremdes außerhalb Ihrer selbst nimmt diese Korrektur vor. Sie allein sind Architekt, Zimmermann und Maurer Ihrer selbst.

- Lesen Sie das Märchen »Hans im Glück«.

Hans im Glück
(Quelle: Gebrüder Grimm)

Hans hatte sieben Jahre bei seinem Herrn gedient, da sprach er zu ihm: »Herr, meine Zeit ist um, nun wollte ich gerne wieder heim zu meiner Mutter. Gebt mir bitte meinen Lohn!«

Der Herr antwortete: »Du hast mir treu und ehrlich gedient. Wie der Dienst war, so soll der Lohn sein«, und gab Hans ein Stück Gold, das so groß wie Hansens Kopf war. Hans zog sein Tüchlein aus der Tasche, wickelte den Klumpen hinein, setzte ihn auf die Schulter und machte sich auf den Weg nach Hause. Wie er so dahinging und immer ein Bein vor das andere setzte, begegnete ihm ein Reiter, der frisch und fröhlich auf einem muntern Pferde vorbeitrabte.

»Ach«, sprach Hans ganz laut, »was ist das Reiten ein schönes Ding! Da sitzt einer wie auf einem Stuhl, stößt sich an keinen Stein, spart die Schuh und kommt fort, er weiß nicht, wie.«

Der Reiter, der das gehört hatte, hielt an und rief: »Ei Hans, warum läufst du auch zu Fuß?«

»Ich muß ja wohl! Da habe ich einen Klumpen heimzutragen; es ist zwar Gold, aber ich kann den Kopf dabei nicht grad halten, auch drückt mir's auf die Schulter.«

»Weißt du was?« sagte der Reiter. »Wir wollen tauschen, ich gebe dir mein Pferd, und du gibst mir deinen Klumpen.«

»Von Herzen gern«, sprach Hans, »aber ich sage Euch, ihr müßt Euch damit schleppen.«

Der Reiter stieg ab, nahm das Gold und half dem Hans hinauf, gab ihm die Zügel fest in die Hände und sprach: »Wenn's nun recht geschwind soll gehen, so mußt du mit der Zunge schnalzen und ‚hopp, hopp' rufen.«

Hans war seelenfroh, als er auf dem Pferde saß und so frank und frei dahinritt. Über ein Weilchen fiel's ihm ein, es sollte noch schneller gehen, und fing an, mit der Zunge zu schnalzen und »hopp, hopp« zu rufen. Das Pferd setzte sich in starken Trab, und ehe Hans sich's versah, war er abgeworfen und lag in einem Graben, der die Äcker von der Landstraße trennte. Das Pferd wäre auch durchgegangen, wenn es nicht ein Bauer aufgehalten hätte, der des Weges kam und eine Kuh vor sich hertrieb. Hans suchte seine Glieder zusammen und machte sich wieder auf die Beine. Er war aber verdrießlich und sprach zu dem Bauer:

»Es ist ein schlechter Spaß, das Reiten, zumal wenn man auf so eine Mähre gerät wie diese, die stößt und einen abwirft, daß man sich den Hals brechen kann. Ich setze mich nun und nimmermehr wieder auf. Da lob ich mir Eure Kuh, da kann einer mit Gemächlichkeit hinterhergehen und hat obendrein seine Milch, Butter und Käse jeden Tag gewiß. Was gäb ich darum, wenn ich so eine Kuh hätte!«

»Nun«, sprach der Bauer, »geschieht Euch so ein großer Gefallen, so will ich Euch wohl die Kuh für das Pferd vertauschen.«

Hans willigte mit tausend Freuden ein: Der Bauer schwang sich aufs Pferd und ritt eilig davon. Hans trieb seine Kuh ruhig vor sich her und bedachte den glücklichen Handel.

»Hab ich nur ein Stück Brot, und daran wird mir's doch nicht fehlen, so kann ich, so oft mir's beliebt, Butter und Käse dazu essen. Hab ich Durst, so melke ich meine Kuh und trinke Milch. Herz, was verlangst du mehr?«

Als er zu einem Wirthshaus kam, machte er halt, aß in der großen Freude alles, was er bei sich hatte, sein Mittag- und Abendbrot, ganz auf und ließ sich für seine letzten paar Heller ein halbes Glas Bier einschenken. Dann trieb er seine Kuh weiter, immer nach dem Dorfe seiner Mutter zu. Die Hitze war drückender, je näher der Mittag kam, und Hans befand sich in einem Heideland, das sich wohl noch eine Stunde erstreckte. Da ward es ihm ganz heiß, so daß ihm vor Durst die Zunge am Gaumen klebte.

»Dem Ding ist zu helfen«, dachte Hans, »jetzt will ich meine Kuh melken und mich an der Milch laben.«

Er band sie an einen dürren Baum und stellte, da er keinen Eimer hatte, seine Ledermütze unter. Aber so sehr er sich auch bemühte, es kam kein Tropfen Milch zum Vorschein. Und weil er sich ungeschickt dabei anstellte, so versetzte ihm das ungeduldige Tier endlich mit einem der Hinterfüße einen solchen Tritt vor den Kopf, daß er zu Boden taumelte und sich eine Zeitlang gar nicht besinnen konnte, wo er war. Glücklicherweise kam gerade ein Metzger des Weges, der auf einem Schubkarren ein junges Schwein liegen hatte.

»Was sind das für Streiche!« rief er und half dem guten Hans auf.

Hans erzählte, was vorgefallen war. Der Metzger reichte ihm seine Flasche und sprach: »Da, trinkt einmal, und erholt Euch. Die Kuh will wohl keine Milch geben, das ist ein altes Tier, das höchstens noch zum Ziehen taugt oder zum Schlachten.«

»Ei, ei«, sprach Hans und strich sich die Haare über den Kopf, »wer hätte das gedacht! Es ist freilich gut, wenn man so ein Tier schlachten kann, was gibt's für Fleisch! Aber ich mache mir aus dem Kuhfleisch nicht viel, es ist mir nicht saftig genug. Ja, wer so ein junges Schwein hätte! Das schmeckt anders, dabei noch die Würste.«

»Hört, Hans«, sprach der Metzger, »Euch zuliebe will ich tauschen und will Euch das Schwein für die Kuh lassen.«

»Gott lohn Euch Eure Freundschaft!« sprach Hans, übergab ihm die Kuh und ließ sich das Schweinchen vom Karren losmachen und den Strick, woran es gebunden war, in die Hand geben.

Hans zog weiter und überdachte, wie ihm doch alles nach Wunsch ginge: Begegnete ihm eine Verdrießlichkeit, so wurde sie doch gleich wiedergutgemacht. Es gesellte sich nach einiger Zeit ein Bursch zu ihm, der trug eine schöne weiße Gans unter dem Arm. Sie grüßten einander, und Hans fing an, von seinem Glück zu erzählen und wie er immer so vorteilhaft getauscht hatte. Der Bursche sagte ihm, daß er die Gans zu einem Kindtaufschmaus bringe.

»Hebt einmal«, fuhr er fort und packte sie bei den Flügeln, »wie schwer sie ist, die ist aber auch acht Wochen lang genudelt worden. Wer in den Braten beißt, muß sich das Fett von beiden Seiten abwischen.«

»Ja«, sprach Hans und wog sie mit der einen Hand, »die hat ihr Gewicht, aber mein Schwein ist auch keine Sau.«

Indessen sah sich der Bursch nach allen Seiten ganz bedenklich um, schüttelte auch wohl den Kopf. »Hört«, fing er darauf an, »mit Eurem Schweine mag's nicht so ganz richtig sein. In dem Dorfe, durch das ich gekommen bin, ist eben dem Schulzen eins aus dem Stall gestohlen worden. Ich fürchte, ich fürchte, Ihr habt's da in der Hand. Sie haben Leute ausgeschickt, und es wäre ein schlimmer Handel, wenn sie Euch mit dem Schweine erwischten. Das geringste ist, daß Ihr ins finstere Loch gesteckt werdet.«

Dem guten Hans ward bang. »Ach Gott«, sprach er, »helft mir aus der Not, Ihr wißt hier herum besser Bescheid, nehmt mein Schwein da, und laßt mir Eure Gans.«

»Ich muß schon etwas aufs Spiel setzen«, antwortete der Bursche, »aber ich will doch nicht schuld sein, daß Ihr ins Unglück geratet.«

Er nahm also das Seil in die Hand und trieb das Schwein schnell auf einem Seitenweg fort. Der gute Hans aber ging, seiner Sorgen entledigt, mit der Gans unter dem Arme der Heimat zu.

»Wenn ich's recht überlege«, sprach er zu sich selbst, »habe ich noch Vorteil bei dem Tausch: Erstlich den guten Braten, hernach die Menge von Fett, die heraustr äufeln wird, das gibt Gänsefettbrot auf ein Vierteljahr. Und endlich die schönen weißen Federn, die laß ich mir in mein Kopfkissen stopfen, und darauf will ich wohl ungewiegt einschlafen. Was wird meine Mutter eine Freude haben!«

Als er durch das letzte Dorf gekommen war, stand da ein Scherenschleifer mit seinem Karren: Sein Rad schnurrte, und er sang dazu: »Ich schleife die Schere und drehe geschwind und hänge mein Mäntelchen nach dem Wind.«

Hans blieb stehen und sah ihm zu. Endlich redete er ihn an und sprach: »Euch geht's wohl, weil Ihr so lustig bei Eurem Schleifen seid.«

»Ja«, antwortete der Scherenschleifer, »das Handwerk hat einen güldenen Boden. Ein rechter Schleifer ist ein Mann, der, sooft er in die Tasche greift, auch Geld darin findet. Aber wo habt Ihr die schöne Gans gekauft?«

»Die hab ich nicht gekauft, sondern für mein Schwein eingetauscht.«

»Und das Schwein?«

»Das hab ich für eine Kuh gekriegt.«

»Und die Kuh?«

»Die hab ich für ein Pferd bekommen.«

»Und das Pferd?«

»Dafür hab ich einen Klumpen Gold, so groß wie mein Kopf, gegeben.«

»Und das Gold?«

»Ei, das war mein Lohn für sieben Jahre Dienst.«

»Ihr habt Euch jederzeit zu helfen gewußt«, sprach der Schleifer, »könnt Ihr's nun dahin bringen, daß Ihr das Geld in der Tasche springen hört, wenn Ihr aufsteht, so habt Ihr Euer Glück gemacht.«

»Wie soll ich das anfangen?« sprach Hans.

»Ihr müßt ein Schleifer werden, wie ich. Dazu gehört eigentlich nichts als ein Wetzstein, das andere findet sich schon von selbst. Da hab ich einen, der ist zwar ein wenig schadhaft, dafür sollt ihr mir aber auch weiter nichts als Eure Gans geben; wollt Ihr das?«

»Wie könnt Ihr noch fragen!« antwortete Hans. »Ich werde ja zum glücklichsten Menschen auf Erden: Habe ich Geld, sooft ich in die Tasche greife, was brauche ich da länger zu sorgen?« Er reichte ihm die Gans hin und nahm den Wetzstein in Empfang.

»Nun«, sprach der Schleifer und hob einen gewöhnlichen schweren Feldstein, der neben ihm lag, auf, »da habt Ihr noch einen tüchtigen Stein dazu, auf dem sich's gut schlagen läßt und Ihr Eure alten Nägel gerade klopfen könnt. Nehmt ihn, und hebt ihn ordentlich auf.«

Hans lud den Stein auf und ging mit vergnügtem Herzen weiter; seine Augen leuchteten vor Freude. »Ich muß in einer Glückshaut geboren sein«, rief er aus. »Alles, was ich wünsche, trifft mir zu, wie einem Sonntagskind.«

Indessen, weil er seit Tagesanbruch auf den Beinen gewesen war, begann er, müde zu werden. Auch plagte ihn der Hunger, da er allen Vorrat auf einmal in der Freude über die erhandelte Kuh aufgezehrt hatte. Er konnte endlich nur mit Mühe weitergehen und mußte jeden Augenblick haltmachen; dabei drückten ihn die Steine ganz erbärmlich. Da konnte er sich des Gedankens nicht erwehren, wie gut es wäre, wenn er sie gerade jetzt nicht zu tragen brauchte. Wie eine Schnecke kam er zu einem Feldbrunnen geschlichen, wollte da ruhen und sich mit einem frischen Trunk laben; damit er aber die Steine im Niedersitzen nicht beschädigte, legte er sie bedächtig neben sich auf den Rand des Brunnens. Darauf setzte er sich nieder und wollte sich zum Trinken bücken, da wankte er ein klein wenig, stieß an die Steine, und sie plumpsten hinab. Hans, als er sie mit seinen Augen in die Tiefe hatte versinken sehen, sprang vor Freude auf, kniete dann nieder und dankte Gott mit Tränen in den Augen, daß er ihm auch diese Gnade noch erwiesen und ihn auf eine so gute Art und ohne daß er sich einen Vorwurf zu machen brauchte, von den schweren Steinen befreit hatte. Sie als einzige wären ihm nur noch hinderlich gewesen.

»So glücklich wie ich«, rief er aus, »ist kein Menschen unter der Sonne!« Mit leichtem Herzen und frei von aller Last sprang er nun fort, bis er daheim bei seiner Mutter war.

8. Neophytus-Grad

Saturn! Er regiert in Binah, der Sefirah der sich manifestierenden [offenbarenden] Schöpferkräfte. Saturn ist schwer, träge, einsam, konzentriert, ein Einsiedler. Sind Sie bereit, Ihren tiefsten Schatten zu begegnen, Ihre tiefsten Geheimnisse kennenzulernen, sie zu ergründen und anzunehmen? Nicht zu Unrecht wurde der Saturn in vielen Epochen der Menschheit zum Dämonen erklärt. Doch nichts am Saturn ist dämonisch – er zeigt uns lediglich die eigenen Schwächen, unsere vielen Mängel (insbesondere im Bereich Disziplin), er zeigt uns, wo wir Ängste haben. Er führt uns in den Tod. In welchen Tod? Sind wir nicht unsterblich? Unsterblicher Geist?

- Schauen Sie sich im Spiegel an. Betrachten Sie sich selbst. Was sehen Sie? Können Sie sich leiden? Mögen Sie Ihr Leben? Die Antwort darauf gibt Ihnen Saturn.
- Zeichnen Sie die Symbole der dritten Sefirah, Binah, in Ihren Lebensbaum.
- Wie fühlen Sie sich bei Ihrer täglichen Kontemplation, in Ihren sieben Minuten des Einsseins?
- Ihre Lektüre ist »Gevatter Tod«.

Gevatter Tod

(Quelle: Gebrüder Grimm)

Es hatte ein armer Mann zwölf Kinder und mußte Tag und Nacht arbeiten, damit er ihnen nur Brot geben konnte. Als nun das dreizehnte zur Welt kam, wußte er sich in seiner Not nicht zu helfen, lief hinaus auf die große Landstraße und wollte den ersten, der ihm begegnete, zum Gevatter bitten.

Der erste, der ihm begegnete, war der liebe Gott. Der wußte schon, was er auf dem Herzen hatte, und sprach zu ihm: »Armer Mann, du dauerst mich, ich will dein Kind aus der Taufe heben, will für es sorgen und es glücklich machen auf Erden.«

Der Mann sprach: »Wer bist du?«

»Ich bin der liebe Gott.«

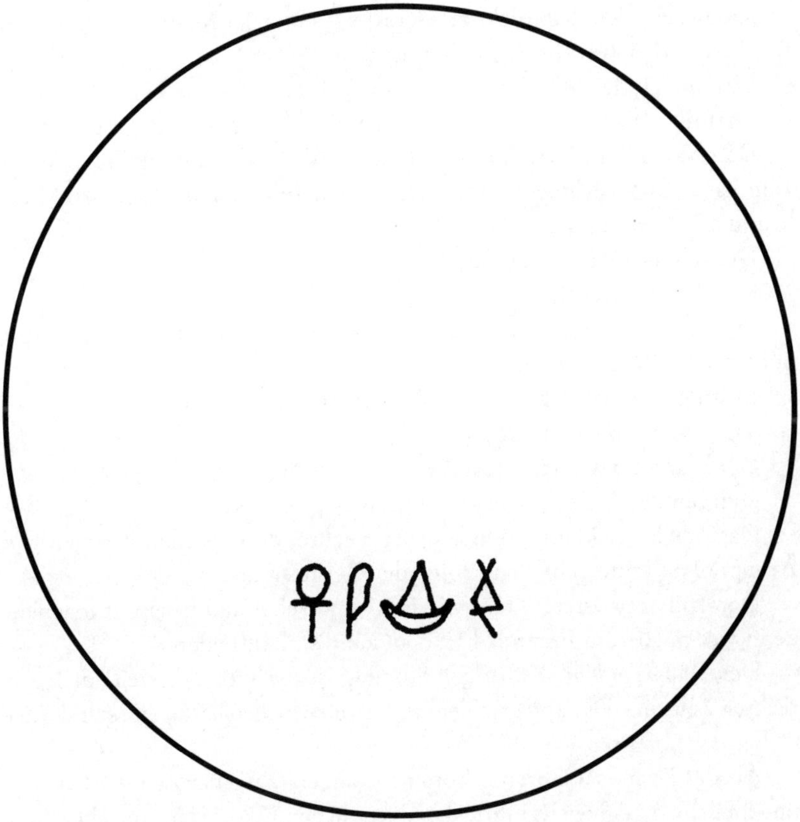

Binah

»So begehr' ich dich nicht zu Gevatter«, sagte der Mann, »du gibst den Reichen und lässest die Armen hungern.«

Das sprach der Mann, weil er nicht wußte, wie weise Gott Reichtum und Armut verteilt. Also wandte er sich vom Herrn ab und ging weiter.

Da trat der Teufel zu ihm und sprach: »Was suchst du? Willst du mich zum Paten deines Kindes nehmen, so will ich ihm Gold die Hülle und Fülle und alle Lust der Welt dazu geben.«

Der Mann fragte: »Wer bist du?«

»Ich bin der Teufel.«

»So begehr' ich dich nicht zu Gevatter«, sprach der Mann, »du betrügst und verführst die Menschen.«

Er ging weiter; da kam der knochige Tod auf ihn zugeschritten und sprach: »Nimm mich zu Gevatter.«

Der Mann fragte: »Wer bist du?«

»Ich bin der Tod, der alle gleichmacht.«

Da sprach der Mann: »Du bist der Rechte, du holst den Reichen wie Armen ohne Unterschied, du sollst der Gevatter sein.«

Der Tod antwortete: »Ich will dein Kind reich und berühmt machen; denn wer mich zum Freunde hat, dem kann's nicht fehlen.«

Der Mann sprach: »Künftigen Sonntag ist die Taufe, da stelle dich zur rechten Zeit ein.« Der Tod erschien, wie er versprochen hatte, und stand ganz ordentlich Gevatter.

Als der Knabe zu Jahren gekommen war, trat zu einer Zeit der Pate ein und hieß ihn mitgehen. Er führte ihn hinaus in den Wald, zeigte ihm ein Kraut, das da wuchs, und sprach: »Jetzt sollst du dein Patengeschenk empfangen. Ich mache dich zu einem berühmten Arzt. Wenn du zu einem Kranken gerufen wirst, so will ich dir jedesmal erscheinen. Steh' ich zu Häupten des Kranken, so kannst du keck sprechen, du wollest ihn wieder gesund machen, und gibst du ihm dann von jenem Kraut ein, so wird er genesen. Steh' ich aber zu Füßen des Kranken, so ist er mein, und du mußt sagen, alle Hilfe sei umsonst. Aber hüte dich, daß du das Kraut nicht gegen meinen Willen gebrauchst, es könnte dir schlimm ergehen.«

Es dauerte nicht lange, so war der Jüngling der berühmteste Arzt auf der ganzen Welt. »Er braucht nur den Kranken anzusehen, so weiß er schon, wie es steht, ob er wieder gesund wird oder ob er sterben muß«, so hieß es von ihm, und von überall kamen die Leute herbei, holten ihn zu den Kranken und gaben ihm so viel Gold, daß er bald ein reicher Mann war.

Nun trug es sich zu, daß der König erkrankte. Der Arzt ward gerufen und sollte sagen, ob Genesung möglich wäre. Wie er aber zu dem Bette trat, so stand der Tod zu Füßen des Kranken, und da war für ihn kein Kraut mehr gewachsen.

»Wenn ich doch einmal den Tod überlisten könnte«, dachte der Arzt, »er wird's freilich übelnehmen, aber da ich sein Patenkind bin, so drückt er wohl ein Auge zu, ich will's wagen.«

Er faßte also den Kranken und legte ihn verkehrt, so daß der Tod zu Häupten desselben zu stehen kam. Dann gab er ihm von dem Kraute ein, und der König erholte sich und ward wieder gesund.

Der Tod aber kam zu dem Arzt, machte ein böses und finsteres Gesicht, drohte mit dem Finger und sagte: »Du hast mich hinter das Licht geführt, diesmal will ich dir's nachsehen, weil du mein Patenkind bist, aber wagst du das noch einmal, so geht's dir an den Kragen, und ich nehm dich selbst mit fort.«

Bald hernach verfiel die Tochter des Königs in eine schwere Krankheit. Sie war sein einziges Kind, er weinte Tag und Nacht, daß ihm die Augen erblindeten, und ließ bekanntmachen, wer sie vom Tode errette, der solle ihr Gemahl werden und die Krone erben. Der Arzt, als er zu dem Bette der Kranken kam, erblickte den Tod zu ihren Füßen. Er hätte sich der Warnung seines Paten erinnern sollen, aber die große Schönheit der Königstochter und das Glück, ihr Gemahl zu werden, betörten ihn so, daß er alle Gedanken in den Wind schlug. Er sah nicht, daß der Tod ihm zornige Blicke zuwarf, die Hand in die Höhe hob und mit der dürren Faust drohte; er hob die Kranke auf und legte ihr Haupt dahin, wo die Füße gelegen hatten. Dann gab er ihr das Kraut ein, und alsbald regte sich das Leben von neuem.

Der Tod, als er sich zum zweitenmal um sein Eigentum betrogen sah, ging mit langen Schritten auf den Arzt zu und sprach: »Es ist aus mit dir, und die Reihe kommt nun an dich!«

Er packte ihn so hart mit seiner eiskalten Hand, daß er nicht widerstehen konnte, und führte ihn in eine unterirdische Höhle. Da sah er, wie tausend und tausend Lichter in unübersehbaren Reihen brannten, einige groß, andere halbgroß, andere klein. Jeden Augenblick verloschen einige, und andere brannten wieder auf, also daß die Flämmchen in beständigem Wechsel zu sein schienen.

»Siehst du«, sprach der Tod, »das sind die Lebenslichter der Menschen. Die großen gehören Kindern, die halbgroßen Eheleuten in den besten Jahren, die kleinen gehören Greisen. Doch auch Kinder und junge Leute haben oft nur ein kleines Lichtchen.«

»Zeige mir mein Lebenslicht«, sagte der Arzt und meinte, es wäre noch recht groß.

Der Tod deutete auf ein kleines Endchen, das eben auszugehen drohte, und sagte: »Siehst du, da ist es.«

»Ach, lieber Pate«, sagte der erschrockene Arzt, »zündet mir ein neues an, tut's mir zuliebe, damit ich König werde und Gemahl der schönen Königstochter.«

»Ich kann nicht«, antwortete der Tod, »erst muß eins verlöschen, eh' ein neues anbrennt.«

»So setzt das alte auf ein neues, das gleich fortbrennt, wenn jenes zu Ende ist«, bat der Arzt.

Der Tod stellte sich, als ob er seinen Wunsch erfüllen wollte, langte ein frisches, großes Licht herbei, aber weil er sich rächen wollte, versah er's beim Umstecken absichtlich, und das Stückchen fiel um und verlosch. Alsbald sank der Arzt zu Boden und war nun selbst in die Hand des Todes geraten.

9. Neophytus-Grad

Willkommen im neunten Neophytus-Grad! Ab dieser Stufe gibt es meinerseits nichts mehr zu sagen – das Wissen wird sich Ihnen selbst erschließen.

Zeichnen Sie die zweite Sefirah, Chochmah, in Ihren Lebensbaum und fahren Sie mit Ihrer täglichen Meditation und Kontemplation fort.

Schreiben Sie Ihre Erfahrungen und Gedanken in Ihr Tagebuch.

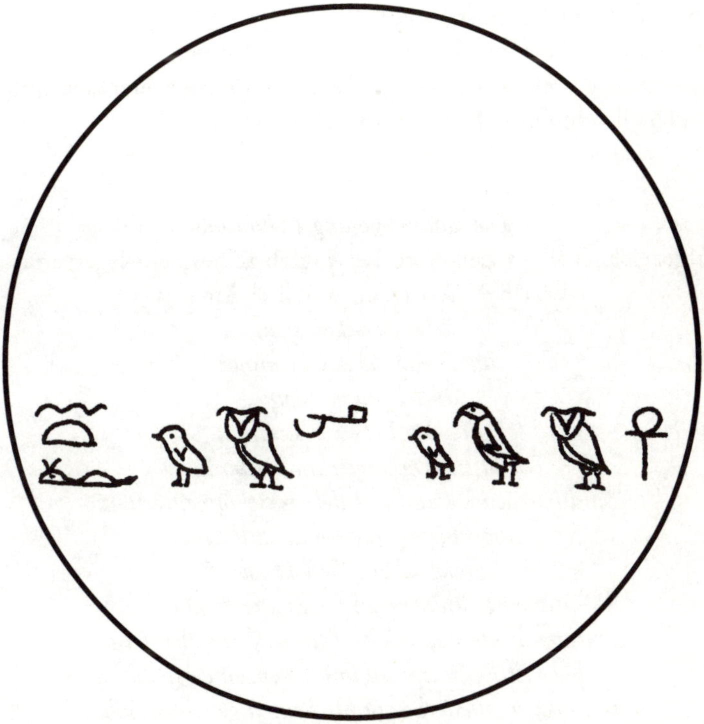

Chochmah

10. Neophytus-Grad

Auch für diese Stufe finde ich keine Worte mehr für Sie, außer daß jetzt der Zeitpunkt gekommen ist, über Altruismus nachzudenken. Altruismus ist das Wesen eines wahren Kabbalisten.

- Was ist Altruismus [die allumfassende Liebe zu den Menschen]?
- Zeichnen Sie innerhalb der nächsten Tage nach dem Vollmond die erste Sefirah, Kether, in Ihren Lebensbaum.
- Erst jetzt werden Sie beginnen, tiefgründiger zu verstehen und in die Weisheit des Schöpfers einzutauchen.
- Führen Sie Ihr Tagebuch weiter.
- Auch ihre siebenminütige Meditation und Kontemplation über Ihr soeben fertiggestelltes Bild werden Sie diesen Monat weiter durchführen – und vielleicht ein Leben lang beibehalten?

Der Sonnengesang Echnatons

– aufgezeichnet in 13 Zeilen im Felsengrab seines Schwiegervaters und Erziehers Aja (Eje) in Tell el-Amarna –

Schön erscheinst du
im Horizont des Himmels,
du lebendige Sonne,
die das Leben bestimmt!
Du bist aufgegangen im Osthorizont
und hast jedes Land mit deiner Schönheit erfüllt.
Schön bis du, groß und strahlend,
hoch über allem Land.
Deine Strahlen umfassen die Länder
bis ans Ende von allem, was du geschaffen hast.
Du bist Re, wenn du ihre Grenzen erreichst,
wenn du sie niederbeugst für deinen geliebten Sohn.
Fern bist du, doch deine Strahlen sind auf Erden;
du scheinst auf die Gesichter, doch unerforschlich ist dein Lauf.

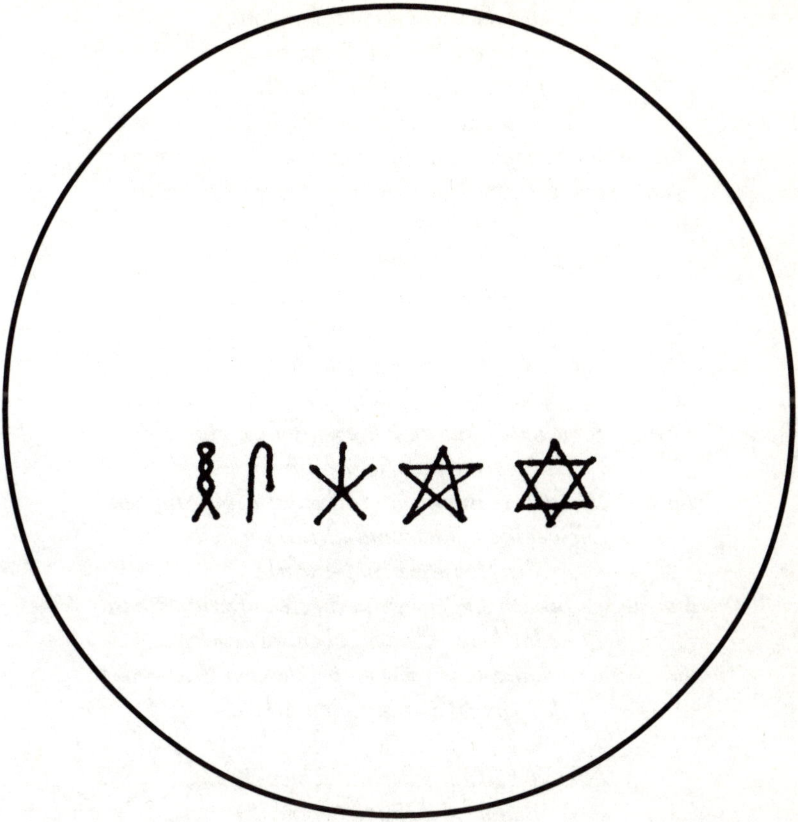

Kether

Gehst du unter im Westhorizont,
so ist die Welt in Finsternis,
in der Verfassung des Todes.
Die Schläfer sind in der Kammer,
verhüllten Hauptes, kein Auge sieht das andere.
Raubt man alle ihre Habe, die unter ihren Köpfen ist –
sie merken es nicht.
Jedes Raubtier ist aus seiner Höhle gekommen,
und jede Schlange beißt.
Die Finsternis ist ein Grab,
die Erde liegt erstarrt,
denn ihr Schöpfer ist untergegangen in seinem Horizont.
Am Morgen aber bist du aufgegangen im Horizont
und leuchtest als Sonne am Tage;
du vertreibst die Finsternis und schenkst deine Strahlen.
Die beiden Länder sind täglich im Fest,
die Menschen sind erwacht
und stehen auf den Füßen, wenn du sie aufgerichtet hast.
Rein ist ihr Leib, Kleider haben sie angelegt,
ihre Arme sind anbetend erhoben bei deinem Erscheinen,
das ganze Land tut seine Arbeit.

Alles Vieh ist zufrieden mit seinem Kraut,
Bäume und Kräuter grünen.
Die Vögel sind aus ihren Nestern aufgeflogen,
ihre Schwingen preisen deinen Ka.
Alles Wild hüpft auf den Füßen,
alles, was fliegt und flattert, lebt,
wenn du für sie aufgegangen bist.
Die Lastschiffe fahren stromab
und wieder stromauf,
jeder Weg ist offen durch dein Erscheinen.
Die Fische im Strom

springen vor deinem Angesicht,
deine Strahlen sind im Inneren des Meeres.

Der du den Samen sich entwickeln läßt in den Frauen,
der du »Wasser« zu Menschen machst,
der du den Sohn am Leben erhältst im Leib seiner Mutter
und ihn beruhigst, so daß seine Tränen versiegen –
du Amme im Mutterleib! –,
der du Atem spendest, um alle Geschöpfe am Leben zu erhalten.
Kommt das Kind aus dem Mutterleib heraus,
um zu atmen am Tag seiner Geburt,
dann öffnest du seinen Mund vollkommen
und sorgst für seine Bedürfnisse.
Das Küken im Ei,
das schon in der Schale redet –
du gibst ihm Luft darinnen, um es zu beleben.
Du hast ihm seine Frist gesetzt,
die Schale zu zerbrechen im Ei;
es geht hervor aus dem Ei,
um zu sprechen zu seiner Frist,
es läuft schon auf den Füßen, wenn es herauskommt aus ihm.

Wie zahlreich sind deine Werke,
die dem Angesicht verborgen sind,
du einziger Gott, dessen gleichen nicht ist!
Du hast die Erde geschaffen nach deinem Wunsch, ganz allein,
mit Menschen, Vieh und allem Getier,
mit allem, was auf der Erde ist,
was auf den Füßen umherläuft,
und allem, was in der Höhe ist und mit seinen Flügeln fliegt.
Die Fremdländer von Syrien und Nubien,
dazu das Land Ägypten –
jedermann stellst du an seinen Platz und sorgst für seine Bedürfnisse,

ein jeder hat seine Nahrung, seine Lebenszeit ist bestimmt.
Die Zungen sind verschieden im Reden,
ebenso ihre Wesenszüge;
ihre Hautfarbe ist verschieden, denn du unterscheidest die Völker.
Du schaffst den Nil in der Unterwelt
und bringst ihn herauf nach deinem Willen,
die Menschen am Leben zu erhalten, da du sie geschaffen hast.
Du bist ihrer aller Herr, der sich abmüht an ihnen,
du Herr aller Lande, der für sie aufgeht,
du Sonne des Tages, gewaltig an Hoheit!
Selbst alle fernen Fremdländer erhältst du am Leben,
hast du doch einen Nil an den Himmel gesetzt, daß er zu ihnen herabkomme
und Wellen schlage auf den Bergen wie das Meer,
um ihre Felder zu befeuchten mit dem, was sie brauchen.
Wie wirksam sind deine Pläne, du ewiger Herr!
Den Nil am Himmel, den gibst du den Fremdvölkern
und allem Wild der Wüste, das auf Füßen läuft;
aber der wahre Nil kommt aus der Unterwelt nach Ägypten.
Deine Strahlen säugen alle Felder –
wenn du aufgehst, leben sie und wachsen für dich.
Du schaffst die Jahreszeiten,
um alle deine Geschöpfe sich entwickeln zu lassen –
den Winter, um sie zu kühlen,
die Sommerglut, damit sie dich spüren.
Du hast den Himmel fern gemacht,
um an ihm aufzugehen und alles zu schauen, was du geschaffen hast.
Einzig bist du, wenn du aufgegangen bist,
in all deinen Erscheinungsformen als lebendiger Aton,
der erscheint und erglänzt,
sich entfernt und sich nähert;
du schaffst Millionen von Gestalten aus dir allein –
Städte, Dörfer und Äcker,

Wege und Strom.
Alle Augen sehen sich dir gegenüber,
wenn du als Sonne des Tages über dem Land bist.
Wenn du fortgegangen bist, dein Auge nicht mehr da ist,
das du um ihretwillen geschaffen hast,
damit du nicht allein dich selber siehst und das, was du geschaffen hast –
auch dann bleibst du in meinem Herzen, denn kein anderer ist, der dich kennt,
außer deinem Sohn Nefercheprure [Echnaton];
du läßt ihn deine Absichten und deine Macht erkennen.
Die Welt entsteht auf deinen Wink, wie du sie geschaffen hast.
Bist du aufgegangen, so leben sie,
gehst du unter, so sterben sie;
du bist die Lebenszeit selbst, man lebt durch dich.
Die Augen sind auf deine Schönheit gerichtet, bis du untergehst.
Alle Arbeit wird niedergelegt, wenn du im Westen untergehst,
aber der Aufgehende stärkt alle Arme für den König,
und Eile ist in jedem Bein.
Seit du die Welt gegründet hast, erhebst du sie
für deinen Sohn, der aus deinem Leib hervorgegangen ist,
den König beider Ägypten Nefercheprure Wanenre [Echnaton],
den Sohn des Re, der von Maat lebt,
den Herrn der Diademe, Echnaton, groß in seiner Lebenszeit,
und die große Königsgemahlin, die er liebt,
die Herrin beider Länder, Nofretete,
die lebendig und verjüngt ist
für immer und ewig.

II. Die hohe Kabbalah

Das Erarbeiten des Symbols des Lebens – des Lebensbaums mit seinen 32 Pfaden (den zehn Sefiroth und ihren 22 Verbindungen) – durch Meditation und Kontemplation, so wie es im vorausgegangenen Kapitel beschrieben wird, löst auf allen Ebenen des menschlichen Daseins feinstoffliche Schwingungen aus. Dieses eher passive mystische Erleben der Schöpferkräfte der vergangenen Monate wird sich im nun folgenden Kapitel zu einem aktiven Arbeiten wandeln. Der Mysterienschüler behaut den rohen Stein seiner Seele und modelliert sie – sich selbst – zum Ebenbild des Universums und somit auch des Schöpfers selbst.

Folgendes Gleichnis hilft, die Situation zu verdeutlichen: Wenn man sich den Menschen als einen wunderbaren Konzertflügel vorstellt, der darauf wartet, von einem Virtuosen gespielt zu werden, entspricht der Rumpf – der Schallkörper – des Konzertinstruments dem physischen Körper, decken sich die Tasten und Saiten mit wesentlichen Bestandteilen der Seele. Durch die Wirren und Erlebnisse im Laufe all der Inkarnationen einer Menschenseele verstimmten die Saiten. Der Flügel kann, obwohl vom fähigsten Virtuosen, dem die Seele belebenden Göttlichen Geist, gespielt, keine Symphonie des Wohlklanges und der Harmonie mehr hervorbringen.

Zusätzlich entspricht jede Saite des Instruments einem menschlichen Organ, das sowohl auf der physisch-materiellen als auch auf der astralen und mentalen Ebene existiert. Jedes dieser Organe hat seine Entsprechung in einem Stern oder Planeten und dessen Farb- und Klangspektrum. Sind die Organe eines Menschen »verstimmt«, so gehen sie mit den negativen, zersetzenden Kräften der Sterne oder Planeten in Resonanz, anstatt deren positive, aufbauende Kräfte zu nutzen. Auch hier gilt der hermetische Grundsatz »wie oben, so unten«, in diesem Falle allerdings umgekehrt. – Hier geht es freilich nicht nur um körperliches Wohlergehen, sondern auch um die »Reinheit« und Ausgeglichenheit der Gefühlswelt wie auch um die Qualität der Gedanken.

Die kabbalistische Astrologie kennt 22 Planeten, die sowohl unser Sonnensystem – Makrokosmos (oben) – als auch den Menschen – Mikrokosmos (unten) – unmittelbar beeinflussen. Diese 22 Planeten finden natürlich ihre Entsprechung in den 22 Konsonanten des kabbalistischen Alphabets, wobei die Vokale den Dimensionsachsen entsprechen (siehe Kapitel »Sefer Jezirah«).

In diesem Kapitel geht es darum, diese Grundkräfte, die 22 kabbalistischen Konsonanten und die fünf kabbalistischen Vokale, kennenzulernen, sie zu nutzen und zu beherrschen. Dazu sind allerdings viele Jahre der Übung und der Vervollkommnung erforderlich. Auf dem Weg zu dieser Vollkommenheit und inneren Harmonie integriert der Kabbalist die Buchstabenverbindungen des sogenannten 72buchstabigen Namen Gottes – die Qualitäten [Eigenschaften] und Quantitäten [Kräfte] der Engel. Meistert der Kabbalist diese Aufgabe, kann er sich daranmachen, sich selbst einen eigenen bzw. neuen Lichtkörper zu erschaffen und Herr über die Schöpferkräfte zu werden. Hinfort beherrscht er sein Schicksal, anstatt von ihm beherrscht zu werden.

Die Übungen des Practicus [Praktizierender]

Bevor der Mysterienschüler mit den Übungen des Practicus beginnt, sollte er sich intensiv mit den Übungen der Neophytus-Grade auseinandergesetzt haben. Ebenso wird vorausgesetzt, daß das Sefer Jezirah intensiv gelesen und über die Aussagen meditiert wurde, sprich sich der Schüler mit dem Inhalt gedanklich und gefühlsmäßig eingehend auseinandergesetzt hat. Das ist wichtig, damit der tiefere Sinn der nachfolgend beschriebenen Übungen verstanden und nachvollzogen werden kann, denn spätestens an diesem Punkt der Entwicklung wandelt sich das Erklärbare zum Unerklärbaren. Der tiefe Sinn und die Wirkung der folgenden Übungsreihe kann der verstandesorientierte Leser ohne die praktische Durchführung der Übungen nicht mehr erfassen und nachvollziehen. Aus diesem Grunde wiederhole ich an dieser Stelle nochmals die Worte, die ich an den Anfang des Buches setzte:

Capiat et sapiat qui capere et sapere potest,
qui non, vel taceat vel discat
aut abeat aut talis,
qualis est, meneat.

(Fasse und nutze es, wer es fassen und nutzen kann,
wer es nicht kann, schweige und lerne
oder entferne sich
oder bleibe, was er ist.)

Viele geheime Traditionen der Alten begannen diesen Entwicklungsschritt damit, die Schüler in die Lautgesetze der fünf Hauptvokale einzuweihen. Diese Schwingungen verkörpern die fünf Dimensionen des Universums und des Menschseins. So wird beispielsweise in Mysterientraditionen der Gnostiker [Gnosis: religionsphilosophische Bewegung im zweiten/dritten Jh. v. Chr., die das orthodoxe Christentum ablehnte und im Unterschied zu diesem davon ausging, daß der Mensch von Natur aus gut ist und einen Göttlichen Wesenskern hat] und einiger islamischer Geheimbünde großer Wert auf das Üben der Lautformeln IAO und AOUEI gelegt, die einen besonderen Aspekt des Schöpfers ausdrücken.

Damit die universelle Gesetzmäßigkeit und Gültigkeit der »Heiligen Sprache« noch deutlicher wird, möge der Leser und Kabbalah-Student mir einen Gedankensprung in das Japan des 19. Jahrhunderts gestatten: Der japanische Meister und Begründer des Aikido, einer sanften Kampfkunst, Sensai Morihei Ueshiba, sah in der Lautübung der Grundvokale AOUEI einen Schlüssel zur Entfaltung besonderer spiritueller Kräfte. Dieser Schlüssel mag einer der Gründe dafür gewesen sein, daß Sensai Ueshiba selbst im hohen Greisenalter als unbesiegbar galt. Ueshiba lehrte, daß das gesamte japanische Alphabet aus den fünf Hauptvokalen entstanden sei. So ordnete er jedem Vokal bestimmte Eigenschaften und Wirkungen auf körperlicher und geistiger Ebene zu und wies seine Schüler an, gezielte Lautübungen durchzuführen, um sich diese Eigenschaften anzueignen.

1. Practicus-Grad
Vokalübungen der westlichen Mysterientradition

Die nachfolgenden fünf Übungen werden Sie je 28 Tage beschäftigen. Sie bereiten Sie hervorragend darauf vor, mit der Buchstabenmystik aktiv zu arbeiten und die starken Schwingungen wahrzunehmen, die beim Intonieren der Vokale entstehen. Das Grundkonzept dieser Übungen stammt von Eugen Grosche [bekannter Okkultist um 1900] und wurde von mir leicht überarbeitet (Grosche ordnete den Vokalen beispielsweise keinerlei Farbentsprechungen oder Elemente zu). Die Übungen können bis auf den jeweils letzten Teil im Sitzen durchgeführt werden. Schlagen Sie hierzu die Beschreibungen der Buchstaben A, E, I, O und U nach (im Kapitel »Das Geheimnis der Buchstaben«) und betrachten Sie während der Übungen die dem jeweiligen Buchstaben entsprechende Farbtafel (siehe Anhang ab S. 321). Versuchen Sie, während des Übens ganz in die Farbe des jeweiligen Buchstabens einzutauchen und diese im gesamten Übungsraum zu sehen [es ist nicht Grundvoraussetzung für das Gelingen der Übungen, die Farben tatsächlich zu sehen; es genügt, daß Sie sich sicher sind, daß die Farbe da ist und zur Wirkung kommt]. Die Körperstellungen sollen locker und fließend, keinesfalls unnatürlich und verkrampft ausgeführt werden.

Führen Sie jede Übung einmal täglich an insgesamt 28 Tagen durch. Der beste Tag, mit den Übungen zu beginnen, ist der erste Tag nach Vollmond. Üben Sie also 28 Tage lang, und beginnen Sie mit der nächsten Übungsfolge wiederum am ersten Tag nach dem Vollmond, an dem Sie die vorherige Übungsfolge abgeschlossen haben.

Beachten Sie, daß alle Buchstabenschwingungen in der jeweiligen Farbe visualisiert werden sollten. Ferner sollten Sie die dem jeweiligen Element zugeordneten Empfindungen spüren. Bei Feuer wären dies Hitze und Ausdehnung, bei Luft Neutralität und Leichtigkeit, bei Wasser Ruhe und Kühle und bei Erde Schwere und Verdichtung. Jedes Element hat weiterhin seinen spezifischen Geruch und ein eigenes Geräusch. Feuer rauscht wie ein Schweißbrenner oder ein Raketenantrieb und riecht wie ein geriebener

Feuerstein [Feuer knistert nicht; dieses ihm fälschlicherweise zugeordnete Geräusch wird vom verbrennenden Holz verursacht!]. Luft heult und pfeift, sie duftet wie eine frische Bergbrise. Die Erde summt einem tiefen, ruhigen Brummton und riecht nach Ton. Wasser kann ganz leise gleiten oder aber tosen wie ein mächtiger Wasserfall. Um den Duft des Wassers zu erfahren, gehen Sie am besten an einen Bach, einen See oder ans Meer und öffnen Ihre Sinne.

Jeder kabbalistische Buchstabe schwingt in einem Ton der Notenskala (vergleichen Sie dazu die Zuordnungen im Kapitel »Das Geheimnis der Buchstaben«). Zu empfehlen ist, daß Sie sich ein preisgünstiges Keyboard, eine Flöte oder eine Stimmpfeife zulegen, damit Sie beim Intonieren des Buchstabens den richtigen Ton treffen (keine Angst, dazu müssen Sie kein begabter Musiker sein). Nehmen Sie während des halblauten oder lauten Singens eines Buchstabens die ihm entsprechende Körperhaltung ein. Die zum Teil eigenartig anmutenden Haltungen können durchaus in weichen Bewegungen ausgeführt werden, auf keinen Fall sollte ein Gefühl der Verkrampfung entstehen. Lassen Sie die Energien in Ihrem Körper fließen. Zu guter Letzt beziehen Sie die dem Buchstaben zugeordnete Hieroglyphe mit in Ihr inneres Bild ein.

1. Übung – Erwecken des magischen Willens

Ziel der ersten Übung ist es, sich mit dem Göttlichen Willen zu verbinden und diesen dann im Laufe der weiteren Entwickelung selbst zu verkörpern.

Haltung: linke Hand auf der Stirn, rechte Hand auf dem Solarplexus

Vorstellung: Alle Kräfte meines Gehirns werden jetzt in mein Stirn-Chakra [Chakra = Energiezentrum des Astralkörpers; Stirn-Chakra = Drittes Auge – in der Mitte der Stirn, oberhalb der Augenbrauen], das dem Willen entspricht, und ins Zentrum meiner Seele gelenkt!

Intonation:
- 7mal »I« mit der kabbalistischen Dreisinnenkonzentration [Farbe, Geruch, Geräusch] intonieren

- Pause
- 9mal «O»
- Pause
- 16mal »IO« als zusammenhängende Lautformel [Formelmagie]

Haltung: beide Handflächen auf der Stirn, linke Hand unter der rechten

Vorstellung: Meine Hand-Chakras werden jetzt mit den geistigen Kräften meines Gehirns aufgeladen. Dadurch vervielfacht sich meine Gabe zur Heilung im Namen des Christusbewußtseins.

Intonation:
- 7mal »I« intonieren
- Pause
- 16mal »E«
- Pause
- 23mal »IE«

Haltung: linke Hand auf dem Stirn-Chakra, rechte Hand auf dem Wurzel-Chakra [Schoß]

Vorstellung: Meine geistigen Kräfte lenke ich jetzt von oben nach unten in mein Wurzel-Chakra, um es mit meinem Willen zu steuern und zu beherrschen.

Intonation:
- 7mal »I«
- Pause
- 5mal »U«
- Pause
- 12mal »IU«

Haltung: A-Stellung (siehe S. 75)

Vorstellung: Gott und ich sind eins. Der Göttliche Wille wird zu meinem Willen.

Intonation: 12mal »IOEU«

2. Übung: Beherrschung der Sexualkraft

Das Ziel der Übung ist es, die meist disharmonischen Kräfte des Wurzel-Chakras, wo der Sexualtrieb beheimatet ist, zu beherrschen und zu lernen, sie sinnvoll und nutzbringend einzusetzen. Außerdem steigert sie die geistigen Kräfte und fördert heilmagnetische Fähigkeiten.

Haltung: linke Hand auf dem Wurzel-Chakra, rechte auf der linken
Vorstellung: Ich lerne jetzt, kraft meines Willens und der Christuskraft in mir, die Sexualkraft zu beherrschen und zu lenken.
Intonation:
· 5mal »U«
· Pause
· 5mal »U«

Haltung: rechte Hand auf das Stirn-Chakra, linke bleibt auf dem Wurzel-Chakra
Vorstellung: Ich beherrsche die Kundalinikraft in mir. [Kundalini: Schlangenkraft = Lebensenergie, Urkraft]
Intonation:
· 7mal »I«
· Pause
· 12mal »UI«

Haltung: linke Hand auf dem Stirn-Chakra, rechte auf der linken
Vorstellung: Ich sammle die Erkenntnis dieser Kraft und bin bereit, sie in harmonischem Sinn zu verbreiten.
Intonation:
· 7mal »I«
· Pause
· 8mal »E«
· Pause
· 15mal »IE«

Haltung: A-Stellung (siehe S. 75)
Vorstellung: (wie zuvor)
Intonation: 16mal »UUIE«

3. Übung – Vervollkommnung

Ziel dieser Übung ist es, die Harmonie der Seele zu fördern. Dadurch nimmt die unbewußte Bereitschaft, sich von der Umwelt manipulieren zu lassen, stark ab. Man ist gefeit gegen suggestive Einflüsse jeglicher Art, und der Schutz vor Angriffen menschlicher oder dämonischer Herkunft verstärkt sich.

Haltung: linke Hand auf dem Herz-Chakra, rechte auf die linke, Arme angewinkelt

Vorstellung: Alle harmonischen und ausgleichenden Kräfte aus dem Zentrum meines wahren Wesens fließen mir zu. Durch die Sammlung dieser Kraftströme in mir diene ich dem Wohle des Ganzen.

Intonation:
- 2mal »E«
- Pause
- 12mal »A«
- 8mal »E«
- Pause
- 12mal »EAE«

Haltung: linke Hand auf dem Herz-Chakra, rechte auf dem Wurzel-Chakra

Vorstellung: Alle meine Erkenntnisse und geistigen Kräfte sammeln sich jetzt, so erhalte ich die Kraft, auf dem rechten spirituellen Pfad zu wandern.

Intonation:
- 12mal »A«
- Pause
- 9mal »O«
- Pause
- 12mal »AO«

Haltung: linke Hand auf dem Sexual-Chakra, rechte auf der linken

Vorstellung: Ich bin nun bereit, die spirituellen Kräfte meiner inneren Sammlung als Wegweiser und Vorbild einzusetzen.

Intonation: · 9 mal O
· Pause
· 8 mal E

Haltung: E-Stellung (siehe S. 79)
Vorstellung: (wie zuvor)
Intonation: 8mal »EAOE«

4. Übung – Der Weg des Adepten

Sinn dieser Übung ist es, sich von starken positiven Krafströmen durchdringen zu lassen. Dadurch wird das Verstehen okkulter Zusammenhänge geweckt und gefördert.

Haltung: rechte Hand auf dem Wurzel-Chakra, linke auf der rechten
Vorstellung: Ich durchdringe die niederen Sphären meines Egos als Wissender und schalte sie durch die Kraft meines Willens bewußt aus. Ich beherrsche die Welt der Sinne und Leidenschaften meiner Seele und die der astralen Welt. Die Genien (Wesen und Engel) der Erdgürtelzone stehen mir zur Seite, so daß ich als Eingeweihter der Menschheit zu helfen vermag. Ich arbeite aktiv am geistigen Aufstieg der Menschheit mit.
Intonation: · 16mal »E«
· Pause
· 5mal »U«

Haltung: E-Stellung (siehe S. 79)
Vorstellung: (wie zuvor)
Intonation: 16mal »EEUU«

5. Übung – Der Weg des Buddha

Durch diese Übung soll der Kabbalist erkennen, daß er sowohl innerlich als auch äußerlich geläutert wird und dies für sein geistiges Fortkommen auf dem Pfad der Wahrheit notwendig ist. Das Gefühl, mit den geistigen Führern der Menschheit, der sogenannten Bruderschaft des Lichts (Bnai Or, siehe Franz Barton: Frabato), in Verbindung zu stehen wird geweckt und gesteigert und die Intuition des Übenden stark gefördert.

Haltung:	linke Hand auf dem Wurzel-Chakra, rechte auf dem Stirn-Chakra
Vorstellung:	Sämtliche Erfahrungen, die sich während aller meiner Inkarnationen in meinem Unterbewußtsein angesammelt haben, werden jetzt transformiert [gewandelt].
Intonation:	· 5mal »U« · Pause · 7mal »I«

Haltung:	linke Hand auf dem Stirn-Chakra, rechte auf dem Herz-Chakra
Vorstellung:	Alle meine Erkenntnisse bringe ich jetzt in harmonischen Einklang mit meinem wahren Wesen, um zu geistig-spiritueller Reife zu gelangen.
Intonation:	· 7mal »I« · Pause · 12mal »A« · Pause · 19mal »IA«

Haltung:	I-Stellung (siehe S. 84)
Vorstellung:	(wie zuvor)
Intonation:	7mal »UIAI«

2. Practicus-Grad
Der heilige Atem der Mittleren Säule

Innerhalb des menschlichen Körpers befindet sich eine Art von Energieröhre, die sich vom Beckenboden bis hinauf zur Fontanelle im Schädeldach erstreckt. Diese Energieröhre hat nur am Rande mit den Strömen von Ida und Pingala, den zwei Kundalinischlangen der Yogis, zu tun: Diese fließen entlang der Wirbelsäule auf und ab. Wir sprechen hier hingegen von einer Zentralröhre, wie sie auch von den Tibetern genannt wird. Nach tibetischer Lehre ist diese Röhre dunkelblau, was ihre Zugehörigkeit zum Akashaprinzip verrät. Stellt sich der Übende diese Röhre vor – sie ist physisch nicht sichtbar, da sie ein elektromagnetisches Feld ist und kein grobstoffliches Organ –, so kann er dies mit dem Bild verknüpfen, daß diese Röhre auch seine Lebens- oder Weltenachse ist. Eine der Hauptaufgaben dieser Röhre ist es, den Menschen mit spiritueller Lebenskraft zu versorgen, die in den antiken Ursprachen als Ka [tibetisch], Feuer, bezeichnet wurde.

Damit der Mysterienschüler auch alle weiteren Übungen erfolgreich durchführen kann, ist es nun erforderlich, daß er sich dieser Zentralröhre bewußt wird und lernt, mit ihr zu arbeiten. Schließlich ist sie nichts anderes als die Mittlere Säule des kabbalistischen Symbols des Lebens, des Lebensbaums, mit den Zentren Malkuth, Jesod, Tifereth und Kether.

1. Übung

- Sitzend oder stehend stellen Sie sich bitte vor, wie diese Mittlere Säule in Ihrem Körper dunkelblau leuchtet.
- Atmen Sie nun kraft Ihrer Vorstellung und mittels Ihres Willens (Absicht) durch den tiefsten Punkt der Zentralröhre, den Mittelpunkt des Beckenbodens [Stelle zwischen Anus und Geschlechtsorgan], ein, und ziehen Sie den Atem hinauf bis zum Bauchnabel.
- Halten Sie den Atem eine Sekunde lang an.
- Atmen Sie ohne weitere Visualisation aus.

- Atmen Sie nun durch den höchsten Punkt Ihrer Zentralröhre, die Fontanelle, ein, und ziehen Sie den Atem hinunter bis zum Bauchnabel, so daß dort beide Kraftströme aufeinandertreffen. Warten Sie wieder eine Sekunde, und atmen Sie ohne Visualisation aus.
- Wiederholen Sie nun beide Atmungen nacheinander. Je nach Begabung werden Sie nach einigen Minuten die Energie im Körper spüren können, die Sie aktiviert haben.

2. Übung

- Wenn Sie diese Atmung ohne Anstrengung beherrschen, wiederholen Sie die Übung, allerdings mit dem Unterschied, daß Sie den von unten und den von oben kommenden Atem bis ins Herzzentrum ziehen, so daß sich beide Atemströme – Ka-Ströme – nun dort treffen, statt wie vorher im Bauchnabel.

Nach einigem Üben werden Sie deutlich die Unterschiede zwischen der ersten und zweiten Übung feststellen können. Die erste entspricht der Aktivierung Jesods, und die zweite der Aktivierung Tifereths.

3. Übung

- Wiederholen Sie nun die zweite Übung, allerdings mit dem Unterschied, daß Sie beim Ausatmen visualisieren, wie sich die Ka-Kraft vom Herzzentrum aus im gesamten Körper ausdehnt und darin verteilt und Ihre eigene Lebenskraft sich entscheidend erhöht und gestärkt wird [es genügt die Absicht, die in Ihrer Handlung liegt, die Fähigkeit des bildlichen Sehens ist nicht notwendig093. Dieses Verströmen aus dem Herzen heraus wird natürlich mit beiden Ka-Strömen praktiziert, dem, der von unten hinauffließt, und dem, der von oben hinabfließt.
- Sobald Sie bereits nach wenigen Minuten des Praktizierens eine deutlich verbesserte Vitalität spüren, beherrschen Sie diese Übung. Versuchen Sie dann, anstatt die von oben und unten kommenden Ströme nacheinan-

der einzuatmen, beide Ka-Ströme gleichzeitig einfließen und sich treffen zu lassen.

4. Übung

- Bauen Sie nun die dritte Übung weiter aus, indem Sie die beiden Ka-Ströme, die sich im Herzzentrum treffen, nicht mehr im physischen Körper, sondern in Ihrer Astralmatrize zur Ausdehnung bringen. Die Astralmatrize ist Ihr energetisches Doppel, das Ihren Astralkörper mit Ihrem physischen Körper verbindet und beide zusammenhält. Diese Astralmatrize stellen Sie sich bitte als weißes Licht vor, das bis zu zehn Zentimeter aus Ihrem physischen Körper herausstrahlt, diesem aber ansonsten gleicht.

5. Übung

- Nach einigem Praktizieren der dritten Übung, visualisieren Sie statt Ihre Astralmatrize Ihren Astralkörper. Der Astralkörper ist Ihrem physischen Körper ebenfalls ähnlich. Er ist Ihr Gefühls- oder Emotionalkörper, den Sie sich – entsprechend der Mondschwingung – silberfarben vorstellen können. Aber selbst hier zählt, wie bereits zuvor erwähnt, die Absicht und weniger die Gabe der Vorstellungskraft.
- Versuchen Sie, die Unterschiede zwischen der vierten und fünften Übung wahrzunehmen.

6. Übung

- Wenden Sie nun die vierte bzw. fünfte Übung auf Ihren Mentalkörper an.
- Sie lassen demnach beide Ka-Ströme im Herzen – Tifereth – aufeinandertreffen und dehnen deren vereinigte Vitalität in Ihrem Mentalkörper, Gedankenkörper, aus.
- Zur Erleichterung Ihrer Visualisation, stellen Sie sich Ihren Mentalkörper in einer leuchtendgelben Farbstrahlung vor, um einiges größer als Ihr physischer Körper ist und diesen wie auch den Astralkörper durchdringend.

7. Übung

Beginnen Sie erst mit dieser Übung, wenn Sie die Übungen eins bis sechs ohne Anstrengung durchführen können. Diese Übung wird Sie ausgesprochen gut erden. Außerdem erzielen Sie durch das oftmalige Wiederholen eine erhöhte spirituelle Öffnung.

- Setzen Sie sich in bequemer und entspannter Haltung hin. Sehen Sie nun kraft Ihrer Vorstellung Ihre blaue Zentralröhre bzw. Ihre Ka-Säule.
- Verlängern Sie nun Ihre Ka-Säule von Ihrem Herzzentrum – Tifereth – aus bis tief in die Erde, und verankern Sie sie im Zentrum des Erdkerns. Es sei nochmals darauf hingewiesen: Energie folgt der Aufmerksamkeit. Es genügt also, daß Sie das Beschriebene wollen und beabsichtigen, einfach danach handeln und den Erfolg niemals in Frage stellen.
- Nun richten Sie Ihre Aufmerksamkeit von Ihrem Herzzentrum nach oben, auf die obersten Dimensionen. Dort wo Sie glauben, am höchsten Göttlichen Punkt, den Sie momentan zu erreichen in der Lage sind, angelangt zu sein, sehen Sie einen brennenden blauen achtstrahligen Stern, das Zeichen des Melchisedek (siehe Farbtafeln im Anhang).
- Ziehen Sie dieses Symbol durch Ihre Mittlere Säule bis ins Herzzentrum.
- Von dort dehnen Sie den achtstrahligen Stern in Ihre Körper aus, also in den physischen, den astralen und den mentalen.
- Gehen Sie dann weiter, und lassen Sie den Stern innerhalb Ihrer Zentralröhre bis hinunter in den Mittelpunkt des Erdkerns gleiten, wo er sich ganz von allein fest verankert.
- Sehen Sie nun den Stern des Melchisedek (siehe S. 350) am höchten vorstellbaren Punkt über Ihnen und gleichzeitig im Erdkern unter Ihnen.
- Atmen Sie nun wie in den vorherigen Übungen den unteren Ka-Strom hinauf ins Herz und den oberen Ka-Strom hinunter, ebenfalls in Ihr Herzzentrum, wo sich beide treffen.
- Fühlen Sie sich nun als Mittelpunkt und Achse zwischen Himmel und Erde.

8. Übung

- Wiederholen Sie die letzten Übungen mit der kleinen Erweiterung, daß Sie nicht nur die beiden Ka-Ströme in Ihre Körper ausdehnen, sondern daß Sie auch alle Körperwahrnehmungen »ausschalten«, Raum und Zeit auflösen und sich, aus Ihrem Herzzentrum heraus, auf der Akashaebene im gesamten Universum ausdehnen. Hierbei ist es besonders wichtig, während der Übung Gefühle der Liebe und Güte, der Ruhe und des Friedens zu empfinden.
- Derjenige, der mit den Übungen Franz Bardons vertraut ist, wird bemerken, daß Bardon nicht das Herzzentrum, sondern den Solarplexus als Mittelpunkt zur Ausdehnung in den unendlichen Akasharaum nennt. Dem Leser sei aber empfohlen, sich bei diesen Übungen im Herzen und nicht im Solarplexus zu »zentrieren«, es sei denn, daß auf anderes hingewiesen wird.

3. Practicus-Grad
Die Kraft der Elemente

Im dritten Practicus-Grad werden Sie sich als Mysterienschüler und Kabbalah-Student intensiv mit den vier Elementen und dem fünften, dem Akasha [Äther], auseinandersetzen. Wollen Sie darangehen, die Elemente und deren Gesetzmäßigkeiten nicht nur verstandesmäßig zu begreifen, sondern zu lernen, diese allmählich zu beherrschen, so müssen die Elemente durch gezielte Übungen auf den verschiedenen Ebenen hervorgerufen und zu einer bestimmten Wirkung gebracht werden. Sie beginnen damit, sich mit dem Akasha vertraut zu machen. Dann gehen Sie weiter und arbeiten in ständigem Wechsel mit den vier Elementen Feuer, Luft, Wasser und Erde.

Leider würde es den Rahmen dieses Buches sprengen, ginge ich an dieser Stelle so ausführlich auf die einzelnen Elemente und ihre unterschiedlichen Wirkungen und Eigenschaften ein, wie es eigentlich erforderlich wäre. Deshalb muß ich voraussetzen, daß Sie sich in anderen Lehrwerken ausführlich über die Elemente informiert haben. Insbesondere sei hierzu Bardons Standardwerk »Der Weg zum wahren Adepten« genannt. Ebenso werden Sie in bereits früher von mir und meiner Schwester, Iris Rinkenbach, publizierten Büchern fündig werden.

Zu einem minimalen Verständnis der Elemente sei hier Bardon zitiert:

Über die Elemente

Alles, was erschaffen wurde, sowohl der Makrokosmos als auch der Mikrokosmos, also die große und die kleine Welt, ist durch die Wirkung der Elemente zustande gekommen. Darum will ich mich gleich zu Beginn der Einweihung gerade mit diesen Kräften befassen und auf ihre tiefe und mannigfaltige Bedeutung ganz besonders hinweisen. In der okkulten Literatur ist bisher über die Kräfte der Elemente nur sehr wenig gesagt worden, so daß ich mir die Aufgabe stellte, dieses noch ungeklärte Gebiet zu bearbeiten und den diese Gesetze verhüllenden Schleier zu lüften. Es ist durchaus nicht leicht, den Uneingeweihten so aufzuklären, daß er nicht nur vom Sein und Wirken der Elemente in Kenntnis gesetzt wird, sondern auch imstande ist, mit diesen Kräften später praktisch zu arbeiten.

Das ganze Universum gleicht einem Uhrwerk mit ineinandergreifenden und voneinander abhängigen Rädern. Selbst der Begriff der Gottheit als der höchsten erfaßbaren Wesenheit läßt sich in Aspekte analog den Elementen einteilen. Darüber ist im Kapitel über den Gottesbegriff Näheres enthalten.

In den ältesten orientalischen Schriften werden die Elemente mit Tattwas bezeichnet. In unserer europäischen Literatur wird ihnen nur insofern Beachtung geschenkt, als auf ihre guten Wirkungen aufmerksam gemacht und vor ihren ungünstigen Einflüssen gewarnt wird; d.h. also, daß bestimmte Handlungen unter dem Einflusse der Tattwas entweder unternommen werden können oder zu unterlassen sind. An der Richtigkeit dieser Tatsache ist nicht zu zweifeln, aber all das bisher Veröffentlichte weist nur auf einen geringen Aspekt der Elementewirkungen hin. Wie sich die Wirkungen der Elemente respektive der Tattwas für den persönlichen Gebrauch ermitteln lassen, ist zur Genüge aus astrologischen Werken ersichtlich. Ich dringe jedoch tiefer in das Geheimnis der Elemente ein und wähle deshalb einen anderen Schlüssel, der zwar analog dem astrologischen ist, mit diesem aber nichts zu tun hat. Und diesen dem Leser bisher noch unbekannten Schlüssel will ich ihn vielfältig gebrauchen lehren. Die einzelnen Arbeiten, Analogien und Wirkungen der Elemente behandle ich der Reihe nach noch ausführlicher in den nachfolgenden Kapiteln. Es wird nicht nur die theoretische Seite enthüllt, sondern auch auf die praktische Anwendung hingewiesen, denn gerade hier liegt das größte Arkanum [Geheimnis]. Über dieses große geheime Wissen der Elemente wird auch schon im ältesten Buche der Weisheit, im Tarot, geschrieben, in dem die erste Karte den Magier darstellt, der auf das Wissen und die Beherrschung der Elemente hinweist. Auf dieser ersten Karte symbolisieren: das Schwert das Element des Feuers, der Stab das Element der Luft, der Becher das Element des Wassers und die Münzen das Element der Erde. Hieraus ist zu ersehen, daß man schon in den antiken Mysterien gerade den Magier für die erste Tarotkarte bestimmte und somit die Beherrschung der Elemente als ersten Einweihungsakt wählte. Dieser Tradition zu Ehren will daher auch ich vor allem den Elementen die größte Aufmerksamkeit widmen, denn wie weiterhin ersichtlich, ist der Schlüssel zu den Elementen ein Universalmittel, mit dem man alle vorkommenden Probleme lösen kann. Die Reihenfolge der Tattwas ist gemäß der indischen folgende:

Akasha	–	*das Ätherprinzip;*
Tejas	–	*das Prinzip des Feuers;*
Waju	–	*das der Luft;*
Apas	–	*das des Wassers und*
Prithivi	–	*das der Erde.*

Laut indischer Lehre heißt es, daß die vier gröberen Tattwas aus dem fünften Tattwa, dem Akashaprinzip, entstanden sind. Akasha ist daher das Ursachenprinzip, es ist als die fünfte Kraft, die sogenannte Quintessenz, anzunehmen. Über Akasha, das feinste Element, kläre ich den Leser im entsprechenden Kapitel noch eingehender auf. Auch die spezifischen Eigenschaften eines jeden Elementes finden in allen weiteren Kapiteln Erwähnung, und zwar von den höchsten Ebenen angefangen bis hinab zur grobstofflichen Materie. Wie der Leser bereits selbst erkennen kann, ist es wirklich keine leichte Aufgabe, ein so großes Schöpfungsgeheimnis zu analysieren und derart in Worte zu kleiden, daß jedermann die Möglichkeit gegeben wird, in diese Materie einzudringen und sich ein plastisches Bild von ihr zu machen ...

Das Prinzip des Feuers

Wie bereits erwähnt, ist Akasha oder das Ätherprinzip die Ursache der Entstehung der Elemente. Als erstes Element, das laut den orientalischen Schriften aus Akasha geboren wurde, gilt Tejas, das Prinzip des Feuers. Dieses Element, wie auch alle weiteren, wirkt sich nicht nur auf unserer grobmateriellen Ebene aus, sondern in allem, was erschaffen wurde. Die Grundeigenschaften des feurigen Prinzips sind die Hitze und die Expansion. Deshalb war im Anfang alles Erschaffenen das Feuer und das Licht. In der Bibel heißt es ja auch: »Fiat lux – Es werde Licht.«

Das Licht hat selbstverständlich das Feuer zur Grundlage. Jedes Element und somit auch das feurige hat zwei Polaritäten, und zwar die aktive und die passive, d.h. Plus und Minus. Das Plus ist stets das Aufbauende, Schaffende, Erzeugende; das Minus dagegen das Zersetzende, Vernichtende. Es muß immer von zwei Grundeigenschaften eines jeden Elementes die Rede sein. Religionen haben der aktiven Seite stets das Gute und der passiven das Böse zugeschrieben. Im Grunde genommen gibt es aber weder Gut noch Böse, das alles sind nur Menschlichkeitsbegriffe. Im Universum gibt es weder etwas Gutes noch etwas Böses, denn alles wurde nach unwandelbaren Gesetzen erschaffen. In diesen Gesetzen spiegelt sich gerade das göttliche Prinzip, und nur an Hand der Kenntnis dieser Gesetze können wir uns dem Göttlichen nähern. Wie schon gesagt, hat das Feuerprinzip die Expansion inne, die wir der Vorstellung halber als elektrisches Fluid bezeichnen wollen. Unter diesem Namensbegriff verstehen wir nicht nur die grobstoffliche Elektrizität, obwohl, wie wir weiter sehen werden, es mit dieser eine analoge Bewandtnis hat. Jedem Menschen wird natürlich sofort klar, daß die Eigenschaft der Expansion mit der Ausdehnung identisch ist. Dieses Elementeprinzip des Feuers ist tätig und latent in allem, was erschaffen wurde, also im ganzen Universum, vom kleinsten Sandkorn angefangen bis zum höchsten Sichtbaren und Unsichtbaren.

Das Prinzip des Wassers

Im vorhergehenden Kapitel haben wir die Entstehung und die Eigenschaften des positiven Elementes, des Feuers, kennengelernt. In diesem beschreibe ich das entgegengesetzte Prinzip, das des Wassers. Auch dieses ist ebenso wie das Feuer aus Akasha, dem Ätherprinzip, entstanden. Im Vergleich zum Feuer hat es jedoch ganz entgegengesetzte Eigenschaften, und zwar sind seine Grundeigenschaften die Kälte und die Zusammenziehung. Auch hier handelt es sich um zwei Pole. Der aktive Pol ist der aufbauende, lebenspendende, ernährende und erhaltende; der negative ist gleich dem des Feuers zersetzend, gärend, zerlegend, zerteilend. Da dieses Element die Grundeigenschaft der Zusammenziehung in sich hat, ist aus ihm das magnetische Fluid hervorgegangen. Sowohl Feuer wie Wasser wirken in allen Regionen. Das Feuerprinzip könnte laut Schöpfungsgesetz nicht allein bestehen, wenn es einen Gegenpol, das Wasserprinzip, nicht in sich hätte. Diese zwei Elemente, Feuer und Wasser, sind jene Grundelemente, mit denen alles erschaffen wurde. Infolgedessen haben wir überall mit zwei Hauptelementen, ferner mit dem elektrischen und magnetischen Fluid als gegensätzliche Polaritäten zu rechnen.

Das Prinzip der Luft

Als weiteres Element ist das der Luft aus Akasha entstanden. Eingeweihte betrachten dieses Prinzip nicht als wirkliches Element, sondern räumen ihm die Vermittlerstelle zwischen dem feurigen und dem wässerigen Prinzip ein, so daß das Luftprinzip zwischen dem aktiven und dem passiven Wirken des Wassers und des Feuers sozusagen als Medium das neutrale Gleichgewicht herstellt. Durch die Wechselwirkung des aktiven und passiven Elementes des Feuers und Wassers ist alles erschaffene Leben Bewegung geworden. Das luftige Prinzip hat in seiner Vermittlerrolle vom Feuer die Eigenschaft der Wärme und vom Wasser die der Feuchtigkeit angenommen. Ohne diese beiden Eigenschaften wäre ein Leben nicht denkbar. Diese zwei Eigenschaften verleihen dem luftigen Prinzip ebenfalls zwei Polaritäten, und zwar in der positiven Auswirkung die lebenspendende und in der negativen die vernichtende Polarität.

Hierzu wäre noch zu sagen, daß es sich bei den genannten Elementen nicht um gewöhnliches Feuer, Wasser und um gewöhnliche Luft handelt, was eigentlich nur Aspekte der grobstofflichen Ebene sind, sondern es geht hier lediglich um Universaleigenschaften der Elemente.

Das Prinzip der Erde

Vom Luftprinzip ist gesagt worden, daß es kein eigentliches Element darstellt, und diese Behauptung gilt auch für das Prinzip der Erde. Das heißt also, daß aus der Wechselwirkung der drei erstgenannten Elemente das erdige Prinzip als das letzte Element entstanden ist, das durch seine spezifische Eigenschaft, die der Erstarrung, alle drei Elemente in sich einschließt. Gerade diese Eigenschaft hat den drei vorher genannten Elementen eine konkrete Form verliehen. Gleichzeitig ist aber dem Wirken der drei Elemente eine Grenze gezogen worden, so daß infolgedessen Raum, Maße, Gewicht und Zeit entstanden sind. Das gegenseitige Wirken der drei Elemente ist zusammen mit dem der Erde vierpolig geworden, so daß man das Erdprinzip als vierpoligen Magneten bezeichnen kann. Das Fluid in der Polarität des Erdelementes ist elektromagnetisch. Weil alle Elemente im vierten, also im erdigen Element wirksam sind, läßt sich alles erschaffene Leben erklären. Durch die Verwirklichung in diesem Element ist das FIAT entstanden: »Es werde« …

Das Licht

Dem Licht liegt das Feuerprinzip zugrunde. Ohne dieses wäre Licht niemals entstanden. Es ist deshalb ein Aspekt des Feuers. Jedes Feuerelement läßt sich in Licht umwandeln und umgekehrt. Deswegen birgt das Licht alle spezifischen Eigenschaften. Es ist leuchtend, durchdringend, expansiv.

Das Entgegengesetzte vom Licht ist die Dunkelheit. Diese ist aus dem Wasserprinzip entstanden. Sie hat die entgegengesetzten spezifischen Eigenschaften des Lichtes. Ohne Dunkelheit wäre Licht nicht nur nicht erkennbar, sondern es gäbe ohne Dunkelheit überhaupt kein Licht. Daraus ist zu ersehen, daß Licht und Dunkelheit aus dem Wechselspiel von zwei Elementen, also dem des Feuers und des Wassers, entstanden sind. Das Licht hat deshalb in seiner Auswirkung die positive Eigenschaft und die Dunkelheit die negative. Dieses Wechselspiel betätigt sich in allen Regionen.

Das Akasha- oder Ätherprinzip

Schon bei der Beschreibung der Elemente habe ich einige Male erwähnt, daß dieselben aus dem Ätherprinzip entstanden sind. Infolgedessen ist das Ätherprinzip das Höchste, Mächtigste, Unvorstellbare, das Ursein, der Urgrund aller Dinge und alles Erschaffenen; es ist, mit einem Wort gesagt, die Ursachensphäre. Darum ist Akasha auch raum- und zeitlos. Es ist das Nichterschaffene, das Unbegreifliche, das Undefinierbare. Die Religionen bezeichnen es mit Gott. Es ist die fünfte Kraft, die Urkraft; es ist das, was alles erschaffen hat und alles im Gleichgewicht hält. Es ist der Ursprung und die Reinheit aller Gedanken und Ideen, es ist die Ursachenwelt, in der sich alles Erschaffene erhält, von den höchsten Sphären angefangen bis hinab zu den niedrigsten. Es ist die Quintessenz der Alchimisten. Es ist Alles in Allem.

Die kabbalistischen Elementeschlüssel

Kabbalistisch werden die Elemente durch den Gebrauch von bestimmten Buchstaben zur Wirkung gebracht. Durch das Studium des Sefer Jezirah erhält der Leser ein tieferes Verständnis der Buchstaben und ihrer Gesetzmäßigkeiten, und er stößt zwangsläufig auf die »drei Mütter« Schin, Alef und Mem, die drei Grundbuchstaben der Elemente Feuer, Luft und Wasser. Schließlich ist der vierte Buchstabe, das Ä, zu erwähnen, der für das Erdelement, die grobstoffliche Welt, steht.

Die Buchstaben, die das Akasha verkörpern, sind

1. in der Urform das U,
2. das E,
3. in verdichteter Form das Y/Ü

(entspr. Hieroglyphen und Körperstellungen siehe Kapitel »Das Geheimnis der Buchstaben«).

1. Übung

In dieser Übung lernen Sie, das Akashaprinzip in Ihren Körper hineinzuatmen und dort zur Wirkung zu bringen.

- Setzen Sie sich in Ihren gewohnten Meditationssitz und vergegenwärtigen Sie sich Ihre Zentralröhre, so, wie Sie es in den Übungen des zweiten Practicus-Grades gelernt haben.
- Wenn Sie sich mit Ihrer Achse verankert fühlen und mehrere Atemzüge auf die beschriebene Art vollzogen haben, stellen Sie sich vor, daß sie jetzt das Zentrum des Universums sind.
- Dieses Universum ist raum- und zeitlos. Es ist angefüllt mit samtschwarzer Urenergie, dem Akasha, das sich noch nicht in irgendeiner Form Ausdruck verschafft hat. (Fürchten Sie sich nicht vor der schwarzen Farbe. Sie haben die U-Schwingung ja bereits in den Vokalübungen des ersten Practicus-Grades kennengelernt und diese als angenehm empfinden können.)
- Atmen Sie diesen Akashastrom nun durch Ihre astrale Achse, Ihre Zentralröhre, aus dem Universum ein, und verteilen Sie ihn im gesamten physischen Körper.
- Denken Sie dabei mit jedem Atemzug (ein Atemzug = einmal ein- und ausatmen): Ich bin verbunden mit dem Urstrom der Schöpfung. Ich beherrsche die Elemente Feuer, Luft, Wasser und Erde täglich immer besser. Ich beherrsche die Elemente auf der physischen Ebene und in

meinem Körper. Ich beherrsche die Elemente in meinem Astralleib und auf der Astralebene. Ich beherrsche die Elemente in meinem Mentalkörper und in der Mentalsphäre.

- Bei dieser Übung ist es wichtig, daß sie sich die genannten Sätze nicht nur gedanklich und halblaut vorsagen, sondern daß Sie zunächst einmal kraft der Einbildung – Imagination – versuchen, das tatsächliche Gefühl aufzubringen, daß Sie die Elemente wirklich beherrschen.
- Zweifeln Sie keinen Sekundenbruchteil an Ihrer Elementebeherrschung, die sich über alle Ebenen und Körper erstreckt.
- Versuchen Sie bitte, die Unterschiede der einzelnen Körper, physischer, astraler und mentaler, wahrzunehmen.
- Nehmen Sie zum Schluß die Körperstellung des U ein, und singen Sie das U einige Male mit ruhiger, monotoner Stimme.

Wiederholen Sie diese Übung mit den Akashabuchstaben E und Y/Ü so lange, bis Sie die unterschiedlichen Schwingungen der drei kabbalistischen Buchstaben deutlich wahrnehmen können. Seien Sie geduldig – in den alten Schulen wurde jeder Ton sechs bis zwölf Monate lang geübt, bevor man zum nächsten weitergehen durfte!

2. Übung

- Nachdem Sie nun in der Lage sind, Akasha qualitativ wie auch quantitativ in Ihren drei Körpern zu verdichten bzw. dort auszudehnen, üben Sie, die jeweilige Schwingung nach Ihrer Atemübung (erste Übung) aus Ihren Handflächen in ein vorbereitetes Glas mit frischem Wasser einfließen zu lassen.
- Übertragen Sie alle zuvor visualisierten Eigenschaften des jeweiligen kabbalistischen Buchstabens in das Wasser.
- Trinken Sie das Wasser schließlich mit der inneren Überzeugung, daß fortan jede Ihrer Zellen die von Ihnen gewünschten Eigenschaften dauerhaft in sich trägt – Sie somit selbst zu dem visualisierten Prinzip werden, es wahrhaft verkörpern.

Diese Übung ist mit der Eucharistie [Gegenwart Jesu in Wein und Brot bei der heiligen Kommunion] gleichzusetzen. Den Sinn dieser Übung und die Macht, die im Wort steckt, verstehen Sie noch besser, nachdem Sie sich mit der Forschungsarbeit des japanischen Wissenschaftlers Masaru Emoto auseinandergesetzt haben. Seine Veröffentlichungen sind derart beeindrukkend, daß sie von jedem Mystiker, Kabbalisten und Wahrheitsforscher beachtet werden sollten. Masaru Emoto belegt, daß Wasser lebt und die Fähigkeit hat, Gefühle und Informationen aufzunehmen. So ist das Wasser nicht nur Nahrungsmittel Nummer eins, sondern auch Informationsträger Nummer eins. Dies erklärt auch die Heilkräfte der heiligen Quellen, wie z.B. derer von Lourdes.

Emoto beschreibt und erklärt aus wissenschaftlicher Sicht, wie er die ungeahnten Kräfte des Wassers erfahren konnte. Emoto »informierte« Wasser und fror die Wassertropfen ein. Unter dem Mikroskop entstanden Kristallformen, die in ihrer Harmonie (oder Disharmonie) den Informationsgehalt überdeutlich veranschaulichten. Bedenken wir, daß wir zum überwiegenden Teil aus Wasser bestehen, so muß es uns zutiefst aufrütteln, wie jeder unserer Gedanken und jedes Wort – im Guten wie im Schlechten – vom eigenen Körper abgespeichert wird. Emoto demonstriert dem Wissenden die wahrhafte Macht des Wortes – und beweist so auch den Wahrheitsgehalt der Kabbalah!

3. Übung

- Auf gleiche Art und Weise wie in der ersten und zweiten Übung sind nun die vier Grundbuchstaben Sch, A, M und Ä zu üben.
- Statt daß Sie die Eigenschaften des Akashaprinzips visualisieren und sich aneignen, lesen Sie die jeweiligen Qualitäten dieser kabbalistischen Buchstaben nach, atmen sie dann ein und laden sie anschließend in ein Glas mit Wasser.
- Bitte vergessen Sie nicht, sich das zu diesem Element zugehörige Gefühl und Geräusch vorzustellen (siehe erster Practicus-Grad, S. 162), bemühen Sie sich, den spezifischen Ton der Notenskala (einigerma-

ßen) zu treffen (Sch = C, A = G, M = D, Ä = C) und den Elementegeruch zu riechen (S. 162).

- Wenn Sie nach langem Üben in der Lage sind, die physische Konsistenz des Wassers zu verändern, kann ich Ihnen nichts mehr beibringen. In der Praxis sähe das so aus, daß Sie mittels eines Thermometers prüfen, ob das Wasser bei Einwirkung des Feuerelements wärmer, bei Einwirken des Wasserelements kälter geworden ist. Bei Einwirkung des Luftelements sollte das gesamte Wasserglas, auf einer Feinwaage gemessen, leichter, bei Einwirkung des Erdelements entsprechend schwerer werden. Bei diesen Experimenten wird die tatsächliche Herrschaft über die Elemente – auch grobstofflich – erkennbar.

4. Übung

Will der Kabbalist vollkommene Herrschaft über das Feuerprinzip erreichen, d.h. die Macht über das Feuerelement im Akashaprinzip, auf der Mental- und der Astralebene sowie in der Materie, so kann er die vier unterschiedlichen Buchstaben auf die jeweilige Ebene verlegen und dort zur Verdichtung bringen. Bei den verbleibenden Elementen Luft, Wasser und Erde ist genauso zu verfahren, entsprechend der nachfolgenden Tabelle. *Niemals* darf allerdings nur ein Element geübt werden, da sonst ein ungewolltes Ungleichgewicht mit schweren Folgen auftreten könnte.

Buchstabenentsprechung des Elements Feuer

Akashaprinzip	–	Sch
Mentalebene	–	H
Astralebene	–	S
Materie	–	T

Buchstabenentsprechung des Elements Luft

Akashaprinzip	–	A
Mentalebene	–	C
Astralebene	–	L

Materie	–	H

Buchstabenentsprechung des Elements Wasser

Akashaprinzip	–	M
Mentalebene	–	N
Astralebene	–	W
Materie	–	G

Buchstabenentsprechung des Elements Erde

Akashaprinzip	–	Ä
Mentalebene	–	I
Astralebene	–	F
Materie	–	R

5. Übung

Nach oftmaligem Wiederholen der Übungen eins bis vier dieser Stufe können Sie auf gleiche Art und Weise die restlichen Buchstaben des Alphabets üben. Wenn Sie hier angelangt sind, ist Ihre Inspiration und Intuition bereits derart angewachsen, daß Ihnen selbst viele Ergänzungen zu dem bis hierhin Besprochenen einfallen und kaum mehr Fragen offenbleiben werden.

6. Übung

Ihre Aufgabe besteht nunmehr darin, jeden Buchstaben in ein elektromagnetisches Volt zu laden und dieses mit dem Wunsche zu imprägnieren, daß sämtliche dem Buchstaben zugeordneten Wirkungen und Fähigkeiten auf Sie selbst übertragen und die hierfür notwendigen Situationen aus dem Akashaprinzip heraus in allen drei Ebenen bis hinunter zur Materie geschaffen werden. Dieses elektromagnetische Volt können Sie getrost mit Sch, A und M laden, und wenn Sie eine schnelle grobstoffliche Wirkung erzielen wollen, fügen Sie noch das Ä hinzu. So entsteht im

Übungsraum eine Kugel, die im Kern das Sch beinhaltet, als zweite Schicht das A und als dritte Schicht das verdichtende wäßrige M. Das Ä bildet dann die äußere »harte« Schale des Voltes. Dieses Volt ist nun die Quantität [Kraft]. Danach lädt der Kabbalist einen oder mehrere Buchstaben in sein Volt, die Ausdruck der gewünschten Qualität sein sollen.

Diese Art, ein kabbalistisches Volt zu schaffen, entspricht dem Tetragrammaton, dem vierpoligen Magneten, und zählt zu den höchsten Formen, kabbalistisch schöpferisch zu wirken. Dies zu verstehen ist für den Kabbalisten äußerst wichtig. Ich bedaure es, daß Freunde nach vielen Jahren, gar Jahrzehnten kabbalistischen Übens aufgaben. Sie meinten, keinen Erfolg verzeichnen zu können und kein Weiterkommen zu erkennen. Ihr Fehler war, daß sie die sogenannte Dreisinnenkonzentration als unwichtig verwarfen und auch nicht erkannten, daß gerade das Voltieren, das Laden des Voltes, von entscheidender Bedeutung ist.

7. Übung

In seinem Buch »Der Schlüssel zur wahren Kabbalah« erwähnt Franz Bardon die sogenannten Dreierschlüssel, die ich nachstehend im originalen Wortlaut wiederhole. Kaum einem Praktiker nach Bardons Werken scheint aufgefallen zu sein, daß die Dreierschlüssel Bardons die Namen der sogenannten 72 Genien der Merkurzone oder Planetengenien sind (siehe Abb. von Athanasius Kircher am Anfang des Kapitels »Die hohe Kabbalah«). Dies läßt sich leicht beweisen, indem man die hebräische Schreibweise der Genien mit der deutschen nach Bardon vergleicht. Ebenfalls sind die von Bardon genannten Dreierschlüssel im sogenannten Sefer Raziel Hamelach erwähnt, einer antiken, lange verschollenen kabbalistischen Schrift.

Sind Sie in Ihrer Praxis bis hierhin vorgedrungen, so werden Sie wissen, wie Sie sich die Namen der Genien einen nach dem anderen einverleiben. Dies geschieht sowohl qualitativ mit den 72 Dreierkombinationen (Permutationen – siehe Kapitel »Sefer Jezirah«) als auch quantitativ durch die Anwendung der vierbuchstabigen »übergeordenten« Gottesnamen (siehe Tabelle S. 191). Auf diese Art und Weise entwickelt der

Kabbalist alle 72 Göttlichen Tugenden und Kräfte. Danach bildet er jedes Organ seines Körpers mittels der entsprechenden Buchstaben nach und erschafft sich den im Sefer Jezirah erwähnten Golem – seinen Lichtkörper.

Franz Bardon:

Aus den hier angeführten Analogien in Verbindung mit den vorherigen Buchstaben des Zweier- und Einserschlüssels kann sich der Quabbalist so viele Formeln zusammenstellen, als er zu haben wünscht. Er kann sich 17.576 Formeln mit den verschiedensten Feinheiten und Wirkungsmöglichkeiten aufbauen. Es ist logisch, daß er nicht alle Zusammenstellungen gebraucht. In den meisten Fällen wird er sich mit einigen begnügen und mit denselben reichlich auskommen. Der Seltsamkeit wegen führe ich einige Formeln des Dreierschlüssels an, welche ich nicht auf Grund der Universal-Analogie ermittelte, sondern die mir von einem sehr hohen Wesen anvertraut wurden. Nur der tatsächlich erfahrene Quabbalist höchsten Ranges ist in der Lage, die analogen Zusammenhänge zu ermitteln.

- *So z. B. weist die Formel SAL auf die drei Kräfte hin, welche in den drei Welten – mentale, astrale und grobstoffliche Welt – durch den barmherzigen Einfluß der Göttlichen Vorsehung wirksam sind. Diese drei Kräfte geben die Möglichkeit, auf Grund universaler Göttlicher Liebe vollkommener Herr in allen drei Reichen zu werden.*
- *ERJ ist eine weitere Formel des Dreierschlüssels, welche im Bewußtsein eines Quabbalisten das Erkennen der siebzig Eigenschaften in allen sieben Sphären ermöglicht. Die siebzig Grundeigenschaften sind siebzig in den sieben Sphären wirkende Stufen, welche – quabbalistisch angewendet – die verschiedensten Kräfte und Fähigkeiten erreichen lassen.*
- *MJH gibt die astrale Fähigkeit, in die geheimsten Analogien Göttlicher Namen und ihrer Buchstaben einzudringen. Die MJH-Formel wurde auch dem biblischen Moses von demselben hohen Wesen anvertraut, durch welches er befähigt wurde, die tiefsten quabbalistischen Kenntnisse zu erfahren und praktisch anzuwenden, so daß er alle seine Wunder auf Grund dieser Erkenntnis vollbringen konnte.*

- *HCHS als Formel quabbalistisch angewendet, läßt den Formelmagier die höchste Weisheit erreichen.*
- *EMN gibt die Fähigkeit, den Göttlichen Namen analog den zehn Kräften im Universum zu wissen und zu beherrschen. Mit der 72buchstabigen Namensbildung hat diese Formel jedoch nichts zu tun, da EMN eine geheime Formel ist und von hohen Wesen – Jupiterwesen – nur einzelnen hohen Eingeweihten anvertraut wird.*
- *Mit der Formel NNA wird dem Quabbalisten der dreidimensionale Segen – mentalisch, astralisch und grobstofflich – der Göttlichen Vorsehung zuteil.*
- *NJT verleiht dem Quabbalisten die Fähigkeit, absolute Wahrheit in jeder Beziehung durch die Göttliche Vorsehung zu erkennen.*
- *NMM ist das quabbalistische Geheimnis, welches die Kraft und Macht des Schweigens mit allen analogen Zusammenhängen betrifft.*
- *JLJ bedeutet, das höchste Licht der Göttlichkeit zu verstehen, zu empfangen und gleich Gott – dem Schöpfer – den Manifestationszustand des Glaubens zu besitzen, d.h. den höchsten Aspekt der Göttlichen Allmacht zu erreichen.*
- *HRCH ist eine göttliche quabbalistische Formel, welche für Lobpreisungen der Göttlichen Vorsehung bei verschiedenen Ritualen angewendet wird.*
- *MCR ist die Göttliche Manifestierung des Akashaprinzips in allen drei Reichen. Beim quabbalistischen Gebrauch dieser Formel erreicht man die Fähigkeit, in allen drei Reichen zugleich schöpferisch zu wirken.*
- *Die Formel WMB läßt die Kraft aufbringen, die ganzen Sphären nebst ihren Intelligenzen anzurufen und ihre Aufmerksamkeit auf sich zu lenken. Von dieser Formel darf jedoch nur im Augenblick der höchsten Gefahr Gebrauch gemacht werden.*
- *Will man kosmisch mit der Alliebe wirken, kann man sich der Formel JHH bedienen, mit welcher sich analog der Liebe alles realisiert, was sich der Quabbalist wünscht.*
- *MCHJ ist eine Anbetungsformel des Akashaprinzips aller drei Welten.*
- *Die Formel DMB läßt beim quabbalistischen Gebrauch alle sieben Grundkräfte der Sphären sich zu einer Kraft vereinigen und alles erreichen, was sich der Quabbalist wünscht.*
- *CHBW ist ein geheimer Name der Göttlichen Vorsehung mit ihren vier Aspek-*

ten. Bei allen quabbalistischen Anrufungen und Verehrungen, desgleichen, um normalerweise Unerreichbares zu erbitten, wird diese Formel angewendet.

- *Mit der Formel RAH können alle Vorsteher der zehn Sphären auf einmal angerufen und ihre Hilfe in Anspruch genommen werden. Von dieser Formel soll der Quabbalist jedoch nur in den seltensten Fällen Gebrauch machen, da die Verantwortung zu groß ist und ein eventueller Mißbrauch für ihn von großem Nachteil wäre. Der erfahrenste Quabbalist wird wohl von dieser Formel wissen, sich aber nur schwer entschließen, sich ihrer jemals unbegründet zu bedienen.*
- *Durch die quabbalistische Formel ELM wird die Allmacht erreicht, in allen Sphären und Ebenen schöpferisch zu wirken. Von dieser Formel macht der Quabbalist nur dann Gebrauch, wenn er von der Göttlichen Vorsehung eine Mission erhält, welche diese quabbalistischen Kräfte erfordert.*
- *Dasselbe gilt von der Formel MH SCH, welche in die Lage versetzt, die höchsten Wunder, die es überhaupt gibt, zu vollbringen.*
- *Durch die Formel AKA kann der erfahrene Quabbalist Tote wieder zum Leben erwecken.*
- *LAW beschwichtigt Meeresstürme. Bedient sich der Quabbalist dieser Formel, vermag er alle Wasserwunder zu vollbringen, z.B. auf dem Wasser gehen usw. Mit Hilfe dieser Formel konnte Moses das rote Meer teilen, um es mit seinem Volke trockenen Fußes und gefahrlos zu überschreiten.*
- *Moses wurde noch eine weitere Formel anvertraut, und zwar die MBH-Formel, welche ihn gleichfalls seine Wunderdinge vollbringen ließ.*
- *Mit der Formel HRJ wird die Göttliche Vorsehung in allen ihren Aspekten, in allen Reichen und Sphären angerufen, aber auch verehrt. Der Quabbalist, der eine Bitte mit dieser Formel quabbalistisch ausspricht, wird von der Göttlichen Vorsehung immer erhört. Allerdings muß er die vorgebrachte Bitte auch gesetzmäßig zu rechtfertigen wissen.*
- *Mit der Formel FHL wird die Göttliche Alliebe angerufen und alles erreicht, was durch den Aspekt der Göttlichen Liebe erreichbar ist.*
- *Auch die Formel MLH ist eine Göttliche Universalformel der Liebe, welche dem Formelmagier das Wirken der Göttlichen Liebe in allen Aspekten nahe-*

bringt und ihn in einen Zustand der höchsten Glückseligkeit Göttlicher Liebe versetzt.

- *Mit der Formel CH H Ve wird die Göttliche Vorsehung angerufen, welche die vier Elemente regiert. Der Quabbalist, der diese Formel quabbalistisch gebraucht, und zwar mentalisch, astralisch und auch grobstofflich – eucharistisch –, wird zum absoluten Herrn der vier Elemente in allen drei Reichen.*
- *JCH W drückt die absolute Macht Gottes aus. Der Quabbalist, der sich ihrer bedient, erhält die gleiche absolute Macht, wie sie der Schöpfer selbst besitzt. Ein Mißbrauch ist bei einem erfahrenen Quabbalisten, welcher mit dieser Formel arbeitet, ja nicht mehr zu befürchten. Würde sich dagegen ein unreiner und unreifer Mensch dieser Formel bedienen, dessen Absichten nicht mit den universalen Gesetzen in Einklang wären, müßte er mit einer absoluten Vernichtung seiner Persönlichkeit rechnen. Vorsicht ist daher immer am Platze!*
- *Die MND-Formel verlieh Moses und allen Propheten in den höchsten Prophetenschulen absolutes Wissen und erleuchtenden Verstand; außerdem die Erlaubnis, das höchste Wissen – wenn auch nur in Symbolform – der materiellen Welt zu hinterlassen. Ebendiese Formel war es, welche Moses die Erleuchtung brachte, als er die Tafel der Gesetze aufstellte.*
- *Durch die Formel HHH erreicht man die Fähigkeit, jedem Buchstaben eine derartige Kraft zu verleihen, die bis ins Akashaprinzip quabbalistisch wirksam ist.*
- *Mit der Formel JZH wird die Göttliche Barmherzigkeit in ihren höchsten Aspekten angerufen und ist überall dort zu gebrauchen, wo Gesetzmäßigkeit, Gerechtigkeit usw. nicht mehr ausreichen. JZH ist eine sehr hohe quabbalistische Formel!*

Für alle diese Formeln würde man schwer die analogen Zusammenhänge nach dem Universal-Schlüssel aufstellen. Die Zusammenhänge sind geheim und können nur traditionell wiedergegeben oder von Wesen höchsten Ranges einem Quabbalisten anvertraut werden. Es wurden mir auch solche Formeln anvertraut, die sehr gefährlich sind. Um einen eventuellen Mißbrauch zu verhüten, sehe ich davon ab, dieselben zu veröffentlichen. Wer die Reife erlangt und mit einer Göttlichen Mission betraut wird, kann noch sehr viele Geheimnisse in bezug auf die Formeln erfahren. Über alle Geheimnisse zu schreiben, ist mir nicht erlaubt worden, da nicht alle der dritten Tarotkarte entsprechen, sondern sich auf die weiteren Arkanen beziehen. Die hier von mir angegebenen Formeln habe ich ja auch nur ihrer Seltsamkeit wegen veröffentlicht. Zum wahren Gebrauch reicht theoretisches Wissen nicht aus, und derjenige, der versuchen wollte, diese Formeln ohne entsprechende Vorbereitung anzuwenden, würde nur eine große Enttäuschung erleben. Wer sich mit schlechten und eigennützigen Absichten dieser Formeln bedienen will, setzt sich der Strafe der Göttlichen Vorsehung aus, über welche ich erst gar nichts Näheres schreiben will. Er würde dadurch – wie die Bibel sagt – die Sünde wider den Geist begehen. (Franz Bardon: Der Schlüssel zur wahren Quabbalah)

Die Göttlichen Namen der 72 Genien der Merkurzone

Nr.	*Qualitätsschlüssel*	*Quantitätsschlüssel*	*Aussprache*
1	WHW	JHVH	Vehuiah
2	JLJ	AYDI	Jeliel
3	SJT	SchIAH	Sitael
4	ALM	ALLA	Elemiah
5	MHSch	TOTH	Mahasiah
6	LLH	ABGD	Lelahel
7	AKA	DODO	Achaiah
8	KHT	MOTI	Kahetel
9	HSJ	AGZI	Haziel (Aziel)
10	ALD	SIPI	Aladiah
11	LAW	DEUS	Lauviah
12	HHA	ZEUS	Hahaiah
13	JSL	BOOG	Jezalel
14	MBH	DIOS	Mebahel
15	HRJ	IDIO	Hariel
16	HKM	DIEU	Hakamiah
17	LAN	GOTH	Lanoiah
18	KLJ	BOOG	Kaliel
19	LWW	BOGI	Leuviah
20	PHL	TIOS	Pahaliah
21	NLK	BUEG	Nelekael
22	JJJ	GOOD	Jeiaiel
23	MLH	DIEH	Melahel
24	ChHW	ESAR	Hahuiah
25	NTH	ORSI	Nith-Haiah
26	HAA	AGDI	Haaiah
27	JRT	TEOS	Jerathel
28	SchAH	ADAD	Seeiah
29	RJJ	ZIMI	Reiiel
30	AWM	TUSA	Omael
31	LKB	TELI	Lekabel
32	WSchR	ANOT	Vasariah
33	JChW	AGAD	Jehuiah
34	LHCh	ANEB	Lehaiah
35	KWK	ANUP	Kevakiah
36	MND	ALLA	Menadel
37	ANJ	ABDA	Aniel
38	ChAM	AGLA	Haamiah

39	RHA	GOOT	Rehael
40	JJS	GOED	Jeiazel
41	HHH	GUDI	Hahahel
42	MJK	BIUD	Mikael
43	WWL	SOLU	Veubiah
44	JLH	BOSA	Jelahiah
45	SAL	HOBA	Sealiah
46	ARJ	PIUR	Ariel
47	ASchL	KANA	Asaliah
48	MJH	ZACA	Mihael
49	WHW	MORA	Vehuel
50	DNJ	POLA	Daniel
51	HChSch	BILA	Hahasiah
52	AMM	ABAG	Imamiah
53	NNA	OBRA	Nanael
54	NJT	BORA	Nithael
55	MBH	ALAI	Mebaiah
56	PWJ	ILLI	Poiel
57	NMM	POPA	Nemamiah
58	JJL	PARA	Jeialel
59	HRCh	ELLA	Harahel
60	MZR	GENA	Mizrael
61	WMB	SILA	Umabel
62	JHH	SUNA	Jah-Hel
63	ANW	MIRI	Amianuel
64	MChJ	ALLI	Mehiel
65	DMB	TARA	Damabiah
66	MNK	PORA	Manakel
67	AJA	BOGO	Eiaiel
68	ChBW	DEOS	Habuiah
69	RAH	DEOS	Rochel
70	JBM	ARIS	Jabamiah
71	HJJ	ZEUT	Haiel
72	MWM	KALO	Mumiah

SEFER JEZIRAH

Das Buch der Schöpfung

Das Buch der Schöpfung – Sefer Jezirah – ist das älteste und geheimnisvollste Buch aller bekannten kabbalistischen Texte. Sein Alter und seine Herkunft lassen sich nicht mit Bestimmtheit festlegen:

»Freilich wissen wir nicht genau, wann eigentlich dieser enigmatische Text entstanden ist, in dem die Bedeutung und Funktion der 32 Pfade der Weisheit dargelegt werden, d.h. der zehn Sefiroth oder Urzahlen und der zweiundzwanzig Konsonanten des hebräischen Alphabets.« (Gershom Scholem: Zur Kabbalah und ihrer Symbolik)

Die ersten Kommentare zum Sefer Jezirah wurden erst im zehnten Jahrhundert geschrieben, wobei der Text, auf den diese sich beziehen, dem sechsten Jahrhundert zugeordnet wird. Hinweise auf das Sefer Jezirah lassen sich allerdings bereits im ersten Jahrhundert finden, und der traditionelle Gebrauch der im Sefer Jezirah enthaltenen Geheimnisse taucht, biblisch dokumentiert, sogar schon im 18. Jahrhundert vor Christus auf.

Über das Sefer Jezirah werden viele Mythen erzählt, die seinen magischen Inhalt unterstreichen. Der bekannte Kabbalist Isaak der Blinde (1160–1236) betonte, daß das Sefer Jezirah keine Philosophie, sondern Göttliche Mysterien beinhalte. Alte Traditionen talmudischer Herkunft berichten davon, daß das Sefer Jezirah dazu benutzt werden kann, allerlei lebende Wesen zu erschaffen. Die bekannteste Überlieferung ist die Anleitung zur Erschaffung eines Golems, eines Hilfsgeistes oder Spiritus familiaris.

Das Sefer Jezirah ist in mehrere grundlegende Teile unterteilt. Das erste Kapitel beschreibt die zehn Sefiroth. Das zweite Kapitel beschreibt die 22 Buchstaben des Alphabets, die fünf phonetischen Familien und die sogenannten 231 Tore. Die Kapitel drei bis fünf sprechen über die drei Klassen der Buchstaben, der Mütter, der Doppelten und der Einfachen, die mit dem Universum, der Seele und dem Jahr verbunden sind, also ein astrologisches

System darstellen. Das sechste Kapitel gilt als das schwierigste und unverständlichste; bei ihm bleibt unklar, ob es eher theoretischer oder meditativer Natur ist.

Viele jüdische Kabbalisten alter und neuer Zeit schreiben die Schöpfung des Sefer Jezirah dem biblischen Abraham zu. Dies ist aber zu verneinen, da es sich dabei um ein universales Wissen handelt, das Abraham lediglich offenbart wurde, nicht aber aus dessen eigener »Feder« stammt. Unbestritten ist jedoch, daß Abraham im Besitz des Wissens über die Buchstaben und den Gebrauch der Schlüssel war. Dazu Genesis 12,5: *»Abraham ging, wie Gott es ihm geboten hatte, und Abraham nahm ... die Seelen, die sie in Haran gemacht hatten.«* Gemäß einigen Kommentaren deutet dies darauf hin, daß Abraham die Mächte des Sefer Jezirah tatsächlich verwendet hatte, um Menschen zu erschaffen. Dies wäre das früheste Beispiel für den Gebrauch des Sefer Jezirah zur Erschaffung eines Golem (Zitioni ebenda, Raavad zu Sefer Jezirah 6,4). Demnach hätte Abraham gelernt, wie man die Geheimnisse des Sefer Jezirah benutzte, bevor Gott ihm geboten hatte, Haran zu verlassen (*»Abraham verließ Haran auf Gottes Befehl, als er 75 Jahre alt war.«* Genesis 12,4). Nach Meinung der meisten Fachleute schloß Abraham mit Gott den Bund, der in Genesis 15 angeführt wird, als er 70 Jahre alt war, also bevor er Haran verließ. R. Eliezer aus Worms, Kommentar zum Sefer Jezirah: *»Dieser Bund mag mit dem System des Sefer Jezirah verwandt gewesen sein.«*). Eyn Midrasch sagt, daß Abraham, falls er allein mit den Geheimnissen der Schöpfung beschäftigt gewesen wäre, in der Nachahmung seines Schöpfers zu weit gegangen sei und deshalb mit Shem, dem Sohn des Noah, zusammengearbeitet habe (Pesikta Chadata, A. Jellinek: Bet HaMidrash. Leipzig, 1853). Alte Quellen identifizieren Shem als Melchisedek, König von Salem (hebräische Schreibweise: Malchizedek), der Abraham gesegnet und ihm viele der alten Überlieferungen gelehrt hatte (Genesis 14,18). Tatsächlich läßt sich sagen, daß der Bund mit Gott nichts anderes ist als die spirituelle Integration der 22 Buchstaben und 5 Vokale des Alphabets und somit des im Sefer Jezirah enthaltenen Wissens, das im Laufe dieses Buches als hohe Kabbalah abgehandelt wird. Als Erkennungs- und Einweihungssymbol wählte

Melchisedek die Darbringung von Brot und Wein – die Kommunion –, deren sich bekanntlich auch Jesus Emanuel, Jesus Christus (Christus bedeutet »von Gott gesalbt sein«), bediente und die von den christlichen Theologen eher entstellt als verstanden wird.

Ausschnitt einer von mir abgehaltenen Hochzeitsmesse in der kath. Schloßkirche von Aschaffenburg:

Bereits zur Zeit des Alten Testaments wurde die heilige Kommunion als Symbol der Verbindung mit dem Höchsten Gott gefeiert. So berichtet auch die Genesis (14,18–20):

... Und Melchisedek, König von Salem – der König des Friedens –, brachte Brot und Wein hervor. Er war Priester des Höchsten.

Blut- und Tieropfer der alten Religionen wurden damit überflüssig, denn der Wahre Gott liebt kein Schlachten seiner eigenen Schöpfung. Und so gingen die Menschen durch Melchisedek einen neuen und erhabenen Bund ein, dessen höchstes Symbol das Opfern von Brot und Wein war.

Dies hat sich vor etwa viertausend Jahren zugetragen. Zweitausend Jahre später erschien Joshua Emanuel der Christ. Er war Hohepriester in der Ordnung des Melchisedek und erneuerte den heiligen Bund zwischen den Menschen und der Göttlichen Vorsehung. Und so wurde die heilige Kommunion auch Symbol der Christenheit.

Doch ist sie nur ein Symbol? Brot und Wein sind nach der Segnung – oder Wandlung, wie es im christlichen Glauben genannt wird – tatsächlich Trägermedium einer geistigen Idee, einer Energie, die durch die körperliche Aufnahme, durch das Essen und Trinken aufgenommen wird. Dadurch entsteht im Menschen eine Umwandlung – eine innere Alchimie, ein Sich-dem-Göttlichen-Annähern.

Nur ein wahrer Priester, der die Priesterwürde tatsächlich in sich trägt, ist in der Lage, diese Wandlung – die Einverleibung des Göttlichen Segens – in Brot und Wein durchzuführen. Danach wird sich die Opferspeise in Geruch und Geschmack verändern.

Nun feiern wir die Kommunion mit der Göttlichen Vorsehung durch Brot und Wein, wie es Melchisedek vor viertausend Jahren tat und Jesus Emanuel der Christ es wiederholte und wieder ins Gedächtnis der Menschheit brachte.

Offensichtlich verließ Abraham den Pfad der Göttlichen Magie und der Kabbalah und bediente sich niederer Götzen und Gottheiten. An dieser Stelle wage ich zu behaupten, daß hier die Wurzeln des Blutopfers [Tieropfer und blutige Beschneidung] zu finden sind, deren sich immer noch einige Weltreligionen, die sich auf Abrahams Stammvaterschaft berufen, bedienen. Der Talmud sagt hierzu, daß Abraham eine Abhandlung besaß, die vom Götzendienst handelte und aus 400 Kapiteln bestand*. Er berichtet in der Genesis 25,6, Abraham habe sich der Mysterien bedient, welche »unsaubere Namen«, sprich: dämonische, enthielten. Diese unsauberen Namen, also Schwarzmagie, lehrte Abraham den Kindern seiner Nebenfrauen. Daß sich das »theurgische« Wissen [griechisch: theos = Gott, ergos = Werk] im Laufe der Jahrzehnte und Jahrhunderte mit dem »unsauberen« vermischte, ist einleuchtend. Unbestritten ist auch, daß Abraham einer der größten Astrologen seiner Zeit war, dem die Geheimnisse des alten Ägyptens, wo er u.a. lebte, wie auch Mesopotamiens, wo er geboren worden war, vertraut waren (Aryeh Kaplan: Sefer Jezirah).

Einigen Überlieferungen zufolge unterrichteten die Essener einige der talmudischen Meister. Von ihnen, den Essenern, ist bekannt, daß sie die Namen der Engel kannten und benutzten, um allerlei okkulte Künste, wie beispielsweise die Prophetie, die Weissagung, zu erlernen. Demnach waren die Essener, die teilweise mit den Pythagoräern verglichen werden, vor der Entstehung des Talmuds im Besitz der kabbalistischen Schlüssel.

Den alten Schriften nach lebte 12 bis 132 n.Chr. ein Rabbi Akiba, der von Rabbi Yehoshua in die Tradition der heiligen Merkava [»Das Göttliche Fahrzeug«, es enthält meditative Methoden, um in die höheren spirituellen Ebenen emporzusteigen] und viele andere wichtige okkulte Schlüssel eingeweiht wurde. Dieser Rabbi Yehoshua kann als Jesus Emanuel ben Yusuph [Christus] identifiziert werden.

Jesus war unbestrittener Meister der esoterischen, der hohen Kabbalah.

---

* Avodah Zarah 14b, Yehudah ben Barzilai – Barceloni, 1082–1148: Ein ausführlicher, hauptsächlich philosophischer und talmudischer Kommentar, der zahllose frühere Quellen anführt, speziell die Saadia Gaon. Ein bemerkenswertes Quellenbuch zur früheren Theologie; herausgegeben von Shlomo Zahlman Chaim Halbersta. Berlin 1885

Er war es, der Johannes das gesamte Wissen der Inneren Schulen offenbarte. Petrus sollte der exoterische Repräsentant des Christentums werden; in seiner Nachfolge stehen bekanntlich der Pontifex maximus, der Papst, mit dem gesamten vatikanischen Gefolge. Johannes hingegen war und ist Vertreter des esoterischen Christentums. Seine Kenntnisse von der Macht des Wortes fallen dem aufmerksamen Leser der von ihm verfaßten Apokalypse auf.

Nach seiner Auferstehung sprach Jesus über die Unsterblichkeit des Johannes. Nach der Überlieferung hält sich Johannes unter den Eingeweihten auf in Agartha – es entspricht Shamballah, dem spirituellen Reich, im tibetischen Buddhismus –, um dort die Zeit abzuwarten, bis er sich wieder offenbaren soll. Jesus bereitete Johannes auf eine bestimmte Mission vor, die dieser ohne die Kenntnis von der Anwendung der kabbalistischen Schlüssel nicht hätte erfüllen können. So ist es auch unmöglich, die Apokalypse des Johannes auch nur annähernd zu interpretieren, geschweige denn zu verstehen, ohne über genauste kabbalistische Kenntnisse zu verfügen.

Durch alle Zeiten hindurch wurde das Sefer Jezirah, das Schlüsselbuch der Kabbalah, von einzelnen Eingeweihten streng gehütet und der wahre Inhalt nur ausgewählten Schülern mündlich weitergegeben. Es wurden sogar absichtlich Falschversionen in Umlauf gebracht, um vom Original abzulenken und Verwirrung zu stiften.

Der nun folgende Text des Sefer Jezirah ist eine von zahlreichen Versionen, die im Laufe der Jahrhunderte verbreitet wurden. An einigen Stellen, die meiner Meinung nach fehlerhaft waren, wurde der Text von mir korrigiert, verändert oder vereinfacht.

1,1 *Auf 32 mystischen Wegen der Weisheit graviere Yah, der Herr der Heerscharen, mit drei Büchern, durch Text, durch Zahl und durch Mitteilung.*

1,2 *Zehn Sefiroth des Nichts und 22 grundlegende Buchstaben: drei Mütter, sieben Doppelte und zwölf Einfache.*

1,3 *Zehn Sefiroth des Nichts: Die Anzahl der zehn Finger, fünf gegenüber fünf, mit einem einzigen Bund genau in der Mitte, durch die Beschneidung der Zunge und durch die Beschneidung des Membrum.*

1,4 *Zehn Sefiroth des Nichts: zehn und nicht Neun; zehn und nicht Elf. Verstehe mit Weisheit, und sei weise mit Verständnis. Prüfe mit ihnen und forsche aus ihnen, stelle jedes Ding auf seine Essenz, und laß den Schöpfer an seinem Ort sitzen.*

1,5 *Zehn Sefiroth des Nichts: Ihr Maß ist zehn; deren keine Grenze ist. Eine tiefe des Anfangs, eine Tiefe des Endes; eine Tiefe des Guten, eine Tiefe des Bösen; eine Tiefe oben, eine Tiefe drunten, eine Tiefe des Ostens, eine Tiefe des Westens; eine Tiefe des Nordens, eine Tiefe des Südens. Ein einziger Herr, Gott treuer König, herrscht über sie alle aus Seiner heiligen Wohnstätte bis in die ewigen Ewigkeiten.*

1,6 *Zehn Sefiroth des Nichts: Ihr Gesicht ist wie das Erscheinen des Blitzes, ihr Ziel hat kein Ende. Sein Wort in ihnen ist hin und her laufen. Auf Seine Rede hin eilen sie wie ein Sturmwind, und vor Seinem Thron werfen sie sich nieder.*

1,7 *Zehn Sefiroth des Nichts: Ihr Ende ist in ihrem Anfang enthalten, und ihr Anfang ist in ihrem Ende, wie eine Flamme in einer brennenden Kohle. Denn der Herr ist einzigartig, Er hat keinen Zweiten. Und vor Eins, was zählst du?*

1,8 *Zehn Sefiroth des Nichts: Verschließe deinen Mund, daß er nicht rede, und dein Herz, daß es nicht denke. Und wenn dein Herz entläuft, kehre zu-*

rück an den Ort, wie es geschrieben steht: die Chayot laufen hin und her, deshalb wurde ein Bund geschlossen.

1,9 *Zehn Sefiroth des Nichts: Eins ist der Geist des lebendigen Gottes, gesegnet und abermals gesegnet sei der Name des Lebens der Welten. Stimme, Geist und Rede. Dies ist der Heilige Geist.*

1,10 *Zwei: Geist aus Geist. Damit graviere und meißle 22 Grundlegende Buchstaben – drei Mütter, Sieben Doppelte und Zwölf Einfache – und ein Geist ist von ihnen.*

1,11 *Drei: Wasser aus Geist. Damit graviere und meißle Chaos und Leere, Schlamm und Lehm. Graviere sie nach Art eines Gartens. Hau sie nach Art einer Mauer, decke sie nach Art eines Daches.*

1,12 *Vier: Feuer aus Wasser. Damit graviere und meißle den Thron der Herrlichkeit, Serafim, Ofanim, heilige Chayot und dienende Engel. Aus diesen dreien errichte Seine Wohnung.*

1,13 *Fünf: Mit drei der einfachen Buchstaben versiegele Oben. Wähle drei und plaziere sie in Seinem großen Namen: Jod He Vav. Mit ihnen versiegele die sechs Enden. Wende dich aufwärts und versiegele mit Jod He Vav:*
Sechs: Versiegle Unten und wende dich abwärts und versiegele es mit He Jod Vav.
Sieben: Versiegele Osten und wende dich direkt nach Vorn und versiegele mit Vav Jod He.
Acht: Versiegele Westen und wende dich nah Hinten und versiegele mit Vav He Jod.
Neun: Versiegele Süden und wende dich zur Rechten und versiegele mit Jod Vav He.
Zehn: Versiegele Norden und wende dich zur Linken und versiegele mit He Vav Jod.

1,14 *Das sind die Zehn Sefiroth des Nichts: Der Geist des lebendigen Gottes. Geist, Wasser, Feuer, Oben, Unten, Ost, West, Nord und Süd.*

2,1 *Zweiundzwanzig Grundlegende Buchstaben: Drei Mütter, Sieben Doppelte und Zwölf Einfache. Die Drei Mütter, Alef Mem Schin, ihre Grundlage die Schale des Verdienstes, die Schale der Schuld, und die Zunge des Gesetzes entscheidet zwischen ihnen.*

2,2 *Zweiundzwanzig Grundlegende Buchstaben: Graviere sie, meißle sie, wiege sie, permutiere sie, und mit ihnen bildete die Seele von allem, was geschaffen ward, und allem, was in Zukunft geschaffen wird.*

2,3 *Zweiundzwanzig Grundlegende Buchstaben: Sie werden mit Stimme graviert, gemeißelt mit Geist, und im Mund an fünf Orten plaziert: Alef Chet He Ajin, Gimmel Jod Kav, Beth Vav Mem Pe, Dalet Tet Lamed Nun Tav, Sajin Samech Schin Resch Zadi.*

2,4 *Zweiundzwanzig Grundlegende Buchstaben: Sie werden im Kreis wie 231 Tore angeordnet. Und das ist ein Zeichen: Es gibt im Guten nichts über Freude (Ajin Nun Gimmel), und es gibt im Bösen nichts unter Plage (Nun Gimmel Ajin).*

2,5 *Wie? Wiege sie und permutiere sie, Alef mit allen und alle mit Alef; Bet mit allen und alle mit Bet. Sie wiederholen sich in einem Kreis. Denn alles Geschaffene und alles Gesprochene ging aus einem Namen hervor.*

2,6 *Erschaffe Wirklichkeit aus dem Chaos und mache das Nichts zum Sein, Haue große Säulen aus Luft, die nicht faßbar ist. Dies ist das Zeichen: Einer schaut, transformiert und schafft alles Geschaffene und alle Worte aus einem Namen. Und ein Zeichen dafür: Zweiundzwanzig Dinge in einem einzigen Körper.*

3,1 *Drei Mütter: Alef, Mem und Schin: Ihre Grundlage ist die Schale des*

Verdienstes, die Schale der Schuld, und die Zunge des Gesetzes entscheidet zwischen ihnen.

3,2 *Drei Mütter: Alef, Mem und Schin: Ein großes, mystisches, verborgenes Geheimnis, versiegelt mit sechs Ringen. Und aus ihnen gehen hervor Feuer und Wasser, sich selbst in Mann und Weib trennend. Drei Mütter, Alef Mem Schin, sind ihre Grundlage, und aus ihnen sind Väter geboren, aus denen alles erschaffen wurde.*

3,3 *Drei Mütter: Alef, Mem und Schin, sind im Universum Luft, Wasser und Feuer. Himmel wurde aus Feuer erschaffen, Erde wurde aus Wasser erschaffen, und das Gemäßigte aus Geist entscheidet zwischen ihnen. Drei Mütter, Alef, Mem und Schin, sind in der Seele Feuer, Wasser und Geist. Der Kopf ist aus Feuer erschaffen, der Bauch ist aus Wasser erschaffen, und die Brust, geschaffen aus Geist, entscheidet zwischen ihnen.*

3,4 *Drei Mütter: Alef, Mem, Schin, sind im Jahr Feuer, Wasser und Geist. Das Heiße wird aus Feuer erschaffen, das Kalte wird aus Wasser erschaffen, und das Gemäßigte aus Geist entscheidet zwischen ihnen.*
Drei Mütter: Alef, Mem, Schin, sind in der Seele Feuer, Wasser und Geist. Der Kopf ist aus Feuer erschaffen, der Bauch ist aus Wasser erschaffen, und die Brust, geschaffen aus Geist, entscheidet zwischen ihnen.

3,5 *Drei Mütter: Alef, Mem und Schin, graviere sie, meißle sie, permutiere sie, und mit ihnen versiegele drei Mütter im Universum, drei Mütter im Jahr und drei Mütter in der Seele, Mann und Weib.*

3,6 *Mache Alef zum König über Atem, binde ihm eine Krone um und verbinde einen mit dem anderen. Und mit ihnen versiegele Luft im Universum, das Gemäßigte im Jahr und die Brust in der Seele, den Mann mit Alef Mem Schin und das Weib mit Alef Schin Mem.*

3,7 *Mache Mem zum König über Wasser, binde ihm eine Krone um und ver-*

binde einen mit dem anderen. Und mit ihnen versiegele Erde im Universum, das Kalte im Jahr und den Bauch in der Seele, den Mann mit Mem Alef Schin und das Weib mit Mem Schin Alef.

3,8 *Mache Schin zum König über Feuer, binde ihm eine Krone um und verbinde einen mit dem anderen. Und mit ihnen versiegele Himmel im Universum, das Heiße im Jahr und den Kopf in der Seele, den Mann mit Mem Alef Schin und das Weib mit Mem Schin Alef.*

4,1 *Sieben Doppelte: Beth, Gimmel, Dalet, Kav, Pe, Resch, Tav: Ihre Grundlage ist Leben, Frieden, Weisheit, Reichtum, Schönheit, Saat, Herrschaft. Jeder hat zwei Töne: Beth–Veth, Gimmel–Ghiml, Dalet–Dhalet, Kav–Chav, Pe–Fe, Resch–Rhesch, Tav–Thau. Ein Gefüge aus Weich und Hart, Stark und Schwach, doppelt, weil sie sich wandeln. Der Wandel von Leben ist Tod, der Wandel von Frieden ist Übel, der Wandel von Weisheit ist Torheit, der Wandel von Reichtum ist Armut, der Wandel von Schönheit ist Häßlichkeit, der Wandel von Saat ist Wildnis, der Wandel von Herrschaft ist Sklaverei.*

4,2 *Sieben Doppelte: Beth, Gimmel, Dalet, Kav, Pe, Resch, Tav: Sieben und nicht sechs, sieben und nicht acht. Prüfe mit ihnen und forsche mit ihnen, stelle jedes Ding auf seine Essenz und laß den Schöpfer an seinem Ort sitzen.*

4,3 *Sieben Doppelte: Beth, Gimmel, Dalet, Kav, Pe, Resch, Tav entsprechen den sechs Richtungen. Dies sind die sechs Richtungen: Oben, Unten, Osten, Westen, Norden, Süden. Und der heilige Palast exakt in der Mitte trägt sie alle.*

4,4 *Sieben Doppelte: Beth, Gimmel, Dalet, Kav, Pe, Resch, Tav, graviere sie, meißle sie, permutiere sie, als Planeten im Universum, Tage im Jahr, und Tore in der Seele.*

4,5 *Wie? Mache Beth zum König über Leben, binde ihm eine Krone um und stelle damit Saturn im Universum dar, Samstag im Jahr und das rechte Auge in der Seele.*

4,6 *Mache Gimmel zum König, binde ihm eine Krone um und stelle mit ihm Jupiter im Universum dar, Donnerstag im Jahr und das linke Auge in der Seele.*

4,7 *Mache Dalet zum König, binde ihm eine Krone um und stelle mit ihm Mars im Universum dar, Dienstag im Jahr und das rechte Ohr in der Seele.*

4,8 *Mache Kav zum König, binde ihm eine Krone um, und stelle mit ihm die Sonne im Universum dar, Sonntag im Jahr und das linke Ohr in der Seele.*

4,9 *Mache Pe zum König, binde ihm eine Krone um und stelle mit ihm Venus im Universum dar, Freitag im Jahr und das rechte Nasenloch in der Seele.*

4,10 *Mache Resch zum König, binde ihm eine Krone um und stelle mit ihm den Merkur im Universum dar, Mittwoch im Jahr und das linke Nasenloch in der Seele.*

4,11 *Mache Tav zum König, binde ihm eine Krone um und stelle mit ihm den Mond im Universum dar, den Montag im Jahr und den Mund in der Seele.*

4,12 *Sieben Doppelte, wie permutiert man sie? Zwei Steine errichten zwei Häuser, drei errichten sechs Häuser, vier errichten 24 Häuser, fünf errichten 120 Häuser, sechs errichten 720 Häuser, und sieben errichten 5040 Häuser. Von hier an fahre fort und berechne das, was der Mund nicht sagen kann und das Ohr nicht hören kann.*
Dies sind die sieben Planeten im Universum: Sonne, Venus, Merkur, Mond, Saturn, Jupiter, Mars. Dies sind die sieben Tage im Jahr: die sieben Tage der Schöpfung. Und die sieben Tore in der Seele sind die beiden Augen, die beiden Ohren, die beiden Nasenlöcher und der Mund. Und mit ihnen

wurden die sieben Firmamente, die sieben Erden, die sieben Stunden graviert. Sieben ist daher für jede Sehnsucht unter dem Himmel geliebt.

5,1 *Zwölf Einfache: He, Vav, Sajin, Chet, Tet, Jod, Lamed, Nun, Samech, Ajin, Zadi, Kuf. Ihre Grundlage ist Sehen, Hören, Geruch, Sprache, Geschmack, Beischlaf, Handlung, Bewegung, Zorn, Gelächter, Denken und Schlaf. Ihre Grundlage sind die zwölf diagonalen Grenzen: die Nordostgrenze, die Südostgrenze, die obere nördliche Grenze, die untere östliche Grenze. Sie dehnen sich unaufhörlich aus. Sie sind die Arme des Universums.*

5,2 *Zwölf Einfache: He, Vav, Sajin, Chet, Tet, Jod, Lamed, Nun, Samech, Ajin, Zadi, Kuf. Graviere sie, meißle sie, wiege sie, permutiere sie und vertausche sie, und mit ihnen bilde die zwölf Sternbilder im Universum: Widder, Stier, Zwillinge, Krebs, Löwe, Jungfrau, Waage, Skorpion, Schütze, Steinbock, Wassermann, Fische. Die zwölf Monate im Jahr: März, April, Mai, Juni, Juli, August, September, Oktober, November, Dezember, Januar und Februar; und die zwölf Vorsteher in der Seele.*

5,3 *Drei Mütter, die drei Väter sind, aus denen Feuer, Geist und Wasser hervorgehen. Drei Mütter, sieben Doppelte und Zwölf Einfache.*

5,4 *Dies sind die zweiundzwanzig Buchstaben, die vom seligen Heiligen, der in Ewigkeit wohnt, dessen Name heilig ist.*

6,1 *Es gibt die Väter und ihre Nachkommen, sieben sind die Planeten und ihre Heerscharen, und zwölf sind die diagonalen Grenzen. Und der Beweis dafür, wahrer Zeuge, sind das Universum, das Jahr und die Seele. Er verfügte Zwölf, Zehn, Sieben und Drei, und er ernannte sie im Teli, im Kreis und im Herzen. Die Drei sind Feuer, Wasser und Geist; Feuer oben, Wasser unten, Geist, das Gesetz, das zwischen ihnen entscheidet. Ein Zeichen dafür ist, daß Feuer Wasser trägt. Mem summt, Schin zischt und Alef ist das Gesetz, das zwischen ihnen entscheidet.*

6,2 *Der Teli im Universum ist wie ein König auf seinem Thron. Der Kreislauf im Jahr ist wie ein König in der Provinz. Das Herz in der Seele ist wie ein König im Krieg.*
Diesen hat Gott geschaffen wie jenen. Gut gegenüber Böse, Böse gegenüber Gut, Gutes von Gutem, Böses von Bösem. Gutes macht Böses erkennbar, und Böses macht Gutes erkennbar. Gutes ist den Guten vorbehalten, und Böses ist den Bösen vorbehalten.

6,3 *Drei: Jeder steht allein. Sieben sind getrennt, drei gegenüber drei, mit einem Gesetz zwischen ihnen entscheidend. Zwölf sind im Krieg: drei, die lieben, drei, die hassen, drei, die Leben spenden, und drei, die töten. Die drei, die lieben sind das Herz, die Ohren und der Mund; die drei, die hassen, sind die Leber, die Gallenblase und die Zunge. Und Gott, der getreue König, herrscht über sie alle. Einer über drei, drei über sieben, sieben über zwölf, und alle sind gebunden, einer an den anderen.*

6,4 *Und als Abraham, unser Vater, schaute, sah er, erblickte er, versenkte er sich, verstand, gravierte, meißelte, permutierte und stellte dar, und er war erfolgreich. Und der Meister von allem, gesegnet sei Er, enthüllte Sich Selbst vor ihm und setzte ihn in Seinen Busen. Er schloß einen Bund zwischen den zehn Zehen seiner Füße – das ist der Bund der Beschneidung – und zwischen den zehn Fingern seiner Hände – das ist der Bund der Zunge. Er band die zweiundzwanzig Buchstaben an seine Zunge und enthüllte ihre Grundlage. Er zeichnete sie in Wasser, flammte sie mit Feuer, erregte sie mit Geist. Er brannte sie mit den Sieben Planeten und leitete sie mit den zwölf Sternbildern.*

Die Deutung des Sefer Jezirah

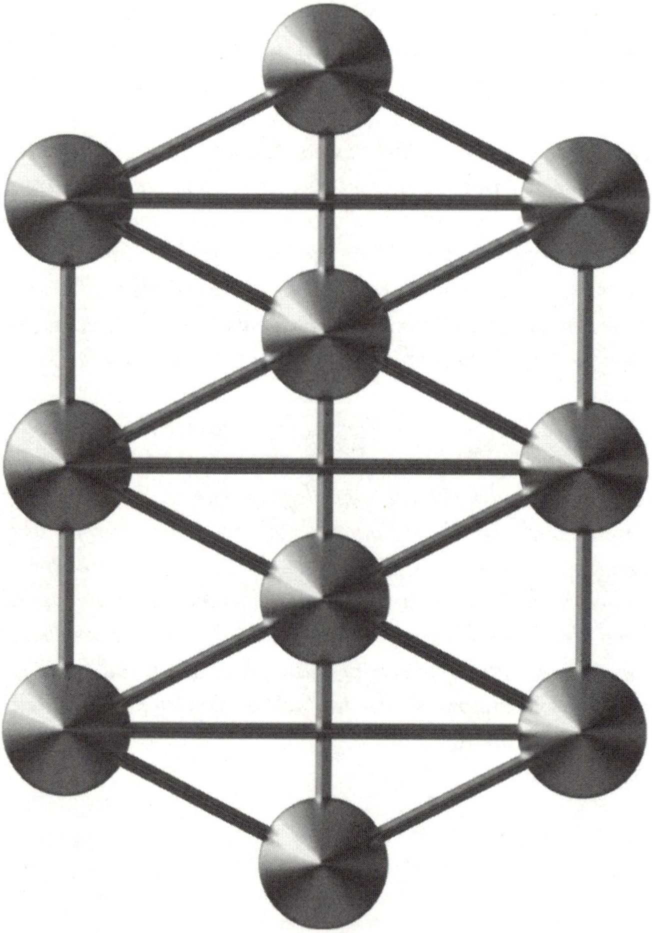

Kapitel 1
Die Sefiroth

1,1 *Auf 32 mystischen Wegen der Weisheit graviere JAH der Herr der Heerscharen mit drei Büchern, durch Text, durch Zahl und durch Mitteilung.*

Um den Bund mit Gott einzugehen, also eine höhere Erkenntnis zu erreichen, graviere – gemeint ist: manifestiere in dir selbst, mache zu einem Teil deiner selbst – die 32 mystischen Wege durch die richtige Anwendung der Buchstaben, die den geheimen Namen Gottes ausmachen. Diese 32 Wege werden allgemein als kabbalistischer Lebensbaum dargestellt. Es sind die zehn Ziffern – Planetenkräfte –, die sich in den Vokalklängen von A, E, I, O, U verbergen und als Sefiroth dargestellt werden, sowie die 22 Buchstaben des (hebräischen) Alphabets, die den sogenannten Pfaden entsprechen.

Jeder der 32 Pfade der Weisheit beschreibt einen bestimmten Bewußtseinszustand, den der übende Kabbalist in sich zu erzeugen und zu beherrschen hat. Auf den menschlichen Körper bezogen stehen die 32 Pfade in direktem Zusammenhang mit dem zentralen Nervensystem. 31 Pfade entsprechen den 31 Nerven, die der Wirbelsäule entspringen. Der 32. und höchste Pfad hat seine Entsprechung in den insgesamt 12 Cranialis-Nerven [Hirnnerven].

Soll die Anwendung der kabbalistischen Schlüssel Bewußtseinsveränderungen hervorrufen, so wird schnell klar, daß sich dadurch natürlich auch die Nerven des menschlichen Körpers in ihrer Leistung und Arbeit verändern. Das Nervensystem wird überaus zäh und widerstandsfähig. Dem hellsichtigen Auge wird die sich stark vergrößernde Aura – Seelenstrahlung – eines Kabbalisten auffallen. Sie vermag sich, statt auf den üblichen Durchschnitt von einem Meter beschränkt zu sein, auf bis zu viele Kilometer auszudehnen.

Meine jahrelange Praxis in kabbalistischen Übungen brachte beispielsweise den kleinen Nebeneffekt, daß keine mechanische oder automatische Armbanduhr bei mir imstande zu sein scheint, die Zeit korrekt an-

Die 32 Pfade der Genesis		Zuordnung im Lebensbaum	Sefiroth und Buchstabenfamilie
1.	Am Anfang schuf Gott	Kether	1. Sefirah
2.	Der Geist Gottes schwebte	He	1. Einfacher
3.	Gott sprach, es werde Licht	Chochmah	2. Sefirah
4.	Gott sah, daß das Licht gut war	Beth	1. Doppelter
5.	Gott schied das Licht von der Dunkelheit	Vav	2. Einfacher
6.	Gott nannte das Licht Tag	Sajin	3. Einfacher
7.	Gott sprach, es werde eine Feste	Binah	3. Sefirah
8.	Gott schuf die Feste	Alef	1. Mutter
9.	Gott nannte die Feste Himmel	Chet	4. Einfacher
10.	Gott sprach, es sammle sich das Wasser	Chessed	4. Sefirah
11.	Gott nannte das Trockene Erde	Tet	5. Einfacher
12.	Gott sah, daß es gut war	Gimmel	2. Doppelter
13.	Gott sprach, es grüne die Erde	Geburah	5. Sefirah
14.	Gott sah, daß es gut war	Dalet	3. Doppelter
15.	Gott sprach, es werden Lichter	Tifereth	6. Sefirah
16.	Gott schuf zwei Lichter	Mem	2. Mutter
17.	Gott setzte sie an die Feste	Jod	6. Einfacher
18.	Gott sah, daß es gut war	Kav	4. Doppelter
19.	Gott sprach, es wimmele das Wasser	Netzach	7. Sefirah
20.	Gott schuf große Walfische	Lamed	7. Einfacher
21.	Gott sah, daß es gut war	Pe	5. Doppelter
22.	Gott segnete sie und sprach	Nun	8. Einfacher
23.	Gott sprach, die Erde bringe hervor lebendiges Getier	Hod	8. Sefirah
24.	Gott schuf die Tiere des Feldes	Schin	3. Mutter
25.	Gott sah, daß es gut war	Resch	6. Doppelter
26.	Gott sprach, lasset uns Menschen machen	Jesod	9. Sefirah
27.	Gott schuf den Menschen	Samech	9. Einfacher
28.	Nach dem Bilde Gottes schuf Er ihn	Ajin	10. Einfacher
29.	Gott segnete sie	Zadi	11. Einfacher
30.	Gott sprach, seid fruchtbar und mehret euch	Malkhut	10. Sefirah
31.	Gott sprach, sehet, ich habe euch gegeben	Kuf	12. Einfacher
32.	Gott sah alles, was er geschaffen hatte	Tav	7. Doppelter

zugeben. Sie scheint bei mir schneller zu laufen: Meine Uhren gehen, wenn ich sie am Arm trage, über dreißig Minuten, manchmal sechzig Minuten pro Tag vor.

Pfade

Das hebräische Wort für »Pfade« lautet Netivot. Gemeint sind damit individuelle Wege, die von jedem persönlich entdeckt und gegangen werden müssen. Das Wort hat in seiner Einzahl Netiv – Pfad – den Zahlenwert 462. Vierhundertzweiundsechzig entspricht zweimal den 231 Toren, die später bei 2,4 näher besprochen werden.

Meister Bardon erwähnte die Zahl 462 des öfteren als wichtigen kabbalistischen Schlüssel, den zur Realisierung von Zielen, seien sie magischer oder kabbalistischer Natur, zu kennen besonders bedeutungsvoll ist. Die Zahl 400, der Buchstabe T [Tav], bedeutet Kreuz, also steht er für die Materie und die materielle Welt. Sechzig entspricht dem Buchstaben S [Samech] und steht für die astrale Welt, die Zahl Zwei entspricht dem Buchstaben B [Beth] und steht für die Mentalwelt. Um in allen drei Reichen schöpferisch zu wirken, sei es für sich oder andere, ist gemäß diesem Schlüssel jedes Ritual oder kabbalistische Wort 462mal zu wiederholen. Im praktischen Teil dieses Buches finden Sie diese Zusammenhänge genauer besprochen (ab S. 103).

Mystisch

Im Hebräischen werden die Pfade auch Peliyot genannt. Peliyot stammt von der Wortwurzel Pala, was als »verborgen sein« oder »getrennt von der Welt« übersetzt werden kann; Peleh bedeutet »Wunder«. Peliyot drückt aus, daß es sich bei den Pfaden um geheime, verborgene Zustände handelt, um das, was nicht offensichtlich ist.

Weisheit

Die 32 Pfade werden auch Pfade der Weisheit genannt. Weisheit heißt auf hebräisch Chochmah und entspricht der zweiten Sefirah [= wörtl. strahlend; Sefirah – Singular; Sefiroth – Plural]. Diese Weisheit wird als undifferenzierter reiner Geist definiert, als reiner Gedanke noch fernab von jeder Teilung und Trennung, von der Unterscheidung zwischen Gut und Böse oder Hell und Dunkel. Die Weisheit bewegt sich zum Verständnis, zu Binah, der dritten Sefirah. Auf dieser Ebene, Binah, wird verstandesmäßig begriffen, geprüft und geteilt.

Die zweiunddreißig Pfade der Weisheit sind:

1. ***Mystisches Bewußtsein***
Das ursprünglich empfangene Licht, die erste Herrlichkeit. Kein Wesen kann seine Vortrefflichkeit erlangen.
Sefirah: Kether [Krone]
Planet: Neptun
Gottesname: Ehejeh
Erzengel: Metatron
Zahl: 1

2. ***Strahlendes Bewußtsein***
Das ist die Krone der Schöpfung und die Strahlung der homogenen Einheit, die sich selbst als Haupt über alle erhebt. Die Zweite Herrlichkeit.
Buchstabe: He

3. ***Die Grundlage der ursprünglichen Weisheit***
Treuer Glaube. Das Amen. Der Vater des Glaubens, aus dessen Kraft Glaube erwächst.
Sefirah: Chochmah [Weisheit]
Planet: Uranus
Gottesname: Jah
Erzengel: Raziel
Zahl: 2

4. ***Beständiges Bewußtsein***
Aus ihm erwachsen alle spirituellen Kräfte als ätherische Emanatio-

nen [Emanation = Aussendung].
Buchstabe: Beth

5. ***Verwurzeltes Bewußtsein***
Dieses Bewußtsein ist in der Essenz des Verständnisses vereinigt, das aus der Quelle der ursprünglichen Weisheit erwächst. Die Essenz der homogenen Einheit.
Buchstabe: Vav

6. ***Transzendental zuströmendes Bewußtsein***
Durch dieses Bewußtsein steigert sich der Zufluß von Aziluth, der Emanation. Dieser Steigerung des Zuflusses der Emanation werden alle Segnungen gespendet, die sich in seiner Essenz vereinigen.
Buchstabe: Sajin

7. ***Verborgenes Bewußtsein***
Es ist die Ausstrahlung, welche die transzendentalen Kräfte erleuchtet, die durch das geistige – hellsichtige – Auge gesehen werden.
Sefirah: Binah [Vernunft]
Planet: Saturn
Gottesname: JHVH
Erzengel: Zaphkiel
Zahl: 3

8. ***Vollkommenes Bewußtsein*** – Die ursprüngliche Ordnung
Buchstabe: Alef

9. ***Reines Bewußtsein***
(Sekhel Tabhor) Es reinigt die Sefiroth, prüft das Gesetz ihrer Struktur und die innere Essenz ihrer Einheit, die sie zum Erleuchten bringt, so daß sie frei von Beschneidung oder Teilung sind.
Buchstabe: Chet

10. ***Funkelndes Bewußtsein***

Es erhebt sich selbst und sitzt auf dem Thron des Verständnisses. Es scheint mit den Strahlen aller Lichter (Planeten) und spendet dem Prinzen des Angesichts einen Strom der Vermehrung.

Sefirah: Chessed [Barmherzigkeit]
Planet: Jupiter
Gottesname: El
Erzengel: Zadkiel
Zahl: 4

11. ***Blendendes Bewußtsein***

Die Essenz des Schleiers, vor der Ursache der Ursachen stehend
Buchstabe: Tet

12. ***Glühendes Bewußtsein***

Die Essenz des Ophan-Rades der Größe (Lebensbaum: Gedulah oder Chesed). Es ist der Sichtbarmacher Chazchazit, ein Engel aus den Regionen von Asiyah, der die Visionen der Seher erhebt.
Buchstabe: Gimmel

13. ***Zur Einheit führendes Bewußtsein***

Die Essenz der Herrlichkeit und der Vervollständigung aller vereinten spirituellen Wesen
Sefirah: Geburah [Kraft]
Planet: Mars
Gottesname: Elohim Gibbor
Erzengel: Kamael
Zahl: 5

14. ***Erleuchtendes Bewußtsein***

Die Essenz der sprechenden Stille, die in die Mysterien der heiligen Geheimnisse führt
Buchstabe: Dalet

15. *Bewußtsein*

Durch dieses Bewußtsein wird die Essenz der Schöpfung in der »*Dunkelheit der Reinheit*« stabilisiert.

Sefirah: Tifereth [Schönheit, Sonne]
Gottesname: Eloha Va Daath
Erzengel: Michael
Zahl: 6

16. *Dauerhaftes Bewußtsein*

Die Wonne (Garten Eden) der Herrlichkeit, steht den Heiligen als Lohn bereit.

Buchstabe: Mem

17. *Bewußtsein der Sinne*

Die Grundlage der Schönheit, mit der sich die aufrichtigen Heiligen bekleiden können

Buchstabe: Jod

18. *Bewußtsein des Hauses des Zustroms*

Erlösung aus den Schatten

Buchstabe: Kav

19. *Bewußtsein des Mysteriums*

Bewußtsein aller spirituellen Aktivitäten, das von den höchsten Segnungen der höchsten Herrlichkeit durchdrungen ist

Sefirah: Netzach [Sieg]
Planet: Venus
Gottesname: JHVH Tsabaoth
Erzengel: Haniel
Zahl: 7

20. ***Bewußtsein des Willens***
Das Gefüge von allem, was je geschaffen wurde
Buchstabe: Lamed

21. ***Gesuchtes und erbetenes Bewußtsein***
Es empfängt den Göttlichen Zustrom, um so seine Segnungen allen existierenden Dingen zu spenden.
Buchstabe: Pe

22. ***Treues Bewußtsein***
Es bringt spirituelle Kräfte zum Wachsen.
Buchstabe: Nun

23. ***Stützendes Bewußtsein***
Die stützende Kraft aller Sefiroth
Sefirah: Hod [Herrlichkeit]
Planet: Merkur
Gottesname: Elohim Tsabaoth
Erzengel: Raphael
Zahl: 8

24. ***Offenbarendes Bewußtsein***
Es verleiht allen Erscheinungen ihre wahre Gestalt.
Buchstabe: Schin

25. ***Prüfendes Bewußtsein***
Die grundlegende Versuchung, durch die Gott alle Seine Heiligen prüft
Buchstabe: Resch

26. ***Erneuerndes Bewußtsein***
Durch es bringt der Heilige alle neuen Dinge hervor, die ins Sein gerufen werden.
Sefirah: Jesod [Grundlage]

Planet: Mond
Gottesname: Schadai-el-Chai
Erzengel: Gabriel
Zahl: 9

27. ***Fühlbares Bewußtsein***

Durch es werden alle Dinge unter der gesamten oberen Sphäre mitsamt allen Empfindungen erschaffen.

Buchstabe: Samech

28. ***Natürliches Bewußtsein***

Durch es wird die Natur von allem vervollständigt, was unter der Sphäre der Sonne erschaffen wurde.

Buchstabe: Ajin

29. ***Physisches Bewußtsein***

Stellt alles dar, was unter dem Aufbau aller Sphären körperlich in Erscheinung tritt.

Buchstabe: Zadi

30. ***Allgemeines Bewußtsein***

Gibt über die Gesetzmäßigkeiten der Planeten, Sterne und Sternbilder Auskunft und umfaßt das Wissen über alle Sphären.

Sefirah: Malkuth [Reich]
Planet: Erde
Gottesname: Adonai-Melek
Erzengel: Sandalphon/Uriel
Zahl: 10

31. ***Fortwährendes Bewußtsein***

Lenkt Sonne und Mond auf deren jeweils rechter Bahn

Buchstabe: Kuf

32. ***Verehrtes Bewußtsein***
Vernichtet all jene, welche die sieben Planeten verehren.
Buchstabe: Tav

JAH

In den exoterischen Betrachtungen wird nicht *graviere JAH* sondern *ER gravierte JAH* geschrieben. ER bezieht sich auf den Urschöpfer, den höchsten Gott, der von Melchisedek El Eljon genannt wurde. ER umschreibt die Göttliche Vorsehung, fernab jeglicher Vorstellung und Form. Die esoterische Bedeutung, der hier der Vorzug gegeben werden soll, bedeutet: mit 32 mystischen Pfaden graviere Jah, und erschaffe seine Welt in dir und deiner (eigenen) Umgebung.

Jah setzt sich aus den zwei Buchstaben Jod, Weisheit, und He, Verständnis, zusammen. Weisheit kann nur mit Verständnis begriffen werden.

JAH, der Herr der Heerscharen

JAH, der Herr, wird im Hebräischen JH JHVH geschrieben und in Jesaja 26,4 heißt es: *»... mit JH JHVH schuf ER ganze Universen.«* Wie wir später noch sehen werden, ist JHVH zwar ein Gottesname, aber eben nicht der Name Gottes. Der Name *der Herr der Heerscharen* bezeichnet die Gesamtheit der zehn Sefiroth, so wie sie dem Menschen offenbart wurden. JHVH wird auch als Tetragrammaton bezeichnet und birgt das Geheimnis der Quadratur des Kreises in sich.

Gott Israel

In einigen Versionen des Sefer Jezirah ist von Gott Israel die Rede. Diese Textstelle fehlt in der hier vorliegenden Kurzform, und ich gehe nur der Vollständigkeit halber auf diese Textstelle ein.

Die Einweihungsschulen des wahren Wissens verstehen unter Israel, dem auserwählten Volk, nicht den sichtbaren Staat oder gar dessen Staatsbürger – diese Ansicht führt selbst heute noch, wie leider nur zu deutlich, zu Fehlinterpretation und politischem Machtmißbrauch. Unter dem

Volk Israel sind die gottentwickelten Menschen zu verstehen, die Theurgen und Kabbalisten, die SEIN REICH – das Reich Gottes, das Heilige Land – in sich selbst eingraviert haben. In diesen *zukünftigen* Menschen entsteht (durch Selbstveredelung) die Stadt Jerusalem, in deren Häusern und Straßen Gott selbst eingekehrt und ist und wandelt. Der aufmerksame Leser hat sicherlich erkannt, daß in dieser Symbolik der Baum des Lebens umschrieben wird, der sich im verwirklichten Menschen offenbart hat, jenem Menschen, der Herr über das *lebendige Wort* – die Kabbalah – geworden ist.

Text, Zahl und Aussprache

Das Buch der Schöpfung erklärt die Bedeutung des Textes [Sefer], der Zahl [Sefar] und der Aussprache oder Kommunikation [Sippur]. Diese drei stehen für die drei Abschnitte der Schöpfung, für Raum, Zeit und Geist oder traditionell übersetzt:

Text:	Welt	–	Gestalt der Buchstaben
Zahl:	Jahr	–	Zahlenwert der Buchstaben
Mitteilung:	Seele	–	Aussprache des Namens eines Buchstabens

Diese drei Teile werden Bücher genannt. Text und Zahl verkörpern außerdem die zwei wichtigen Faktoren Qualität und Quantität. Dazu Franz Bardon:

»... der Kabbalist muß sich des großen kabbalistischen Grundsatzes bewußt werden, nämlich daß Kräfte, wie z.B. die Elemente, das elektromagnetische Fluid, ja sogar ein gewisser Aspekt des Akasha-Prinzips, als Quantität zu werten sind und nicht mit Qualitäten verwechselt werden dürfen. All das, was eine Kraft repräsentiert, besteht dennoch stofflich – wenn auch in feinster Form – und ist daher als Materie zu werten.

Mächte, Tugenden, Eigenschaften, Fähigkeiten sind demnach Qualitäten und nicht mit Kräften zu verwechseln. Diesen Unterschied muß der Kabbalist genau kennen, will er keinen Fehler begehen, was leider bei vielen Kabbalah-Studierenden sehr oft vorkommt. Deshalb verwechsle man beim kabbalistischen Gebrauch der Buchstaben niemals diese Grundregel.« (Franz Bardon: Der Schlüssel zur wahren Quabbalah)

Das Sefer Jezirah spricht über ein fünfdimensionales, sich fortsetzendes Raumzeit-Gefüge, das durch die zehn Sefiroth bestimmt wird. Die ersten drei Dimensionen, im ersten Buch [Text] beschrieben, sind die drei Dimensionen des Raumes. Die vierte Dimension ist die Zeit, sie wird im zweiten Buch [Zahl] erklärt. Die fünfte Dimension im dritten Buch [Aussprache] definiert spirituelle Bereiche. Jede dieser Dimensionen ist analog einem der fünf Vokale, die im hebräischen Alphabet nicht geschrieben werden (im lateinischen hingegen schon).

Somit finden sich drei verschiedene Wege, die Buchstaben des Alphabets zu interpretieren bzw. anzuwenden. Es besteht die Möglichkeit, die Buchstaben physisch aufzuschreiben, wie es in einem Buch der Fall ist. Dies entspräche dem Aspekt von *Text*. Dem Aspekt von

Die hebräischen Buchstaben und das Alphabet

Zahlenwert	*Hebr.*	*Name*	*Vokal*	*Laut*	*Bezeichnung*	*Vergleichslaut*
1	א	Alef	Qames	a	Mutter	hier ein Konsonant, kein Vokal; stummer Laut
2	ב	Beth	Sere	v, w	Doppelt	wie spanisches »b« zwischen zwei Vokalen (mit den Lippen gesprochenes »w«)
Dagesch	בּ	Beth		b	Doppelt	wie stimmhaftes deutsches »b« (Baum)
3	ג	Gimmel	Chireq	g	Doppelt	wie stimmhaftes deutsches »g« (Garten)
Dagesch	גּ	Gimmel		g	Doppelt	stimmhafter Gaumenverschluß-laut
	ג׳	Gimmel		dsch	Doppelt	wie englisches »g« in »George«
4	ד	Dalet	Qames	d	Doppelt	wie englisches »th« in »the«

Dagesch	דּ	Dalet		d	Doppelt	wie stimmhaftes deutsches »d« (Dotter)
5	ה	He	Sere	h	Einfach	Hauchlaut wie im Deutschen am Wortende; ein Vokalträger oder stumm
Dagesch	הּ	He		h	Einfach	am Wortende als Hauchlaut
6	ו	Vav	Qames	w	Einfach	wie deutsches »w« (ohne Unterschied zum Beth)
Dagesch	וֹ	Vav		o	Einfach	als Vokalträger wie deutsches »o«
Dagesch	וּ	Vav		u	Einfach	als Vokalträger wie deutsches »u«
7	ז	Sajin	Qames	s, z	Einfach	stimmhaftes deutsches »s« (Sonne)
	ז׳	Sajin		sch	Einfach	wie französisches »j« in »Journal«
8	ח	Chet	Sere	ch	Einfach	hartes »ch« wie in »Dach«
9	ט	Tet	Sere	t	Einfach	wie deutsches »t« (ohne Unterschied zum Taw)
10	י	Jod, Jud	Cholem	i, j, y	Einfach	als Konsonant wie das deutsche »j«; als Vokal wie deutsches »i« oder »e«
20	כ	Kav	Qames	ch	Doppelt	weiches »ch« wie in »ich«
Dagesch	כּ	Kav		k	Doppelt	unbehauchtes »k« wie im Deutschen
30	ל	Lamed	Qames	l	Einfach	wie »l« in »Land«
40	מ	Mem	Sere	m	Mutter	wie deutsches »m«
50	נ	Nun	Shureq	n	Einfach	wie deutsches »n«
60	ס	Samech	Qames	s, ß	Einfach	wie das »ß« in »beißen«

70	ע	Ajin	Qames	a, o	Einfach	kein vergleichbarer Laut in den europäischen Sprachen
80	פ	Pe	Sere	f	Doppelt	wie deutsches »f«
Dagesch	פּ	Pe		f	Doppelt	wie der deutsche Verschlußlaut »p«
90	צ	Zadi	Qames	ts	Einfach	wie ein stimmloses »s« oder »ts« im Deutschen
	צ׳	Zadi		tsch	Einfach	wie »ch« in »Charterflug«
100	ק	Kof, Kuf	Cholem	k	Einfach	wie deutsches »k«, aber etwas weicher (Zunge an Gaumen)
200	ר	Resch	Sere	r	Doppelt	wie deutsches »r«
300	ש	Schin	Chireq	s	Mutter	zwischen stimmlosem »s« und »sch« im Deutschen
Dagesch	שׁ	Schin		s	Mutter	entspricht deutschem »sch«
400	ת	Tav, Tau	Qames	t	Doppelt	»th« wie im englischen »think«
Dagesch	תּ	Tav, Tau		t	Doppelt	unbehauchtes »t« wie im Deutschen

Zahl entspricht die Zuteilung eines jeden Buchstabens zu einer Zahl bzw. einem Zahlenwert, was auch »Gematria« genannt wird. Der dritte Aspekt – die *Aussprache* oder *Kommunikation* – entspricht der jeweiligen Aussprache eines Buchstabens mitsamt seinem jeweiligen Ton-/Klangspektrum auf der Notenskala (siehe Kapitel »Das Geheimnis der Buchstaben«).

Text, Zahl und Kommunikation sind die Schlüssel zum praktischen Gebrauch und zur Anwendung des Sefer Jezirah. Wie der Kabbalist Veränderungen innerhalb des physischen Raumes oder auf spirituellen Ebenen bewerkstelligen kann, ist im praktischen Teil des Buches genauestens erklärt und in Übungen dargelegt.

Die fünf hebräischen Endbuchstaben – Schreibweise für den letzten Buchstaben eines Wortes:

Zahlenwert	Hebräisch	Bezeichnung
500	ךּ ך	Kav
600	ם	Mem
700	ן	Nun
800	ףּ ף	Pe
900	ץ	Zadi

Hebräische Buchstaben, die auf Grund ihrer Schreibweise leicht verwechselbar sind:

Buchstabe	Bezeichnung	Buchstabe	Bezeichnung
ז	Sajin	ו	Wav
ו	Wav	ן	End-Nun
ם	End-Mem	ס	Samech
ט	Tet	מ	Mem
ד	Dalet	ר	Resch
ג	Gimmel	נ	Nun
ה	He	ח	Chet
ב	Beth	כ	Kav
ה	He	ת	Tav, Tau
צ	Zadi	ע	Ajin
ן	End-Nun	ך	End-Kaph

Hebräische Vokal- und Lesezeichen

Bezeichnung	*Vokalzeichen*	*Vokal*	*Aussprache*	*Anwendung*
Cholem	·	o	kurzes bis langes »O«	ein Punkt über der linken Ecke eines Konsonantenbuchstabens
Chireq	:	i	kurzes bis langes »I«	ein Punkt in der Mitte unter einem Konsonantenbuchstaben
Patach	–:	a	kurzes, klares »A«	waagrechter Strich unter einem Konsonantenbuchstaben
Qames	⊤	a,o	dumpfes »A« mittlerer Länge wie im englischen »wall«	waagrechter Strich mit mittigem senkrechtem Strich unter einem Konsonantenbuchstaben
Qibbuz (Shureq)	⋱	u	kurzes »U«	drei Punkte unter einem Konsonantenbuchstaben, in einer schrägen Reihe von links oben nach rechts unten verlaufend
Shureq	וּ	e,æ	langes »U«	ein Vav mit einem Punkt links auf halber Höhe unterhalb des Ausstrichs
Schwa	:	e	ein Silbenschluß-zeichen oder als verschluckter Laut wie das »E« in »laufen«	zwei senkrecht untereinander stehende Punkte unter einem Konsonantenbuchstaben
Segol	∵	e,æ	kurzes offenes »E« mittlerer Länge	drei Punkte in Form eines nach unten zeigenden Dreiecks unter einem Konsonantenbuchstaben
Sere	··	e	langes geschlossenes »E«	zwei parallele Punkte unter einem Konsonanten-buchstaben

1,2 *Zehn Sefiroth des Nichts und 22 Grundlegende Buchstaben: Drei Mütter, Sieben Doppelte und zwölf Einfache.*

Das Sefer Jezirah beschreibt die 32 Pfade als zehn Sefiroth und 22 Buchstaben. Sefirah bedeutet zählen und ist von Zahl, was auf hebräisch Mispar heißt, zu unterscheiden. Eigentlich sind die zehn Sefiroth keine Zahlen, obwohl ihnen die Zahlen Eins bis Zehn zugeordnet werden. Vielmehr handelt es sich bei jeder Sefirah um eine Art Raum, einen Ort bzw. einen Bewußtseinszustand, dem die jeweilige Zahl entstammt, dort also gebildet wird. Im Sefer Jezirah sind die Namen der zehn Sefiroth nicht genannt, werden aber aus der Bibel abgeleitet: (Exodus 31,3) *»...Gott sprach: Ich habe ihn (Betzalel) erfüllt mit dem Geist Gottes, mit Weisheit und Verständnis und mit Wissen.«* Der Geist Gottes bezieht sich auf Kether, die erste Sefirah. Weisheit und Verständnis beziehen sich auf die zweite und dritte Sefirah, auf Chochmah und Binah. Wissen findet in keiner eigenen Sefirah Zuordnung, sondern entsteht durch den Zusammenfluß von Weisheit und Verständnis. Dieser Ort bzw. Punkt des Zusammenflusses wird von den Kabbalisten *Daat* genannt und oft zwischen Chochmah und Binah angeordnet.

Weiter heißt es (Sohar 1,31a): *»Dein o Gott sind die Größe (Chessed, vierte Sefirah), die Stärke (Geburah, fünfte Sefirah), die Schönheit (Tifereth, sechste Sefirah), der Sieg (Netzach, siebte Sefirah) und der Glanz (Hod, achte Sefirah), denn alles (Jesod, neunte Sefirah), was im Himmel und auf Erden ist, ist Dein; Dein, o Gott, ist das Reich (Malkuth, zehnte Sefirah) ...«*

Die zehn Sefiroth entsprechen auch den fünf Wurzelvokalen (O/Cholem, A/Qames, E/Sere, I/Chireq und U/Schureq), die dann gemeinsam mit den 22 Konsonanten die Gesamtheit des Alphabets und der kosmischen Sprache bilden. Das ist von großer Bedeutung, will man das Werk Bardons und die Buchstabenklänge der von ihm beschriebenen Vokale nachvollziehen, da ja in der hebräischen als auch arabischen Sprache beim Schreiben auf die Vokale verzichtet wird. Diese Theorie kann auch vom Sefer Jezirah abgeleitet werden, wo es heißt: ».... *zehn Sefiroth, ohne alles.«*

Die fünf Vokale in bezug zu den fünf Dimensionen und den Sefiroth

Vokal	*Sefiroth*	*Dimension*
O	Kether und Malkhut	Spirituelle Dimension
A	Chochmah und Binah	Dimension der Zeit
E	Chessed und Geburah	Nord-Süd-Achse
U	Tifereth und Jesod	Ost-West-Achse
I	Netzach und Hod	Oben/Unten

Vokalzuordnung nach den modernen Kabbalisten:

Vokal	*Sefirah/Sefiroth*	*Dimension*
O	Kether	Bewußtsein
A	Chochmah	Zeit
E	Binah	Raum
I	Chessed, Geburah, Tifereth, Netzach, Hod, Jesod	die sechs Richtungen: Norden, Süden, Osten, Westen, Oben, Unten
U	Malkhut	Form

Das Nichts

Nichts heißt im Hebräischen Beli-mah, was soviel wie »unaussprechlich« oder »abstrakt« bedeutet oder einfach »ohne etwas«. In verschiedenen kabbalistischen Kommentaren wird Beli-mah auch mit unaussprechlich übersetzt. Somit nennt das Sefer Jezirah *zehn unaussprechliche* Sefiroth. Dies bedeutet im übertragenen Sinn, daß sie ihrer Abstraktion wegen nicht wirklich beschrieben werden können.

Die 22 grundlegenden Buchstaben

Diese 22 grundlegenden Buchstaben sind, wie bereits dargelegt, die 22 Konsonanten des Alphabets, die je eine Farbentsprechung, eine Form, einen Ton sowie andere spezifische Eigenschaften in sich tragen. Mit ihnen wurden aus den Sefiroth bzw. wie oben angeführt aus den Vokalen ganze Universen erschaffen und ständig aufrechterhalten. Spricht man nun von der Macht des lebendigen Wortes, dann spielt man genau auf jene Fähigkeit und Kenntnis an, die es dem Kabbalisten ermöglichen, elementarste Gewalten der Schöpfung zu manipulieren, zu verändern oder hervorzurufen. Dies zu vermitteln war der Sinn des Sefer Jezirah. Abgeleitet von Exodus 31,3 sagt der Talmud hierzu: *»Bezalel wußte, wie die Buchstaben, mit denen Himmel und Erde gemacht waren, zu vertauschen waren.«*

Das Fundament aller Buchstaben ist nach Ansicht der Kabbalisten die Sefirah Jesod. Jesod ist aber auch die Sefirah, die den menschlichen Sexualorganen entspricht. Somit erhalten wir einen Hinweis darauf, daß durch Verbinden (der Geschlechter oder der Buchstaben) und Paarung neues Leben bzw. neue Situationen geschaffen werden können. Auf den Baum des Lebens übertragen haben die Buchstaben, die 22 Pfade zwischen den Sefiroth, die Aufgabe, die Sefiroth miteinander zu verbinden und zu paaren.

Die drei Mütter

Die drei Mütter sind die Mutterbuchstaben Alef, Mem und Schin; sie verkörpern die Urelemente Luft, Wasser und Feuer. Alle weiteren Buchstaben sind aus diesen drei Müttern mit ihren elementaren Eigenschaften, Qualitäten, entstanden. Um die besondere Stellung der drei Mütter (lat. A, M, Sch) hervorzuheben, wurden sie auch als die drei waagrechten Pfade, Glieder zwischen Chochmah und Binah (Schin/Sch), Chessed und Geburah (Alef/A) und schließlich zwischen Netzach und Hod (Mem/M) dargestellt (siehe Tabelle nächste Seite).

Sieben Doppelte

Die sieben doppelten Buchstaben werden so genannt, weil sie im Hebräischen auf zwei verschiedene Arten ausgesprochen werden können (siehe Tabelle S. xxx). Es sind die Buchstaben: Beth (B), Gimmel (G), Dalet (D), Kav (K), Pe (P), Resch (R) und Tav (T).

Zwölf Einfache

Die zwölf einfachen Buchstaben sind die verbleibenden Buchstaben, die im Hebräischen nur eine Aussprache haben. Dies sind: He (H) (Se-

Die drei Mütter und ihre Wirkung in den vier Welten (nach Franz Bardon)

Buchstabe		*Nach Franz Bardon:*	*Akasha-Ebene/ Azilut*	*Geist/Beriah*	*Astralebene/Jezirah*	*Materie/Assiyah*
A (Alef)	א	A	Höchste Weisheit und Erleuchtung, Reinheit aller Ideen	Verstand, Urteilsvermögen, Begreifen tiefer Wahrheiten, Wissen, Auffassungsgabe, Intellekt	musikalisches Talent, Rednergabe, Schauspielkunst, Hellhören, Fernhören, Levitation, Symbolverständnis	Absolute Macht über das grobstoffliche Luftelement, Beherrschen der Luftgeister, Herr über Sturm und Wetter
M (Mem)	מ	M	Verstehen und Beherrschen des Urprinzips Wasser und der Sefirah Chochmah	Gefühl, Leben, Empfindungsvermögen	Beherrschen des magnetischen Fluidums und des astralen Wasserelements	Beherrschen aller Flüssigkeiten, Herr über alle Wassergeister und im Wasser lebenden Tiere, magnetisches Heilen
Sch (Schin)	ש	SCH	Höchste Erleuchtung durch Erkennen und Begreifen des Urlichts, höchstes Göttliches Licht	Höchste Erleuchtung, Vergeistigung, Verzückung des Verstandes	Höchste sich offenbarende Glaubenskraft, Beherrschung aller Elemente, insbesondere des Feuerelements und	Beherrschen des physischen Feuerelements, Unverwundbarkeit

hen), Vav (W) (Hören), Sajin (Z) (Riechen), Chet (Ch) (Sprache), Tet (T) (Geschmack), Jod (J) (Beischlaf/Liebe), Lamed (L) (Bewegung), Nun (N) (Zorn), Samech (S) (Gelächter), Ajin (Denken), Zadi (Z) (Freude) und Kuf (Q) (Schlaf).

Die 22 Pfade im Lebensbaum

Werden nun die zehn Sefiroth miteinander durch Linien verbunden, so ergeben sich 22 Linien. Drei horizontale, sieben senkrechte und zwölf diagonale Linien. Im Laufe der Zeit wurde der Baum des Lebens auf mehrere unterschiedliche Weisen dargestellt.

1,3 *Zehn Sefiroth des Nichts: Die Anzahl der zehn Finger, fünf gegenüber fünf, mit einem einzigen Bund genau in der Mitte, durch die Beschneidung der Zunge und durch die Beschneidung des Membrum.*

An dieser Stelle gibt das Sefer Jezirah den Hinweis, daß jeder der zehn Finger des Menschen mit einer Sefirah korrespondiert. Im Psalm 8,4 heißt es auch, daß Gott die Schöpfung mit seinen zehn Fingern vollbrachte (auch das wieder ein Hinweis darauf, daß der Mensch dem Göttlichen entspricht). Jede Hand hat insgesamt 14 (Finger-)Knochen, und das hebräische Wort für Hand – Yad – entspricht dem Zahlenwert 14.

Fünf gegenüber fünf

Die zehn Sefiroth lassen sich in je fünf männliche und fünf weibliche Sefiroth einteilen und unterscheiden. Die traditionelle Zuordnung ist dabei wie folgt:

Traditionelle Zuordnung	*Daumen*	*Zeigefinger*	*Mittelfinger*	*Ringfinger*	*Kleiner Finger*
rechte Hand, männlich	Kether	Chochmah	Chessed	Tifereth	Netzach
linke Hand, weiblich	Binah	Geburah	Hod	Jesod	Malkhut

Traditionell wird die Zuordnung der weiblichen und männlichen Sefiroth in abweichender Ordnung dargestellt, wie in der nachfolgenden Tabelle, mit der ich auch arbeite. Oft werden die Sefiroth auf einen menschlichen Körper gezeichnet. Die rechte, männliche, aktive Seite des Menschen deckt die Sefirah Chochmah usw., die linke, weibliche, passive Seite die Sefirah Binah usw. ab.

Zuordnung nach Franz Bardon	*Daumen*	*Zeigefinger*	*Mittelfinger*	*Ringfinger*	*Kleiner Finger*
rechte Hand, männlich	Kether	Chochmah	Binah	Chessed	Geburah
linke Hand, weiblich	Tifereth	Netzach	Hod	Jesod	Malkhut

Magisch-kabbalistische Zuordnung nach Frater M.·.M.·.	*Daumen*	*Zeigefinger*	*Mittelfinger*	*Ringfinger*	*Kleiner Finger*
rechte Hand, männlich	Mars	Jupiter	Saturn	Sonne	Merkur
	Geburah	Chessed	Binah	Tifereth	Hod
linke Hand, weiblich	Venus	Uranus	Erde	Mond	Neptun
	Netzach	Chochmah	Malkhut	Jesod	Kether

Die Hinweise bezüglich der Sefiroth und ihrer Fingerentsprechung sind für denjenigen von besonderer Bedeutung, der sich mit magisch-kabbalistischen Ritualen auseinandersetzen will. Dem Kenner der Symbolik fällt auf, daß es sich bei dem von Winston Churchill (britischer Politiker; 1874–1965) eingeführten Victory-Zeichen um kabbalistische Ritualmagie, in diesem Fall Handmagie, handelt. Victory bedeutet Sieg (und nicht Frieden, wie fälschlicherweise oft interpretiert). Der Daumen bedeutet Mars und die Tat (Kriegstat), der Zeigefinger bringt die Erfolgsenergie des Jupiter zum Fluß, der Saturn, symbolisiert und aktiviert durch den Mittelfinger der rechten Hand, ist die Verdichtung der Erstgenannten, also der Erfolg in der Materie. Man bedenke, daß Winston Churchill, der während des 2. Weltkriegs Regierungsoberhaupt Großbritanniens war, Mitglied eines kabbalistisch initiierenden Geheimbundes.

Des weiteren sind mittlerweile bei uns im Westen nun auch die indischen und tibetischen Mudras – Finger- und Handstellungen – bekannt, die ebenfalls ihren magisch-rituellen Hintergrund haben und bei der richtigen Anwendung erhebliche Mengen an Energie freisetzen. Mit etwas Analogieverständnis dürfte es also jedem Pilger auf dem magisch-kabbalistischen Pfad nicht schwerfallen, selbst für jeden Zweck eigene Finger- und Handstellungen auszuarbeiten und diese, von Außenstehenden unbemerkt, erfolgreich einzusetzen.

Ein einziger Bund

Genesis 15,9: »Gott befahl Abraham: Bringe mir ein dreijähriges Rind und eine dreijährige Ziege und einen dreijährigen Widder und eine Turteltaube und eine junge Taube.«

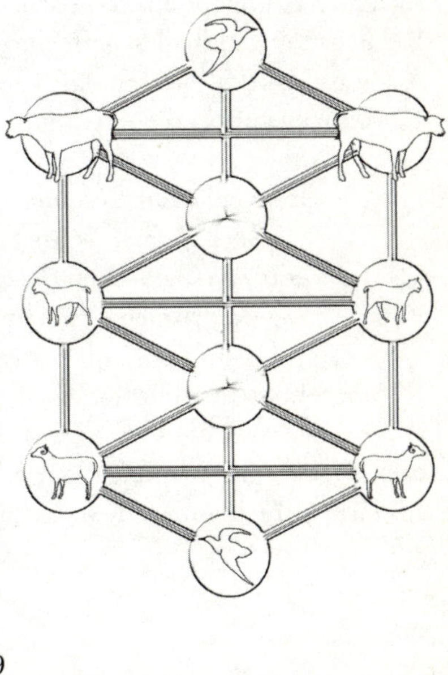

Jedes dieser Tiere entspricht einem der fünf Finger einer jeden Hand und somit den Sefiroth. Die sogenannte Mittlere Säule des Lebensbaums, die durch eine Verbindungslinie zwischen den vier Sefiroth Kether, Tifereth, Jesod und Malkuth entsteht, ist Zentrum spiritueller Vereinigung und Spannung. Diese Mittlere Säule symbolisiert den einzigen bzw. vereinigenden Bund. Die esoterische bzw. hohe Kabbalah versteht unter diesem Bund die Gottverwirklichung des Studierenden, also das Aufnehmen, Integrieren, aller zehn Sefiroth und der 22 Buchstaben (Pfade) in seinen Geist, seine Seele und in seinen Körper. Dieses Einverleiben entspricht dann tatsächlich der individuellen Gottwerdung eines jeden wahren Eingeweihten. Symbol dieses Bundes, dieses Einverleibens, oder, besser ausgedrückt, dieses Formens der Göttlichen Eigenschaften aus sich selbst heraus ist die heilige Kommunion.

Beschneidung der Zunge und des Membrum

2. Samuel 23,2: »Gottes Geist spricht in mir, und Sein Wort ist auf meiner Zunge.«

Die Eingeweihten kannten seit jeher die Kraftzentren, die in jedem Menschen verborgen sind. Dabei sind seine beiden mächtigsten Kraftzentren die Sprechorgane, die Macht des Wortes, symbolisiert durch die Zunge, und die Geschlechts- oder Zeugungsorgane. Die Beschneidung des Membrum, der männlichen Vorhaut, wird von einigen Religionen wörtlich genommen. Müßte dann nicht jeder Angehörige jener Glaubensrichtungen auch an der Zunge beschnitten werden, so wie es die Schrift verlangt?

Die Macht der Zunge, der Rede oder des Wortes, beginnt bereits im formulierten, nicht ausgesprochenen Gedanken und findet seine astrale Verdichtung durch das geflüsterte Wort, die physische Verdichtung – Realisationskraft – durch das laute Aussprechen des Wortes. Aus dieser Kenntnis heraus sagt der Talmud:

Achte auf deine Gedanken, denn sie werden deine Worte;
achte auf deine Worte, denn sie werden deine Taten;
achte auf deine Taten, denn sie werden dein Charakter,
achte auf deinen Charakter, denn er wird dein Schicksal.

Versteht es nun ein Kabbalist, mit dem *lebendigen Wort* umzugehen, also kabbalistisch zu sprechen, so *muß* sich das Formulierte auf einer der drei Ebenen, der mentalen, der astralen oder der materiellen ursächlich auswirken. Es kommt einem *Göttlichen Schöpferbefehl* gleich.

Das zweite hier beschriebene Kraftzentrum, die Zeugungsorgane, gelten als natürliche Kraftspeicher des elektrischen (männlich) und des magnetischen (weiblich) Fluidums, die sich im Moment des sexuellen Höhepunktes blitzartig entladen. Regelmäßig entsteht durch diese Kräfteentladung ein neues Leben. Der Eingeweihte weiß diese beiden Kraftströme bewußt zu lenken, um jedes beliebige Ziel zur Realisierung zu bringen. Aus diesem Wissen heraus entstanden in vielen Naturreligionen die Paarungsrituale, die an bestimmten Feiertagen vollzogen und von der exoterischen Petruskirche als teuflisches Treiben fehlinterpretiert wurden. Aber auch des Mysterium der *unbefleckten Empfängnis* findet hier seine Erklärung (Maria stammte aus einer germanischen Priesterschule, Joseph war Hohepriester im Einweihungstempel der Essener).

Der gewöhnliche Mensch, der über all jene okkulten Mysterien weder nachdenkt noch Zugang zu ihnen hat, ahnt von diesen in ihm wohnenden Kräften nichts. Er kann sich dennoch sicher sein, daß jede Vorstellung, jeder Gedanke und jedes Wort, die er im Moment der geschlechtlichen Vereinigung hervorbringt und ganz zwangsläufig mit den sich entladenden Sexualkräften verbindet, seinen Charakter und sein Schicksal formen. – Ein achtsamer und respektvoller Umgang mit Sexualität trägt dementsprechend erheblich dazu bei, die Energien, die sich in den Äther eingravieren, in eine positive Richtung zu lenken.

Die im Sefer Jezirah beschriebene Beschneidung der Zunge und des Zeugungsorgans symbolisiert demnach nichts anderes als das Gebot, diese sich zwingend offenbarenden Kräfte, die jedem Menschen innewohnen, ausschließlich bewußt einzusetzen und sich lieber zurückzuhalten, als ungezügelten Trieben allzuviel Raum zu geben. Eingeweihter wird derjenige, der sich seiner Göttlichkeit und Schöpfermacht bewußt wird und aufhört, Marionette und Sklave seiner eigenen unbewußten Kreationen zu sein.

1,4 *Zehn Sefiroth des Nichts: Zehn und nicht Neun; Zehn und nicht Elf. Verstehe mit Weisheit, und sei weise mit Verständnis. Prüfe mit ihnen, und forsche aus ihnen, stelle jedes Ding auf seine Essenz, und laß den Schöpfer an seinem Ort sitzen.*

Zehn und nicht Neun, Zehn und nicht Elf

Gott schuf die Sefiroth. Er steht außerhalb des *Baumes des Lebens* und kann ihm nicht zugeordnet werden. Gott kann nicht durch Attribute wie Wille, Schönheit, Liebe oder Stärke beschrieben werden, da diese ja auch nur Schöpfungen Gottes, aber nicht Gott selbst sind. Gott ist unbeschreiblich, und jede menschliche Beschreibung Gottes wäre ein Zuviel oder ein Zuwenig.

Weisheit und Verständnis

Mit Verständnis – im Lebensbaum Binah – sind die formulierten Gedanken gemeint. Weisheit – Chochmah – ist hingegen das nonverbale Denken. Der Zustand des nonverbalen Denkens, also mit dem Bewußtsein in Chochmah einzutauchen, ist besonders schwer zu erlangen, denn gemeint ist die absolute Gedankenleere bzw. Gedankenstille. Die meisten Menschen werden an dieser Stelle einwerfen, daß es unmöglich sei, nichts zu denken, doch das stimmt nicht, denn Gedankenstille zu üben zählt zu den wichtigsten Fähigkeiten der höheren Magie und Kabbalah. Chochmah ist also ein Zustand, in dem man nicht träumt und gedanklich auch nicht abschweift.

Bekanntlich besteht das menschliche Gehirn aus zwei Hemisphären, nämlich der rechten und der linken Gehirnhälfte. Die rechte Gehirnhälfte ist verantwortlich für alles musische, für meditative Erfahrungen, für Intuitives. Die linke Gehirnhälfte entspricht dem verstandesmäßigen Denken und Begreifen, dem Erklären und Definieren, der Logik. Somit kann man den Bewußtseinszustand von Binah, Verständnis, der linken Gehirnhälfte und den Bewußtseinszustand von Chochmah, Weisheit, der rechten Gehirnhälfte zuordnen. Dort, wo sich beide in einer Art Schnittmenge treffen und zusammenfließen, entsteht der Bewußtseinszustand Wissen, den die Kabbalisten als die geheime Sefirah, Daat, beschreiben.

In der westlich geprägten Kultur neigen wir dazu, den logischen Verstand überzubewerten, der glaubt zu wissen. Doch Wissen, wie zuvor gesagt, kann ohne Weisheit nicht existieren. *»Verstehe mit Weisheit, und sei weise mit Verständnis«* heißt ein altes kabbalistisches Sprichwort. Da die Sefiroth, der ganze Baum des Lebens, nicht mit dem Verstand begriffen und erfahren werden kann, ist die Erreichung des Chochmah-Bewußtseins Voraussetzung dafür, Fortschritte im kabbalistischen Studium verzeichnen zu können. Das Sefer Jezirah sagt aus, daß die Sefiroth über die Pfade der Weisheit erreicht werden müssen, ein anderer Weg ist ausgeschlossen.

Prüfen und Forschen

Um aus den Sefiroth heraus zu forschen, um die Zusammenhänge und die Natur einer jeden Sache oder eines jeden Dings zu begreifen, ist es erforderlich, den Bewußtseinszustand einer jeden Sefirah zu erlangen. Die dann erreichte und freisetzbare spirituelle Kraft ermöglicht es dem Kabbalisten, hinter jede Sache des Universums und der Schöpfung zu blicken.

Stelle jedes Ding auf seine Essenz

Hier meint das Sefer Jezirah, daß der Kabbalist eine jede Sache, nachdem er sie bis in ihre wahre Essenz hinein erkannt hat, auch spirituell erhebt. Er beginnt, alles, was er betrachtet, mit »anderen Augen« wahrzunehmen.

Laß den Schöpfer an Seinem Ort

Gott sitzt auf einem vorbereiteten Platz, der die vier Ebenen bzw. Universen miteinander verbindet. Dieser Ort bezieht sich auf die Welt Jezirah, die Ebene der Engel. Richtet der Kabbalist seine Aufmerksamkeit auf eine Sache, so zieht er automatisch »spirituelle Nahrung« aus den geistigen Ebenen auf den Gegenstand seiner Betrachtung (Erhebung) herab. Diese herabgezogene »spirituelle Nahrung« aus der Ebene der Engel vermag der Kabbalist für sich zu nutzen und zu lenken. Er ist damit imstande, die materielle Ebene tatsächlich zu verändern.

Die vier Ebenen

Universum	*Bedeutung*	*Inhalt*	*Ebene*
Atziluth	Emanation	Sefiroth	Nichts/unmanifestiertes Licht
Beriah	Schöpfung	Thron	etwas aus nichts/ manifestiertes Licht
Jezirah	Gestaltung	Engel	etwas aus nichts/verdichtetes manifestiertes Licht
Assiyah	Handlung	Schatten des Physischen	Vollendung/vollkommener Ausdruck des Geistes in der Materie

1,5 *Zehn Sefiroth des Nichts: Ihr Maß ist zehn; deren keine Grenze ist. Eine tiefe des Anfangs, eine Tiefe des Endes; eine Tiefe des Guten, eine Tiefe des Bösen; eine Tiefe oben, eine Tiefe unten; eine Tiefe des Ostens, eine Tiefe des Westens; eine Tiefe des Nordens, eine Tiefe des Südens. Ein einziger Herr, Gott treuer König, herrscht über sie alle aus Seiner heiligen Wohnstätte bis in die ewigen Ewigkeiten.*

In diesem Vers erklärt das Sefer Jezirah die fünf Dimensionen mit ihren zehn Richtungen, die im Baum des Lebens enthalten bzw. dargestellt sind:

Anfang:	Chochmah/Weisheit	–	*Ende:*	Binah/Verständnis
Gut:	Kether/Krone	–	*Böse:*	Malkuth/Königreich
Oben:	Netzach/Sieg	–	*Unten:*	Hod/Glanz
Norden:	Geburah/Stärke	–	*Süden:*	Chessed/Liebe
Osten:	Tifereth/Schönheit	–	*Westen:*	Jesod/Fundament

Die Sefirah Kether ist diejenige, die Gott am nächsten ist, Malkuth ist diejenige, die Gott am fernsten ist. Mit anderen Worten könnte man auch sagen: Kether ist hochfrequent (in hoher Schwingung) und Malkuth niederfrequent (in niedriger Schwingung), bzw. Kether ist gasförmig und Malkuth vereist. Da Malkuth den dichtesten Aggregatzustand der Schöpfung darstellt, und demnach eher den Zustand der Unbewußtheit beschreibt, ist sie dem Bösen – dem Fehlen von Weisheit und Verständnis – am nächsten.

Wird die Gesamtheit der zehn Sefiroth in ihrer natürlichen Anordnung als »Baum des Lebens« bezeichnet, so versteht man die Mittlere Säule, die Achse zwischen Kether und Malkuth, als »Baum der Erkenntnis von Gut und Böse«. Beide Bäume sind ja in der Genesis erwähnt, wobei es dem Menschen von Gott untersagt wurde, die Früchte des Baumes der Erkenntnis von Gut und Böse zu genießen. Der Genuß der Früchte des Baumes der Erkenntnis von Gut und Böse symbolisiert den Abstieg des Menschen von den feinstofflich-spirituellen Ebenen hinab in die dichte Materie. War der Mensch zuvor gekleidet in ein unsterbliches Lichtkleid, so verdichtete er sich nun allmählich und betrat eine Ebene, die der Erde, auf der er gezwungen ist, seinen physischen Körper ständig zu erneuern. Während der Geist unsterblich blieb, fiel der Körper unter die Gesetze des Zerfalls, des Todes. Der Mensch trennte sich vom Bewußtsein, selbst Göttlich zu sein, und fühlte sich durch den Abstieg in die Materie von Gott getrennt. Dieses Gefühl bzw. Bewußtsein, von Gott getrennt zu sein oder, anders ausgedrückt, von Gott unabhängig zu sein, entspricht der Sphäre und dem Machtbereich Satans, der Herr des verdichteten Erdelements ist.

Malkuth ist auch dem sogenannten bösen Baum des Lebens am nächsten, ja sogar Schnittpunkt zwischen der Schöpfung Gottes und deren unwirklicher Spiegelung. Dieser »böse« Baum des Lebens bzw. seine Sefiroth nennen die Kabbalisten »Kilipoth«, was Hülle bedeutet. Der Herrscher dieser Spiegelwelt wurde Baphomet, der Gott der Schwarzen Magie und Herr der Schwarzen Bruderschaft. Eine Umschreibung seines Namens lautet auch »Herr der Welt«, wie er allgemein von den Eingeweihten genannt wird.

Eine Anleitung, wie wir diesen Abstieg des Menschen von der verdichteten und gewissermaßen unbewußten (einschränkenden) Materie rückgängig machen können, gab uns vor 2000 Jahren der menschgewordene Vertreter des Logos, Jesus Emanuel, der Christ, als er uns offenbarte: *»Der Vater und ich sind eins!«* Damit und mit dem Hinweis: *»All diese Wunder könnt ihr auch vollbringen – und noch viel mehr«,* wies der Christ darauf hin, daß zwischen IHM und der Menschheit in Wahrheit kein Unterschied besteht, demnach jeder Mensch in seinem Inneren eins ist mit Gott. Seine esoterischen Lehren sollen das menschliche Bewußtsein aus der Sphäre Malkuth hinauf in die Sphäre der Sefirah Tifereth erheben. Aus Tifereth strahlt der Logos, der sich offenbarende Gott.

Die Eingeweihten wissen, daß sich der Mensch mit seinem Bewußtsein aus dem Zustand von Malkuth über Jesod hinaus nach Tifereth bewegen muß, um das Göttliche zu begreifen, denn die Göttliche Vorsehung kommt dem Menschen ihrerseits aus den höchsten spirituellen Ebenen bis Tifereth hinunter entgegen.

Das Maß ist zehn, deren keine Grenze ist

Das Buch der Schöpfung berichtet, daß es keinerlei Begrenzung gibt. Alles ist unendlich und somit mit dem Unendlichen, der Göttlichen Vorsehung, die auch mit Ain Sof umschrieben wird, verbunden.

Eine Tiefe des Anfangs ...

Tiefe bedeutet »unendlich« und letztlich »unergründlich«.

Der einzige Herr

Die traditionellen Kabbalisten definieren Gott hier als »einzigartig«. Es deutet aber auch darauf hin, daß alles, die gesamte Schöpfung, einzigartig und EINS ist mit dem Schöpfer. Nichts ist vom anderen getrennt.

Gott treuer König

»Gott treuer König« heißt im Hebräischen »El Melekh Ne'eman«. Aus der hebräischen Schreibweise werden die Buchstaben AMN hergeleitet, die dann das Wort »Amen« – so sei es – bilden. Die jüdische Tradition sagt zu dieser Stelle, man könne Gott nur durch Treue erreichen. Dies stimmt; trotzdem kann man aus dieser Formulierung auch herauslesen, daß es eine Wesenheit gibt, die im Auftrage Gottes und in absoluter Treue zu IHM über die zehn Sefiroth herrscht.

Gott als König zu bezeichnen, halte ich für falsch, denn jeder König wird von jemand anderen ernannt und gekrönt. Hinter jedem König stehen Berater, die ihn durch Ratschluß unterstützen. Über Gott selbst jedoch steht kein anderes Wesen. Er ist alles durchdringender ewiger Geist. Dieser Gott treue König, König der Gerechtigkeit (melekh), ist Melchisedek, der dem Befehl Gottes folgte: *»Schafft mir ein Königreich von Priestern.«* Hohepriester in diesem Königreich, der Ordnung Melchisedeks, war Jesus Emanuel, der Christ (Neues Testament, Hebräerbrief).

1,6 *Zehn Sefiroth des Nichts: Ihr Gesicht ist wie das Erscheinen des Blitzes, ihr Ziel hat kein Ende. Sein Wort in ihnen ist hin und her laufen. Auf Seine Rede hin eilen sie wie ein Sturmwind, und vor Seinem Thron werfen sie sich nieder.*

Ihr Gesicht

Mit Gesicht ist die hellsichtige Schau, die Hellsichtigkeit gemeint. Bei der meditativen Arbeit mit dem Lebensbaum und seinen Sefiroth verbindet sich der Kabbalist üblicherweise zuallererst mit der Sefirah Chochmah (Weisheit), um in einen Zustand von »Nichtdenken« bzw. Gedankenleere zu gelangen. Dann meditiert er mit der untersten Sefirah, Malkuth, und steigt allmählich zurück nach oben bis Chochmah. Chochmah gilt als die oberste für den Menschen erreichbare Sefirah, denn Kether ist für ihn meist nicht mehr begreif- und erfaßbar.

Das Erscheinen des Blitzes

In der hellsichtigen Schau blitzen die Sefiroth dem Kabbalisten wie Sonnen vor dem inneren Auge auf, um sich ihm zu offenbaren. Sobald der Kabbalist den Zustand von Chochmah, Gedankenstille, verliert, ist er in seinem Geiste abgelenkt und nicht mehr in der Lage, die Ströme der jeweiligen Sefirah aufzunehmen und zu erfassen.

Rabbi Moshe de Leon (1238–1305), der den Sohar herausgab, verglich die mystische Schau mit einer Schale Wasser, die das Sonnenlicht einfängt und auf eine Wand wirft. Sobald das Wasser absolut ruhig in der Schale gehalten wird, reflektiert sie ein klares Bild. Die kleinste Bewegung allerdings bringt die Wasseroberfläche in Unruhe, und das zuvor klare Bild verzerrt sich und verschwindet (Shekkel HaKodesh. London, 1911).

Der Vergleich Rabbi Moshes ist auch deshalb interessant, weil er einen Hinweis auf die Verwendung des magischen Spiegels gibt, mit Hilfe dessen der Geist – sprich Mentalkörper – des Kabbalisten andere Dimensionen oder Ebenen bereisen kann, indem er den Spiegel wie eine Art Tor verwendet (über die Herstellung und den Gebrauch magischer Spiegel können Sie in meinem im Frühjahr 2003 erscheinenden Buch »Spiegelmagie« mehr erfahren.)

Ihr Ziel hat kein Ende

Wieder bestätigt das Sefer Jezirah, daß die Göttlichen Ebenen sowie auch Seine Schöpfung unendlich sind. Es existieren weder Zeit noch Raum, in denen das Unendliche Gottes nicht vorhanden wäre. Der übende Kabbalist wird mit dieser Zeile aber auch aufgefordert, unermüdlich zu studieren, denn auch sein Studium und seine daraus resultierenden Erkenntnisse werden ohne Ende sein.

Sein Wort in ihnen ist hin und her laufend

Wort bezieht sich hier zum einen auf das lebendige Wort der Kabbalah, den Schöpfungsprozeß, der sich ständig und immerwährend zwischen den Sefirah bzw. zwischen den verschiedenen Dimensionen bewegt. Der wahre Kabbalist, der selbst zum lebenden Wort geworden ist, nimmt aktiv an diesem Schöpfungsprozeß teil, in dem er den Geist Gottes mit dem seinigen verbindet und alle diesbezüglichen Unterschiede aufhören zu existieren.

Zum anderen aber bezieht sich das »hin und her laufende Wort« in abweichender Betrachtung auf Binah, den Bewußtseinszustand des Verstandes. Im Zustand von Binah – Verstehen – kann sich eine Sefirah dem Kabbalisten nur als Blitz, Gedankenblitz, offenbaren, ohne aber daß er Wissen, die Synthese zwischen Weisheit und Verständnis, erreicht.

Auf Seine Rede hin eilen sie wie ein Sturmwind

Wie viele andere Stellen des Buches der Schöpfung kann auch diese auf verschiedene Weisen verstanden werden. Einerseits wird ausgesagt, daß die Propheten den Geboten Gottes im Zustand höheren Bewußtseins Folge leisten. Andererseits wird der Hinweis gegeben, daß der Kabbalist selbst, macht er vom Lebendigen Wort Gebrauch, die Göttlichen Kräfte zu bündeln in der Lage ist und mit ihnen unbeschreibliche Gewalten lenken kann.

Vor Seinem Thron werfen sie sich nieder

Das Sefer Jezirah verdeutlicht hier nochmals, daß die höchsten Ebenen bis in die niedersten reflektiert werden. Diese Spiegelungen sind für den Hellsichtigen, erhebt er sich bzw. seinen Geist auf die Ebene von Jezirah, erfaßbar und wahrnehmbar.

1,7 *Zehn Sefiroth des Nichts: Ihr Ende ist in ihrem Anfang enthalten, und ihr Anfang ist in ihrem Ende, wie eine Flamme in einer brennenden Kohle. Denn der Herr ist einzigartig, Er hat keinen Zweiten. Und vor Eins, was zählst du?*

Ihr Ende ist in ihrem Anfang enthalten

Der bekannteste Satz aus den Smaragdtafeln des Hermes Trismegistos lautet: »Wie oben, so unten!« Dieses Gesetz spiegelt sich auch im Lebensbaum wieder, denn der Anfang (Kether) spiegelt sich im Ende (Malkuth) wider. So trägt die Sefirah Malkuth die Essenz aller Sefiroth über ihr vereinigend in sich. Es gibt daher nichts in der Schöpfung, was sich nicht in der irdischen Sphäre, unserer dreidimensionalen Welt, zeigen würde. Kether kann auch als Ebene der Ursachen (Akasha-Ebene) betrachtet werden, wohingegen Malkuth als Ebene der Wirkung gilt. Trotzdem ist das Wesen, das allgemein als Gott bezeichnet wird, von nichts abhängig, und wir dürfen bei unseren Betrachtungen nicht vergessen, daß der Lebensbaum zwar eine Göttliche Darstellung oder sogar eine Darstellung Gottes ist, Gott aber auch außerhalb der Sefiroth existiert, denn diese sind nur Schöpfungen des Einen, der Göttlichen Vorsehung.

Manche Kabbalisten sehen auch Malkuth als Ursache von Kether, was ja auch der Aussage des Sefer Jezirah entsprechend naheliegend wäre. Materie, die ja durch Malkuth als dichtester Form des Göttlichen Lichts dargestellt wird, beherrscht jedoch niemals den Geist. Geist steht immer über der Materie, Materie wird vom Geist geformt, Geist jedoch niemals durch Materie – Materie ist geformter und verdichteter Geist.

Eine weitere Betrachtungsweise ist, die Sefiroth als zehn verschiedene Richtungen innerhalb eines fünfdimensionalen Kontinuums zu sehen. Jedes Paar, das sich aus den einander gegenüberliegenden Sefiroth ergibt, stellt Punkte auf einer Linie dar, die sich in beide Richtungen unendlich ausdehnt. Doch selbst diese anscheinend entgegengesetzten Richtungen treffen innerhalb der Unendlichkeit wieder zusammen, so wie ein Kreis, auf dem man zwar in beide Richtungen gehen kann, jedoch immer an den Ausgangspunkt zurückkommt.

Wie eine Flamme in einer brennenden Kohle

Kohle kann nicht brennen ohne eine Flamme – eine Flamme kann nicht aufsteigen ohne Kohle. Das Sefer Jezirah beschreibt an dieser Stelle den Zusammenhang zwischen den geistigen Ebenen und den materiellen Ebenen. Geist drückt sich in der Materie aus, ohne Geist würde Materie nicht existieren. Geist bindet sich in der Materie, denn ohne diese Anbindung an ein materielles Konzept ist Geist nicht formbar, nicht darstellbar.

Denn der Herr ist einzigartig, Er hat keinen Zweiten

Gott ist einzigartig, sagt das Sefer Jezirah. Gott steht außerhalb jeglicher Vorstellung und jeglicher Form. Somit ist Gott auch nicht beschreibbar, denn würde er beschrieben werden, wäre er an eine Form gebunden. Somit ist jede Beschreibung Gottes eine Beschreibung seiner Schöpfung, einer Verdichtung aus sich selbst heraus, nicht aber eine Beschreibung Gottes an sich.

Und vor Eins, was zählst du?

Eins entspricht Kether, einem Konzept innerhalb der Schöpfung. Gott existiert allerdings außerhalb jeder Schöpfung und ist deshalb auch nicht zählbar bzw. durch eine Zahl ausdrückbar.

1,8 *Zehn Sefiroth des Nichts: Verschließe deinen Mund, daß er nicht rede, und dein Herz, daß es nicht denke. Und wenn dein Herz entläuft, kehre zurück an den Ort, wie es geschrieben steht: die Chayot laufen hin und her, deshalb wurde ein Bund geschlossen.*

Verschließe deinen Mund, daß er nicht rede, und dein Herz, daß es nicht denke

Aus dem bereits Besprochenen wird dem Kabbalisten verständlich, daß er nur durch Erlangung des Chochmah-Bewußtseins, der Gedankenstille, in die Lage kommen kann, die Sefiroth zu erfassen und zu begreifen. »Verschließe deinen Mund« ist nicht nur eine Aufforderung an den Eingeweihten, nicht über Geheimnisse zu sprechen, nicht unbedacht zu sprechen oder ähnliches, sondern auch den Geist still zu halten.

Die Herzgegend wird von den Kabbalisten allgemein der Sefirah Binah zugeordnet, der Ebene des Verständnisses. Hier findet der Kabbalah-Student die Aufforderung, seine Übungen, Meditationen und Erfahrungen nicht verstandesmäßig zu zerlegen, sondern einfach hinzunehmen. Sobald eine Erfahrung, ein Gedanke, im Geiste ausgesprochen wird, ist dieser nicht mehr leer [Gedankenstille!] und verliert die Fähigkeit, das Chochmah-Bewußtsein aufrechtzuerhalten. Somit verliert der Kabbalah-Student den Kontakt zu den Sefiroth und die Möglichkeit, tiefer in die Sphären einzutauchen.

Und wenn dein Herz entläuft, kehre zurück an den Ort

Die alten Kabbalisten warnen davor, die Sefiroth mit dem Verstand – Binah-Bewußtsein – erfassen zu wollen. Würde der Kabbalah-Student versuchen, die Schöpfungsgeheimnisse verstandesgemäß zu begreifen, bestünde die Gefahr, daß ihm der Verstand durch die Vielzahl der Symbole »überläuft«, er im wahrsten Sinne des Wortes verrückt, aus dem Lot gebracht, wird. Sollte der Zustand des »Verrücktseins« anhalten, rät eine der alten Methoden, gedanklich entlang der Pfade hin- und herzulaufen, um Chochmah(-Bewußtsein) zu erreichen. Auf diese Weise gelingt es, die Flut der Eindrücke auf der Gedankenebene zu stoppen, Gedankenstille herzustellen. Diesen Zustand der Gedankenstille aufrechtzuerhalten schaffen die meisten Menschen – wenn überhaupt – nur für einen kurzen Augenblick. Schüler der Adepten-Schulen, der kabbalistischen Einweihungsstätten, wird jedoch abverlangt, diese Gedankenstille für mindestens fünf, besser zehn Minuten aufrechterhalten zu können. Auch auf Bardons Zehnstufenweg (»Der Weg zum wahren Adepten«), wird der Schüler immer wieder durch zahlreiche Übungen aufgefordert, diese mentale Reife zu erlangen, ohne die es kein wirkliches Weiterkommen auf dem Pfad der Weisheit gibt.

Hat man nun diesen Chochmah-Zustand für einen Moment erreicht, so ist die Aufmerksamkeit des Meditierenden unmittelbar auf eine physische Sache, einen Gegenstand, zu richten. So zwingt der Kabbalist sein Bewußtsein zurückzukehren. Manche Kabbalisten provozieren dieses Hin- und Herlaufen entlang der Pfade, um über Chochmah immer wieder ins Körperliche zurückzukehren. Mit dieser Methode gelingt es ihnen, die erfahrenen Eindrücke ins Tagesbewußtsein zu transportieren und dort zu erfassen, z.B. durch Niederschrift. Auf anderen Wegen ist der Kabbalist kaum in der Lage, sich im körperlichen Bewußtsein an die erfahrenen spirituellen Ebenen zu erinnern.

Abulafia, einer der für unsere Studien wichtigsten alten Kabbalisten, empfahl seinen Studenten, nach der Meditation zu essen und zu trinken oder an einem starken Duft zu riechen, um die Sinne wieder an das Körperliche zu binden (A. Jellinek: Philosophie und Kabbalah. Leipzig 1854). Da ab einem bestimmten Einweihungsgrad die Seele den Körper während der Meditationen tatsächlich verläßt, um sich in anderen Dimensionen aufzuhalten, ist dieser Empfehlung besondere Aufmerksamkeit zu schenken.

Deshalb wurde ein Bund geschlossen

Mit dem hier angesprochenen Bund ist wieder jener zwischen dem Menschen und Gott, zwischen der körperlichen und der spirituellen Welt gemeint. Einige Kabbalisten sind der Ansicht, daß das Sefer Jezirah in seiner ältesten Fassung bereits an dieser Stelle beendet ist und alle weiteren Texte erst später hinzugefügt wurden.

Alte Kabbalisten, so auch Rabbi Yehudah, empfahlen dem Kabbalisten, einen Eid abzulegen, um die Pfade und Sefiroth sicher und gefahrlos bereisen zu können. Dieser Eid – Bund – sollte eine Übereinkunft zwischen dem Kabbalisten und Gott sein. Auf der physischen Ebene wird ein solcher Bund durch die Beschneidung symbolisiert. Doch handelt es sich, wie bereits besprochen, bei der Beschneidung um ein »äußeres« Zeichen einer »inneren« Handlung. Ist dem »Beschnittenen« die innere Bedeutung nicht bis ins kleinste bekannt und klar und richtet er sein Leben nicht hundertprozentig an den Versprechen aus, die durch das Ritual der Beschneidung Ausdruck finden, nützt sie ihm nichts.

Um es noch einmal klar herauszustreichen: Die Beschneidung ist Ausdruck der Beherrschung der Gedanken und der (laut oder leise) gesprochenen Worte [Beschneidung der Zunge] sowie der Beherrschung der Sexualkraft und der sexuellen Triebe. Um diese beiden »Werkzeuge der Macht«, Wort und Sexus, beherrschen zu können, ist das ständige und ununterbrochene Beobachten seines eigenen Charakters und dessen daraus ermöglichte Veredelung Grundvoraussetzung. Oft wird dieses Beherrschen aber mit falscher Selbstkasteiung verwechselt. Es ist nun sicher einleuchtend, daß Verpflichtungen wie das Zölibat, sexuelle Entsagung, ihre absolute Berechtigung haben. Keinesfalls sind dies alte Zöpfe einer Kirche, sei es die der Katholiken oder der reformierten Buddhisten des Gelugpa-Ordens oder anderer Vereinigungen. Zu kritisieren ist dabei allerdings das oft fehlende Wissen hinsichtlich der eigentlichen Bedeutung des Zölibats, nämlich das Beherrschen und Lenken der Sexualkraft [sanskrit: Kundalini]. Ohne diese Kenntnis und spirituelle Geistesreife werden mit solchen Verpflichtungen eher Krankheit und psychische Disharmonie geerntet, als daß ein Zugang zu den höheren Ebenen der Spiritualität gefunden wird.

1,9 Zehn Sefiroth des Nichts: Eins ist der Geist des lebendigen Gottes, gesegnet und abermals gesegnet sei der Name des Lebens der Welten. Stimme, Geist und Rede. Dies ist der Heilige Geist.

Eins ist der Geist des Lebendigen Gottes

Eins bezieht sich hier wieder auf die Sefirah Kether, die Krone, durch die sich der Geist zum Ausdruck bringt. Der lebendige Gott – Elohim Chayim – bezieht sich in der Kabbalah auf die Sefirah Jesod, den Ort bzw. das Bewußtsein des Fundaments. Was also durch Kether hervorgeht, ist in Jesod erfahrbar. Der eingeweihte Kabbalist weiß natürlich, daß Jesod mit dem Mond und somit mit der Astralsphäre und entsprechend mit dem menschlichen Astralkörper gleichgesetzt ist. Wer also tatsächlich in Jesod eintaucht bzw. Jesod bereist, kann dies nur, wenn sein Astralkörper vom physischen Körper getrennt ist.

Gesegnet und abermals gesegnet

Segnen bedeutet, daß sich die Essenz des Schöpfers auf eine niedere Seinsebene herabsenkt und die Schöpfung berührt. Im Gebet konzentriert sich der Mystiker auf Gott sowie dessen Attribute und lobpreist ihn. Dadurch wird der Geist der Göttlichen Vorsehung im Akasha/Kether auf den Mystiker selbst herabgezogen und kanalisiert. Segnet ein Priester seine Gemeinde, so handelt es sich um ebendiesen Vorgang des Herabziehens des Göttlichen Geistes.

Leben der Welten

Mit Leben der Welten ist wiederum die Sefirah Jesod gemeint.

Stimme, Geist und Reden

Gemeint sind die drei Ebenen Mentalsphäre, Astralsphäre und grobstoffliche Welt, aber auch die drei Schöpferwerkzeuge, Stimme, Geist und Sprache, mit denen die Göttliche Vorsehung Welten entstehen ließ.

Der Heilige Geist

Der »Heilige Geist« wird von den Kabbalisten Kether zugeordnet. Will ein Kabbalist diesen Heiligen Geist erfassen und erfahren, so kann er dies, wenn er sich bewußtseinsmäßig zwischen Chochmah und Binah hin- und herbewegt, denn dort, zwischen den beiden Sefirah Weisheit und Verständnis, zeigt sich der Heilige Geist. Ruach HaKodesh ist das hebräische Wort für Heiliger Geist. Es bedeutet auch Wissen und wird deshalb der geheimen Sefirah, Daat, zugeordnet. Da der Heilige Geist jedoch Kether entströmt, entsteht er nicht, sondern er ergießt sich in Daat. Wird er von einem Kabbalisten erfahren bzw. erreicht ein Kabbalist den Bewußtseinszustand von Daat, so drückt sich das allgemein durch die Gabe der Weissagung aus. Der Buchstabe, der diesem Heiligen Geist entspricht, ist das von Bardon beschriebene »Ü« (siehe Kapitel »Das Geheimnis der Buchstaben«), verdichtetes Akasha, durch dessen Einverleibung – Kommunion – höchste Hellsicht und die Gabe unfehlbare Prophetie erreicht werden können.

1,10 Zwei: Geist aus Geist. Damit graviere und meißle 22 grundlegende Buch staben – drei Mütter, Sieben Doppelte und Zwölf Einfache – und ein Geist ist von ihnen.

Geist aus Geist

Die meisten kabbalistischen Kommentare setzen »Geist aus Geist« mit der zehnten Sefirah, Malkuth, gleich. Andere wiederum finden hier eine Anspielung auf die beiden Sefiroth Chochmah und Binah, andere auf Kether. Meine Schule lehrt letzteres. Denn es heißt später, daß alle 22 kabbalistischen Buchstaben aus diesem »Geist aus Geist« erschaffen wurden. Malkuth scheidet somit aus, da diese Sefirah bereits Ausdruck des dichtesten Schöpfungsprozesses ist, Kether jedoch die Ursache jedweder Schöpfung erfaßt.

Graviere und meißle 22 grundlegende Buchstaben

Mit Gravieren und Meißeln fordert das Sefer Jezirah den Kabbalisten auf, es dem Schöpfer nachzutun und seinen Charakter und seine Seele zu veredeln, bis er selbst zum klingenden und leuchtenden Mitschöpfer und somit zum Theurgen wird. Der Kabbalist soll die 22 kabbalistischen Buchstaben in alle seine Körper, den mentalen, astralen und physischen, eingravieren, sprich: sie ihnen einverleiben. Geheimbünde wie die Rosenkreuzer verwenden hier das Symbol der veredelten Rose, und die esoterischen Freimaurer sprechen vom »Behauen des rohen Steines«. Beide symbolhaften Redewendungen haben ihren Bezug zu dieser Stelle des Sefer Jezirah.

Die 22 grundlegenden Buchstaben sind die 22 Buchstaben des hebräischen Alphabets, von denen jeder einen der 22 Pfade zwischen den zehn Sefiroth darstellt. Vergleichen Sie dazu die lateinischen Buchstaben (siehe Kapitel »Das Geheimnis der Buchstaben«), die in Klang, Farbe, Ton und Eigenschaft – der kabbalistischen Bedeutung – dem hebräischen Alphabet und somit auch dem Baum des Lebens entsprechen.

1,11 *Drei: Wasser aus Geist. Damit graviere und meißle Chaos und Leere, Schlamm und Lehm. Graviere sie nach Art eines Gartens. Hau sie nach Art einer Mauer, decke sie nach Art eines Daches.*

Nun beginnt das Sefer Jezirah auf die Elemente und ihre jeweilige Bedeutung und Aufgabe innerhalb der Schöpfung einzugehen.

Wasser aus Geist

Geist, Ruach, gebar die Weisheit, die sich in die Sefirah Chochmah ergießt. Diese Weisheit kann von jedem Menschen selbst erlangt werden, wenn er sich genügend bemüht, sich zum Gefäß für Chochmah formt. Göttliche Inspiration, ein Attribut des Heiligen Geistes, kann jedoch nur durch die Gnade Gottes, durch Sein Dazutun oder Wollen, erfahren werden. Da Wasser der Sefirah Chochmah entspricht, wird damit die passive Eigenschaft von Chochmah bzw. Chochmah-Bewußtsein verdeutlicht.

Wasser ist ruhend, zusammenziehend, passiv und somit negativ (letzteres stellt keine Wertung dar, sondern beschreibt die »Ladung« des Elements).

Damit graviere und meißle

Wieder fordert das Sefer Jezirah den Kabbalisten auf, es dem Schöpfer gleichzutun, nämlich aus dem Nichts (Chochmah) Charakter und Eigenschaft hervorzubringen. Auszuformen sind die kabbalistischen Buchstaben, die Pfade und Sefiroth, die den Kabbalisten schließlich zum Mitschöpfer machen. Der Kabbalist formt aus sich heraus, aus dem passiven Chochmah-Bewußtsein (Gedankenleere) die kabbalistischen Buchstaben, spricht das lebendige Wort. Somit ist der Kabbalist selbst Ursache seiner Schöpfungen. Spräche der Kabbalist die Buchstaben z.B. mit Binah-Bewußtsein (aktives, logisches Denken), so wäre es ihm nicht möglich, etwas hervorzubringen. Er zöge dann, gleich einem Mantra, die Buchstabenkräfte von außerhalb seines eigenen Seins zu sich herunter – er würde sie evozieren, anrufen. Damit bediente er sich externer Kräfte, wie es auch der Magier tut, entwickelte sich aber nicht selbst zum »veredelten Gottmenschen«, zum Ari, wie es die jüdischen Kabbalisten nennen (»Ari«, Arier, bedeutet engelhafter oder gottähnlicher Mensch; nur wenige jüdische Kabbalisten wurden Ari genannt, da kaum ein Mensch eine Reife, die diesen Titel verdient, erreicht hat. Der bekannteste jüdische Kabbalist, der Ari genannt wurde, war Rabbi Yitzhak Luria, 1534–1572).

Schlamm und Lehm

Aus dem ruhenden Wasser werden Schlamm und Lehm herausgeworfen (Jesaja 57,20). Bewußtsein, das aus Chochmah heraustritt, beginnt Form und Eigenschaft anzunehmen, bis es sich schließlich in Malkuth physisch verdichten kann.

1,12 *Vier: Feuer aus Wasser. Damit graviere und meißle den Thron der Herrlichkeit, Serafim, Ophanim, heilige Chayot und dienende Engel. Aus diesen dreien errichte Seine Wohnung.*

Feuer aus Wasser

Aus dem ruhenden passiven Bewußtsein, dem Gedanken, der noch nicht logisch formuliert wurde, entsteht nun ein aktiver intellektueller Gedankenprozeß. Der Verstand beginnt, das in Chochmah Erfahrene zu erklären und in formuliertes Denken zu fassen. Aktive Gedanken sind dem Feuerelement zugeordnet. So wechselt die Ruhe Chochmahs in die Aktivität – Gedankenblitze – Binahs.

Thron der Herrlichkeit

Der Thron der Herrlichkeit wird von den meisten Kabbalisten der Ebene Beriah zugeordnet. Dort befindet sich das Vehikel, der Träger, durch das die Göttliche Vorsehung auf die unteren Welten herabsinkt, um für die Schöpfung zu sorgen. Beriah entspricht der sogenannten Mentalebene, in der die Sefirah Binah vorherrscht.

Universum	*Sphäre*	*Engelhierarchie*	*Sefiroth*	*Bewohner*
Aziluth	Akasha	Akariel	Chochmah	Sefiroth
Beriah	Mentalebene	Serafim	Binah	Thron der Herrlichkeit
Jezirah	Astralebene	Chayot	Chessed, Geburah, Tifereth, Netzach, Hod und Jesod	Engel
Assiyah	Materielle Welt	Ophanim	Malkhut	Schatten der physischen Welt

Serafim

Die Serafim sind die höchste Engelhierarchie im Universum von Beriah – der Mentalebene. Das hebräische Wort Saraf bedeutet brennen und charakterisiert die Beschaffenheit der Serafim, die aus brennendem Licht –

dem Feuer von Binah – bestehen. Einige Kabbalisten sind der Ansicht, daß es sich bei den Serafim nicht um Engel, sondern um Kräfte handelt. Der Eingeweihte weiß jedoch, daß jeder Engel, ganz gleich welche Sphäre er bewohnt, sowohl über Eigenschaften – Qualitäten – als auch über Kräfte – Quantitäten – verfügt. Qualität als auch Quantität verbergen sich im Namen, der Schreibweise, des jeweiligen Engels.

Chayot

Unter Chayot versteht man die Engel, die in der Welt von Jezirah, der Astralebene, existieren. Die Chayot waren die Wesen, die Hesekiel in seiner Vision sah (Hesekiel 1,26).

Ophanim

Die Ophanim sind die Engel, welche Assiyah, die sogenannte Erdgürtelzone, bewohnen. Sie sind die Engel der materiellen Welt.

Dienende Engel

Die dienenden Engel sind die Untergebenen der Ophanim. Man könnte sie auch als Schutzengel bezeichnen. Sie sind die geistigen Wesen, die den Menschen am nächsten stehen und sich dem Dienst an der Menschheit durch einen Eid verpflichtet haben.

Aus diesen dreien errichte Seine Wohnung

Mit diesen dreien sind hier der Geist (Luftelement), das Feuer (Lichtprinzip) und das Wasser (Empfängnis, Dunkel) gemeint. Unter Wohnung ist die Göttliche Vorsehung selbst zu verstehen, die ihre Schöpfung und alle Dimensionen, einschließlich der der Zeit, umfaßt.

Wenn es nun heißt »aus diesen dreien errichte die Wohnung Gottes«, so fordert das Sefer Jezirah dazu auf, sich selbst zur Wohnstätte Gottes zu formen. Es geht also darum, die Urelemente Luft (kabbalistischer Buchstabe A), Feuer (Sch) und Wasser (M) zu begreifen und damit umgehen zu lernen. Der bewußte Umgang mit diesen drei Ur- bzw. Grundelementen ist dem Kabbalisten aber nur möglich, wenn er diese Kräfte und Eigenschaften in sich selbst integriert und dann mit ihrer Hilfe aus sich heraus schöpferisch tätig wird.

Die gesamte Schöpfung ist in der Kether-Malkuth-Linie und der Chochmah-Binah-Linie enthalten. Bei der gemeinsamen Betrachtung dieser beiden Linien können wir die Konstruktion eines Balkenkreuzes erkennen, das demjenigen der christlichen Kirche entspricht. So entschleiert sich die wahre esoterische Bedeutung des Christenkreuzes, das nie für den Tod Christi stand, sondern die Meisterung der Materie und der Gesamtschöpfung an sich darstellt. Die Christen verwenden also den Lebensbaum in ihrer Symbolik, ohne sich dessen bewußt zu sein.

Das auf dem Kopf stehende Kreuz symbolisiert den Schatten der Schöpfung, die Kilipoth, die Sphären der Schwarzen Magie (im über Malkuth gespiegelten Lebensbaum). Dieses Zeichen findet bei Satanisten und Anbetern Baphomets, des Herrn der Welt, seine Verwendung.

oben: griechisch-orthodoxe Bekreuzigung
unten: römisch-katholische Bekreuzigung

Der Kabbalist wird im Laufe seiner ausdauernden Übungszeit ein umfassendes Symbolverständnis erwerben. Ganz automatisch werden ihm die verborgenen Inhalte okkulter Symbole und alter Schriften klar. So wird er auch zu der Überzeugung gelangen, daß das rituelle Sich-Bekreuzigen der Christen nur auf eine ganz bestimmte Art und Weise erfolgen kann, wenn es die positiven Kräfte der Schöpfung und nicht die Schattenhüllen der Kilipoth auf den Gläubigen herabziehen soll. Hier sei angemerkt, daß im allgemeinen die orthodoxe Ritualistik den positiven Kräften des Baumes des Lebens am nächsten steht, wobei so manche rituellen Gesten der römisch-katholischen Petruskirche bei dem Eingeweihten eher Bedauern auslösen.

1,13 *Fünf: Mit drei der einfachen Buchstaben versiegele Oben. Wähle drei und plaziere sie in Seinem großen Namen: Jod He Vav. Mit ihnen versiegele die sechs Enden. Wende dich aufwärts und versiegele mit Jod He Vav:*
Sechs: Versiegele Unten und wende dich abwärts und versiegele es mit He Jod Vav.
Sieben: Versiegele Osten und wende dich direkt nach Vorn und versiegele mit Vav Jod He.
Acht: Versiegele Westen und wende dich nach Hinten und versiegele mit Vav He Jod.
Neun: Versiegele Süden und wende dich zur Rechten und versiegele mit Jod Vav He.
Zehn: Versiegele Norden und wende dich zur Linken und versiegele mit He Vav Jod.

Die drei Buchstaben des Göttlichen Namens, die auch das Tetragrammaton bilden, sind Jod He Vav.

In den meisten kabbalistischen Schriften wird Jod, der erste Buchstabe des Tetragrammaton, dem Feuerelement zugeordnet. Dies ist jedoch ein entscheidender Fehler! Zum einen führt dies zu Fehlinterpretationen, zum anderen, und viel gravierender, macht sich dieser Fehler beim praktisch übenden Kabbalisten bemerkbar, der als Folge Störungen an Körper und Seele erleiden kann.

Die drei Mütter sind die Grundbuchstaben Alef, Mem und Schin (= A, M, Sch der kabbalistischen Buchstaben Bardons), aus denen alle weiteren Buchstaben entsprungen sind. Alef ist Luft, Mem ist Wasser, und Schin ist Feuer in der jeweilig feinstofflichsten Beschaffenheit. Kaum bekannt ist, daß die alten Kabbalisten Mem mit Jod, Schin mit He und schließlich Alef mit Vav gleichsetzten. So ist Jod Wasser, He Feuer und Vav Luft.

Doch wie kann Mem dem Jod usw. gleich sein, handelt es sich doch um je zwei ganz verschiedene Buchstaben? Um diese Frage zu lösen, vergegenwärtigt sich der Kabbalah-Student die Gesetzmäßigkeit, daß keine

Qualität ohne Quantität zu irgendeiner Wirkung kommen kann. Jede Qualität – hier diejenige, die durch einen Gottesnamen Ausdruck findet – sucht sich ganz automatisch eine Kraft, einen Träger, um sich verwirklichen zu können. Bei der Quantität handelt es sich um sogenanntes elektrisches Fluidum, magnetisches Fluidum oder die Kombination beider Kraftströme, das elektromagnetische Fluidum. Beide Kraftströme, der elektrische und der magnetische, lassen sich in je zwei Elementekräfte unterteilen, wie es nachfolgende Tabelle zeigt:

Fluidum	*Element*	*Eigenschaft*
elektrisch	Feuer und Luft	Expansiv, aktiv, sich ausdehnend
magnetisch	Wasser und Erde	Stabil, zusammenziehend, ruhend, passiv

In der weiteren Zuordnung entspricht Jod der Sefirah Chochmah, He der Sefirah Binah und Vav den sechs Sefiroth: Chessed, Geburah, Tifereth, Netzach, Hod und Jesod.

Mutterbuchstabe	*Vaterbuchstabe*	*Element*	*Sephiroth*
Mem	Jod	Wasser	Chochmah
Schin	He	Feuer	Binah
Alef	Vav	Luft	Chessed bis Jesod

Der kabbalistische Lebensbaum mit seinen 10 Sefiroth und seinen 22 Verbindungspfaden stellt einen vieldimensionalen Raum dar. So verstehen die alten Kabbalisten die drei Väter als eine Triade aus These (He), Antithese (Jod) und Synthese (Vav), die einen dreidimensionalen Raum mit sechs Richtungen schafft.

Das Sefer Jezirah gibt nun eine Meditationsanweisung, auf welche Weise (in welcher Richtung) der Lebensbaum meditativ »bereist« werden kann und welche kabbalistischen Buchstaben des Tetragrammaton zum Wirken gebracht werden können.

			Achse			
Oben	*JHV*	Netzach/ Sieg	J	Unten	*JVH*	Hod/ Glanz
Osten	*HJV*	Tifereth/ Schönheit	H	Westen	*HVJ*	Jesod/ Fundament
Süden	*VJH*	Chessed/ Liebe	V	Norden	*VHJ*	Geburah/ Stärke

Der Kabbalah-Student, der auch den praktischen Übungsteil dieses Buches durchgearbeitet und sich ausgiebig mit dem JHVH beschäftigt hat, wird ausgehend hiervon nun zweifelsfrei die weiteren Schlüssel finden; er ist nun in der Lage, seine Fragestellung ins Chochmah-Bewußtsein zu versetzen. Der Kabbalist möge sich mit der EH-Formel (Franz Bardon: Der Schlüssel zur wahren Quabbalah; S. 295. Freiburg, 1975) des Zweierschlüssels vertraut machen, mit deren Hilfe ihm jede Frage, seinem Reifegrad entsprechend, beantwortet wird.

1,14 Das sind die Zehn Sefiroth des Nichts: Der Geist des Lebendigen Gottes. Geist, Wasser, Feuer, Oben, Unten, Ost, West, Nord und Süd.

1,14 ist die Zusammenfassung des 1. Kapitels.

Kapitel 2

Die 22 Buchstaben und 231 Tore

2,1 22 grundlegende Buchstaben: Drei Mütter, Sieben Doppelte und Zwölf Einfache. Die Drei Mütter, Alef Mem Schin, ihre Grundlage die Schale des Verdienstes, die Schale der Schuld, und die Zunge des Gesetzes entscheidet zwischen ihnen.

Nachdem das Sefer Jezirah dem zu initiierenden Kabbalisten genaue Anweisungen gab, wie er mit den zehn Sefiroth umzugehen hat, geht das Buch der Schöpfung nun auf die genauere Beschreibung der kabbalistischen Buchstaben ein.

Drei Mütter

Die drei Mütter sind die drei kabbalistischen Buchstaben Sch, M und A, welche die dynamische Triade These, Antithese und Synthese bilden. Würde man die Begriffe Bardons verwenden, so ließe sich These mit elektrischem Fluid (Feuer), Antithese mit magnetischem Fluid (Wasser) und Synthese mit elektromagnetischem Fluid (Luft) definieren. Die Synthese ist also eine Mischform aus These und Antithese. Demnach ist das Luftelement, dargestellt durch den Buchstaben Alef (nach Bardon A) zwar aktiv, eher elektrisch, doch kommt Luft sowohl trockenheiß als auch feuchtkalt vor. Luft ist kein eigenständiges Element, sondern eine Mischform, ein Mittler zwischen Feuer und Wasser.

Jeder der kabbalistischen Buchstaben hat seine elementare Eigenschaft und Zuordnung. Sch, M und A sind die ersten Buchstaben, die Mütter aller weiteren kabbalistischen Elementewirkungen, die durch Buchstaben ausgedrückt werden bzw. durch Buchstabenklänge (Farbe, Ton, Gefühl) in der Schöpfung zur Wirkung kommen. Alles im Universum und somit im Menschen Existierende wurde durch die 22 + 5 Buchstaben geschaffen. Dies ist gemäß der Kabbalah ein unwandelbares Gesetz und steht über jeder religiösen oder weltanschaulichen Philosophie.

Schale des Verdienstes

Mem und Schin, M und Sch, sind die beiden polaren Kräfte des Universums und der gesamten Schöpfung! Die beiden ihnen zugeordneten Grundelemente Wasser und Feuer sollten bei jedem Menschen im Gleichgewicht sein. Das heißt, daß sowohl alle aktiven als auch alle passiven Qualitäten eines menschlichen Charakters ausgeglichen sein müssen. Ist das nicht der Fall, so kommt das Gesetz der Gerechtigkeit sofort zur Wirkung. Folge eines solchen Ungleichgewichtes in Körper, Seele und Geist sind alle Formen von Krankheit, seien sie physischer oder psychischer Natur. Der Eingeweihte kennt die Wirkung der Elemente auf seinen Charakter und ist immer darauf bedacht, diesen in Introspektion, Selbstbetrachtung, zu analysieren und ins Gleichgewicht zu bringen und darin zu halten.

Dem spirituell Fortgeschrittenen wird auffallen, daß sich, je weiter er in seiner Entwicklung fortschreitet, seine Gedanken und Wünsche immer schneller verwirklichen. Dies kann dann ein Segen sein, für den weniger entwickelten Menschen ist es allerdings meist ein Fluch. Darauf gründet sich der biblische Ausspruch: *»An ihren Früchten also werdet ihr sie erkennen.«* (Bergpredigt, Matthäus 7,20)

Zunge des Gesetzes

Mit »Zunge des Gesetzes« spielt das Sefer Jezirah nochmals auf die vermittelnde Rolle des Alef – Luftelements – zwischen Wasser und Feuer an. Dem Buchstaben A, der Luft, untersteht alles, was in irgendeiner Weise mit dem menschlichen Intellekt zu tun hat, also auch die Qualität der Gedanken. Sind Mem und Schin im Gleichgewicht, so ist auch die Gedankenwelt des Menschen neutral, er hat weder Ängste noch unrealistische Träume. Er beherrscht als Eingeweihter die Grundkräfte in seinem Inneren – Mikrokosmos – und später auch im Äußeren – Makrokosmos.

Eine meditative Methode, Schin und Mem im eigenen Mikrokosmos, also in Körper, Seele und Geist, in ein harmonisches Gleichgewicht zu bringen, ist diejenige, Sch und M abwechselnd zu intonieren (rhythmisch-melodisch zu sprechen). Will man gleichzeitig die zehn Sefiroth ausbalancieren, so obliegt es dem Kabbalisten, an das Sch und M bei der Aussprache je einen Vokal anzuhängen. Eine traditionelle Übungsfolge sieht demnach wie folgt aus:

SCHoMo	SCHoMa	SCHoMe	SCHoMi	SCHoMu
SCHaMo	SCHaMa	SCHaMe	SCHaMi	SCHaMu
SCHeMo	SCHeMa	SCHeMe	SCHeMi	SCHeMu
SCHiMo	SCHiMa	SCHiMe	SCHiMi	SCHiMu
SCHuMo	SCHuMa	SCHuMe	SCHuMi	SCHuMu

Bei dieser Methode handelt es sich um einen sogenannten Zweierschlüssel, da zwei Buchstaben [hier Sch und M] gleichzeitig kabbalistisch – dreidimensional – ausgesprochen werden. Es handelt es sich um eine Art Mantra-Rezitation, die 462mal (siehe 2,4, die 231 Tore) in kompletter Folge zu intonieren ist.

Der biblische Moses beherrschte die Kabbalah. Die hebräische Schreibweise für Moses ist Mosheh, also: Mem Schin He. Sein Name sagt demnach aus, daß er die beiden kabbalistischen Hauptkräfte, die aus den Sefiroth Chochmah und Binah hervorgehen, beherrschte. Das He am Ende seines Namens entspricht dem Zahlenwert Fünf und ist für die meisten jüdischen Kabbalisten ein Hinweis auf die fünf Vokale (AEIOU) und deren durch Moses angewandte Kombination mit Mem und Schin. Das Alte Testament, die Thora, spricht von einer Gegebenheit, in der Moses einen Ägypter tötete, der einen Israeliten geschlagen hatte. Exodus 2,12: *»Moses wandte sich hierhin und dorthin, als er den Ägypter schlug.«* »Hier« und »dort«, hebräisch: koh, hat den Zahlenwert 25. Wie aus obiger Tabelle ersichtlich, gibt es 25 Möglichkeiten, zwei kabbalistische Buchstaben mit den fünf Vokalen zu verbinden. So behaupten jüdische Kabbalisten, daß Moses den Ägypter mittels Göttlicher Namen und den fünf Vokalen umbrachte.

Eine verbreitete, aus dem Jüdischen übernommene Methode ist, einen verhaßten Feind anzuzischen, das heißt auf ihn das kabbalistische Sch – Schin – zu schleudern, um ihm zu schaden. Es handelt sich hier um einen kabbalistischen Fluch, der natürlich schwarzmagisch ist. Ein wahrer Eingeweihter – der Stellvertreter der Göttlichen Vorsehung ist – würde sich niemals zu einer solchen Tat verleiten lassen. Auf den, der sich solcher Praktiken bedient, wirkt *die Schale des Verdienstes* und *die Zunge des Gesetzes,* was auch soviel wie saturnische (karmische) Vergeltung und Rückschlag bedeutet. Im gesamten Universum gibt es daher keinerlei Ungerechtigkeit, da alles Geschehene seine Wirkung beim Verursacher auslöst und nirgends sonst.

2,2 *Zweiundzwanzig grundlegende Buchstaben: Graviere sie, meißle sie, wiege sie, permutiere sie und mit ihnen bilde die Seele von allem, was geschaffen ward, und allem, was in Zukunft geschaffen wird.*

Wieder gibt das Sefer Jezirah verborgene Meditationsanweisungen, wie der Initiierte, der Kabbalah-Eingeweihte, vorzugehen und die kabbalistischen Buchstaben einzusetzen hat:

Die Buchstaben und die durch sie verkörperten Eigenschaften, Mächte und Kräfte muß der Kabbalah-Student zuerst einmal mit Chochmah-Bewußtsein erfassen und dann im Binah-Bewußtsein verstandesmäßig begreifen. Ist er in seiner Entwicklung so weit vorangeschritten, so ist er in der Lage, jede Idee oder Sache kabbalistisch zuzuordnen, das heißt den ihr entsprechenden Buchstaben oder die ihr entsprechende Zahl zu finden. Dann beginnt er, die kabbalistischen Buchstaben in sich selbst zu bilden, sie auszudehnen oder jeder Sache, jedem Gegenstand oder Wesen einzuverleiben, je nachdem, was er damit bezweckt. Zu guter Letzt muß er sich die Fähigkeit aneignen, jeden Buchstaben mit einem oder mehreren zu kombinieren und »dreidimensional«, das heißt mental, astral und grobstofflich, auszusprechen.

Es sind auch Methoden bekannt, die lediglich das Notieren von Buchstaben und Buchstabenkombinationen vorschreiben. Hierbei handelt es sich um nichts anderes als um eine »radionische« Praxis, die heutzutage in medizinischen Bereichen immer mehr Beachtung findet. Man schreibt beispielsweise einen bestimmten Gottesnamen auf ein Foto einer erkrankten Person mit dem Wunsche der Genesung, die dann über das morphogenetische Feld durch den Informationsgehalt des geschriebenen Namens oder Wortes beeinflußt wird. Der Kabbalist weiß, daß eine derartige Methode zwar ihre unbedingte Wirkung zeigen muß, ihn aber in seiner eigenen Entwicklung nur wenig vorwärtsbringen kann, verließe er sich nur darauf.

2,3 *Zweiundzwanzig grundlegende Buchstaben: Sie werden mit Stimme graviert, gemeißelt mit Geist, und im Mund an fünf Orten plaziert: Alef Chet He Ajin, Gimmel Jod Kav Kuf, Beth Vav Mem Pe, Dalet Tet Lamed Nun Tav, Sajin Samech Schin Resch Zadi.*

Das Sefer Jezirah gibt die Anweisung, wie die einzelnen Buchstaben auszusprechen sind. Es unterteilt die 22 Grundbuchstaben in 1. Kehllaute, 2. Gaumenlaute, 3. Zungenlaute, 4. Zahnlaute und 5. Lippenlaute.

Kehllaute	*Lippenlaute*	*Gaumenlaute*	*Zungenlaute*	*Zahnlaute*
Alef	Bet	Gimmel	Dalet	Sajin
Chet	Vau	Jod	Tet	Samech
He	Mem	Kav	Lamed	Zadi
Ajin	Pe	Kuf	Nun	Resch
			Tav	Schin

Einige Kabbalisten ordnen die in der Tabelle gezeigten phonetischen Familien verschiedenen Sefiroth zu und stellen diesen auch die fünf Vokale gegenüber. Diese Betrachtungsweise wird dann interessant, wenn sich der Kabbalah-Student meditativ mit den einzelnen Sefiroth auseinandersetzt und den Bezug zu den in den Buchstaben herrschenden Qualitäten und Quantitäten sucht.

Zuordnung nach dem Ari (Rabbi Yitzhak Luria)

Phonetische Familie	*Sefirah*	*Vokal*
Kehllaute	Hod	I
Gaumenlaute	Netzach	E
Zungenlaute	Tifereth	O
Zahnlaute	Geburah	A
Lippenlaute	Chessed	U

2,4 *Zweiundzwanzig grundlegende Buchstaben: Sie werden im Kreis wie 231 Tore angeordnet. Und das ist ein Zeichen: Es gibt im Guten nichts über Freude (Ajin Nun Gimmel), und es gibt im Bösen nichts unter Plage (Nun Gimmel Ajin).*

»Der Quabbalist, der sich mit Zahlenkombinationen befaßt, wird die Zahl 462 in der Quabbalah als eine geheime Zahl betrachten, in welche die Formel zahlenmäßig verlegt werden muß. Zwecks Realisierung auf der grobstofflichen Welt, ganz gleich mit welchem Schlüssel, ist Zwei dem Akashaprinzip analog, Sechzig dem Mental- und 400 dem Astralreich. Will man also die vollkommene Verwirklichung von Wünschen erreichen, muß man ins Akashaprinzip die Formel 2mal, ins Mentalreich – Mentalkörper – die Formel 60mal und ins Astralreich – Astralkörper – die Formel 400mal verlegen. Auch Rituale sind im allgemeinen 462mal zu wiederholen, um die erforderliche Voltierung so stark zu machen, daß sie automatisch wirkt.« (Franz Bardon: Der Schlüssel zur wahren Quabbalah)

Meister Arion, Franz Bardon, führt die Zahl 462 [2 x 231] in zwei seiner Werke auf. Er nennt sie eine geheime Zahl, gibt aber keinen weiteren Hinweis auf Herkunft und Bedeutung dieser Zahl als den im oben aufgeführten Zitat. Ohne Zweifel bezog sich Bardon auf das Sefer Jezirah und die 231 Tore.

In einem Kreis

Die hermetische [auf den Kenntnissen des Hermes Trismegistos basierend] Wissenschaft versteht den Kreis als Darstellung des unendlichen Universums, des Makrokosmos. In diesem unendlichen Raum bewegt sich die Schöpfung und drückt sich aus. Da alles im Universum xistierende durch die 22 kabbalistischen Buchstaben – Urklänge – erschaffen wurde, können diese 22 Buchstaben auch graphisch angeordnet um den Kreis herum dargestellt werden.

Verbindet man nun alle 22 Buchstaben miteinander, so erhält man 231 Verbindungslinien, die in der Kabbala die 231 Tore genannt werden. Wie die 22 bzw. 32 Pfade des Lebensbaums stellen die 231 Tore undendliche

Achsenverbindungen durch die entsprechenden Punkte dar. Trotzdem hat jede Linie einen Anfangs- und einen Endpunkt. So entstehen tatsächlich 462 Punkte, die ebenfalls als Tore gesehen werden können. Dieser Kreis mit den 231 Toren ist somit eine vollkommene Darstellung des Universums selbst.

Interessant ist, daß der Name Israel auf die 231 Tore Bezug nimmt. Im Hebräischen wird Israel Jod Schin Resch Alef Lamed (JSchRAL), geschrieben. Kehrt man nun die Buchstabenreihe um in LARSchJ, so erhält man den wörtlichen Satz: »Da sind 231.« Am Anfang des Sefer Jezirah erklärte ich, daß das Heilige Land Israel kein physischer Ort und nirgends auf der (materiellen) Welt zu finden ist. Es kann nur im Inneren eines jeden Menschen gefunden (gemeißelt und graviert) werden. Dieses Innere

des Menschen wird nach seiner Veredelung zur wahren Wohnstätte Gottes. Der rituell arbeitende Magier und Kabbalist weiß, daß er nur schöpferisch wirken kann, wenn er sich selbst als Mittelpunkt des Universums und somit auch als verkörperter Vertreter der Göttlichen Vorsehung vorzustellen vermag. Der fortgeschrittene Kabbalist visualisiert sich demnach im Mittelpunkt eines ihn umgebenden Kreises. Die Begrenzung des Kreises wird durch die 22 hebräischen Buchstaben dargestellt. Der Kabbalist steht somit im Mittelpunkt aller schöpferischen Möglichkeiten. Ein gutes Hilfsmittel ist das Aufmalen eines entsprechenden Kreises, wodurch das Visualisieren wesentlich erleichtert wird.

Nun beginnt der Kabbalist, in seiner Vorstellung den Buchstaben Alef durch Linien der Reihe nach mit jedem der anderen 21 verbleibenden Buchstaben zu verbinden, und spricht jede Buchstabenverbindung im Geist oder laut aus, je nachdem, auf welcher Ebene er schöpferisch tätig sein will. Dies kann er mit oder ohne Vokalanhang durchführen. So entstehen 21 zweibuchstabige Formeln, die dem sogenannten Zweierschlüssel entsprechen. Das gleiche wiederholt der Kabbalist mit dem Buchstaben Beth, dann mit Gimmel usw., bis er alle 22 Buchstaben miteinander verbunden und intoniert hat.

Bei dieser Übung, die in absoluter Ruhe und Ungestörtheit durchzuführen ist, macht sich der Kabbalist bewußt, daß er, sein Mikrokosmos, vollkommen mit der Gesamtschöpfung, dem Makrokosmos, verbunden ist, daß er EINS ist mit dem Schöpfer selbst. Jeder, der sich an diese Übung heranwagt, wird die unbeschreibliche Kraftentfaltung und – bei oftmaliger Wiederholung – die sich einstellenden Veränderungen bei sich und in seiner Umwelt feststellen. Hier handelt es sich allerdings um eine schwierige Fortgeschrittenenübung, die alle vorbereitenden Übungen voraussetzt, die im praktischen Teil des Buches beschrieben sind. Der Vollständigkeit halber sei erwähnt, daß mit dieser Methode ein jeder Gegenstand kabbalistisch belebt werden, ja sogar ein Golem, ein lebendes Wesen, geschaffen werden kann. Wird die Übung in umgekehrter Reihenfolge durchgeführt, so ist sie abbauend, auflösend und zerstörerisch.

Dem Kabbalah-Studenten wird es einleuchten, daß diese Art der Verbindung mittels der 231 Tore nicht nur Zweierkombinationen, sprich: Zweierschlüssel, umfaßt. Der Fortgeschrittene weiß das oben Erklärte auch mit Dreier- und Viererkombinationen anzuwenden. Da es insgesamt zehn kabbalistische Schlüssel analog den zehn Sefiroth gibt, ließe sich das Besprochene theoretisch auch bis zu Zehnerkombinationen erweitern, doch auf unserer Daseinsebene sind nur die Einser-, Zweier-, Dreier- und Viererschlüssel wirksam.

2,5 *Wie? Wiege sie und permutiere sie, Alef mit allen und alle mit Alef; Beth mit allen und alle mit Beth. Sie wiederholen sich in einem Kreis. Denn alles Geschaffene und alles Gesprochene ging aus einem Namen hervor.*

In dieser Strophe des Sefer Jezirah wird der Kabbalah-Student angewiesen, alle Buchstaben mit dem Tetragrammaton, dem JHVH, und den fünf Vokalen der Reihe nach zu kombinieren und kabbalistisch zu singen [intonieren]. Diese Technik ist nur fortgeschrittenen Kabbalisten möglich, die in der Lage sind, mehr als 35 Stunden am Stück zu meditieren, ohne zu ermüden oder abgelenkt zu werden!

Um ein solches Maß an Konzentration aufbringen zu können, sei jedem Kabbalisten angeraten, eine Dunkelklausur von mindestens sieben Tagen und sieben Nächten zu absolvieren. Die tibetischen Bön-Po z.B. [Bön-Po = ausübender Lama, Priester, der tibetischen Urreligion, die auf eine siebzehntausendjährige Tradition zurückblickt. Für den Außenstehenden ähnelt die Bön-Religion dem tibetischen Buddhismus, und der 14. Dalai Lama hat die Bön-Religion offiziell als Lehre anerkannt. Zuvor wurden die Bön allerdings eher bekämpft] meditieren zu diesem Zweck in der Regel 49 Tage und Nächte allein und in völliger Dunkelheit; unter ihnen gibt es einzelne Meister, die bis zu dreißig (!) Jahre in der Dunkelheit ausharrten und auf diesem Weg höchste Erleuchtung erreichten.

Will der Kabbalist seine vier Körperzonen – Kopf, Brust, Bauch und Beine – kabbalistisch beleben, so geht er wie folgt vor:

1. Er konzentriert sich auf den Kopf und beginnt, den Buchstaben Schin mit allen Vokalen und der Reihe nach mit allen Buchstaben des Tetragrammaton zu kombinieren und zu singen;
2. anschließend konzentriert er sich auf die Brustregion und beginnt, A wie zuvor Schin zu kombinieren und zu singen;
3. dann konzentriert er sich auf die Bauchregion und beginnt, M wie Schin zu kombinieren und zu singen;
4. und zum Schluß konzentriert er sich auf die Beine und beginnt, das Ä wie Schin zu kombinieren und zu singen.

Beispiel:

Kopf	SCHuJu	SCHaJa	SCHiJi	SCHeJe	SCHoJo
	SCHuHu	SCHaHa	SCHiHi	SCHeHe	SCHoHo
	SCHuVu	SCHaVa	SCHiVi	SCHeVe	SCHoVo
	SCHuHu	SCHaHa	SCHiHi	SCHeHe	SCHoHo
Brust	AuJu	AaJa	AiJi	AeJe	AoJo
	AuHu	AaHa	AiHi	AeHe	AoHo
	AuVu	AaVa	AiVi	AeVe	AoVo
	AuHu	AaHa	AiHi	AeHe	AoHo
Bauch	MuJu	MaJa	MiJi	MeJe	MoJo
	MuHu	MaHa	MiHi	MeHe	MoHo
	MuVu	MaVa	MiVi	MeVe	MoVo
	MuHu	MaHa	MiHi	MeHe	MoHo
Beine/Knochen	ÄuJu	ÄaJa	ÄiJi	ÄeJe	ÄoJo
	ÄuHu	ÄaHa	ÄiHi	ÄeHe	ÄoHo
	ÄuVu	ÄaVa	ÄiVi	ÄeVe	ÄoVo
		ÄuHu	ÄaHa	ÄiHi	ÄeHe

Der große Rabbi Abraham Abulafia gab eine Anweisung, das gesamte Alphabet auf die oben beschriebene Methode anzuwenden. Diese Übung dauert dann tatsächlich ca. vierzig Stunden, da der Kabbalist alle 25 möglichen Permutationen mit jedem Buchstabenpaar vorgibt. Bringt der Kabbalah-Student diese Ausdauer und Konzentration auf, so belebt er seinen

Astralleib derart, daß er mit der Zeit imstande ist, kabbalistisch zu wirken, was für die Augen eines Nichteingeweihten als wahre Wunder erscheinen würde.

Demjenigen Kabbalisten, der nicht die nötige Ausdauer zur pausenlosen Rezitation der vorgegebenen Methode aufbringen kann, obliegt es, die Übung auf 22 Tage auszudehnen, indem er jeden Tag einen der 22 Buchstaben permutiert [kombiniert]. Doch selbst diese scheinbare Erleichterung erfordert außerordentliche Disziplin und Vorbereitung.

Des weiteren ist zu betonen, daß der Kabbalist bei Abulafias Methode auf einen bestimmten Atemrhythmus zu achten hat. Jeder Buchstabe ist mit einem Atemzug auszusprechen, so daß jede Sequenz genau 25 Atemzüge andauert. Diese den ngeübten extrem anmutende Atmung belebt in besonderem Maße den Astralkörper des Kabbalisten, was ja auch Zweck der gesamten Übung ist. Schon schnell wird der Kabbalist in einen Trancezustand fallen. Der Fortgeschrittene wird das Auftreten von Visionen feststellen.

Ich empfehle dem Kabbalisten, nach jeder durchgearbeiteten Sequenz des JHVH etwas Nahrung zu sich zu nehmen, um vom Chochmah-Bewußtsein wieder zurück in das Binah-Bewußtsein zu gelangen. Dieser Punkt ist sehr wichtig und sollte keinesfalls vernachlässigt werden. Außerdem darf nur derjenige, der über eine besonders starke Psyche verfügt, also durch die entsprechenden Vorbereitungsübungen seelisch gestärkt ist (wie im praktischen Teil dieses Buches aufgeführt), diese Übung ausführen.

Dem Wissenden sind keine Grenzen

Abulafias Methode

Aussprache mit Jod						
	AoJo	AoJa	AoJe	AoJi	AoJu	
	AaJo	AaJa	AaJe	AaJi	AaJu	
	AeJo	AeJa	AeJe	AeJi	AeJu	
	AiJo	AiJa	AiJe	AiJi	AiJu	
	AuJo	AuJa	AuJe	AuJi	AuJu	
Jod						*J*
	JoAo	JoAa	JoAe	JoAi	JoAu	
	JaAo	JaAa	JaAe	JaAi	JaAu	
	JeAo	JeAa	JeAe	JeAi	JeAu	
	JiAo	JiAa	JiAe	JiAi	JiAu	
	JuAo	JuAa	JuAe	JuAi	JuAu	

Aussprache mit He						
	AoHo	AoHa	AoHe	AoHi	AoHu	
	AaHo	AaHa	AaHe	AaHi	AaHu	
	AeHo	AeHa	AeHe	AeHi	AeHu	
	AiHo	AiHa	AiHe	AiHi	AiHu	
	AuHo	AuHa	AuHe	AuHi	AuHu	
He						*H*
	HoAo	HoAa	HoAe	HoAi	HoAu	
	HaAo	HaAa	HaAe	HaAi	HaAu	
	HeAo	HeAa	HeAe	HeAi	HeAu	
	HiAo	HiAa	HiAe	HiAi	HiAu	
	HuAo	HuAa	HuAe	HuAi	HuAu	

Aussprache mit Vav						
	AoVo	AoVa	AoVe	AoVi	AoVu	
	AaVo	AaVa	AaVe	AaVi	AaVu	
	AeVo	AeVa	AeVe	AeVi	AeVu	
	AiVo	AiVa	AiVe	AiVi	AiVu	
	AuVo	AuVa	AuVe	AuVi	AuVu	
Vav						*V*
	VoAo	VoAa	VoAe	VoAi	VoAu	
	VaAo	VaAa	VaAe	VaAi	VaAu	
	VeAo	VeAa	VeAe	VeAi	VeAu	
	ViAo	ViAa	ViAe	ViAi	ViAu	
	VuAo	VuAa	VuAe	VuAi	VuAu	

Und noch einmal die Übung *»Aussprache mit He«.*

2,6 *Erschaffe Wirklichkeit aus dem Chaos und mache das Nichts zum Sein. Haue große Säulen aus Luft, die nicht faßbar ist. Dies ist das Zeichen: Einer schaut, transformiert und schafft alles Geschaffene und alle Worte aus einem Namen. Und ein Zeichen dafür: Zweiundzwanzig Dinge in einem einzigen Körper.*

Ein Zeichen, ein einziger Körper

Der kabbalistisch Eingeweihte erkennt, daß alles Geschaffene letztlich nur ein Name – Klang, Farbe, Ton und Element – ist. Alles aus dem einen Namen JodHeVavHe (Mem–Wasser/Schin–Feuer/Vav–Luft/He–physische Realisation) erschaffen.

Der Kabbalist muß nun im Laufe seiner Entwicklung und seines Fortschritts in der Lage sein, alle 22 Buchstaben in sich selbst zu bilden und dort auch integriert zu er- bzw. behalten. Wie wir später noch sehen werden und auch von Bardon eingehend beschrieben wurde, entspricht jeder kabbalistische Buchstabe einem menschlichen Organ oder Körperteil; dies schließt auch die fünf Vokale mit ein, die von Bardon nicht gesondert gewürdigt wurden,so wie es in der jüdischen Tradition der Fall ist.

Erst wenn der Kabbalist alle seine eigenen Organe und Körperteile sowohl astral als auch mental nachgebildet und kabbalistisch belebt hat, ist er auch in der Lage, tatsächlich bis in die grobstoffliche Welt schöpferisch tätig zu werden. Der Fortgeschrittenste beherrscht dann die physische Veränderung von Materie, so auch die sprichwörtliche Transmutation von unedlem Metall beispielsweise Gold. So liegt dieses Goldmachen nicht im Bereich der Phantasie oder des esoterischen Symbolismus, sondern ist dem Eingeweihten Realität. Er hat dann den Stein der Weisen in sich selbst geschaffen und ist Herr über alles Irdische, Astrale und Mentale.

Kapitel 3

Die drei Mütter

3,1 *Drei Mütter: Alef, Mem und Schin: Ihre Grundlage ist die Schale des Verdienstes, die Schale der Schuld, und die Zunge des Gesetzes entscheidet zwischen ihnen.*

Diese Strophe des Sefer Jezirah ist im Prinzip eine Wiederholung der Einleitung zu Kapitel 2 des Textes. Allerdings sehen die Kabbalisten hier eine besondere Rolle für die drei Mutterbuchstaben, wie sie in 3,2 genauer erläutert wird.

In bezug auf die Zuordnung der drei Mütter zum Lebensbaum, also zu den zehn Sefiroth mit den 22 Pfaden (Verbindungslinien), herrschen unter den jüdischen Kabbalisten unterschiedliche Auffassungen. Einige sehen in Mem, gekrönt von Chochmah, die rechte Säule; die linke Säule wird demnach durch Schin, gekrönt von Binah, gebildet. Der mittleren Säule wird dann Alef als Synthese der anderen beiden Mütter zugeordnet. Im

Unterschied hierzu sehen andere die drei den Lebensbaum teilenden horizontalen Linien als Schin, Alef und Mem; also die Pfade zwischen Chochmah und Binah [Schin), Chessed und Geburah [Alef] sowie Netzach und Hod [Mem]. Da die Darstellung des Lebensbaums eine gewisse Übereinstimmung mit den menschlichen Körperproportionen zeigt, ist letztere Auffassung gut nachzuvollziehen, wenn man annimmt, daß die Verbindung Chochmah–Binah (Schin/Feuer) die Kopfregion, die Verbindung Chessed–Geburah [Alef/Luft] den Brustkorb und schließlich die Verbindung Netzach–Hod [Mem/Wasser] den Bauch und Unterleib beeinflussen. Trotzdem haben beide Anschauungen ihre Berechtigung und auch Gültigkeit.

3,2 *Drei Mütter: Alef, Mem und Schin: Ein großes, mystisches, verborgenes Geheimnis, versiegelt mit sechs Ringen. Und aus ihnen gehen hervor Feuer und Wasser, sich selbst in Mann und Weib trennend. Drei Mütter, Alef Mem Schin, sind ihre Grundlage, und aus ihnen sind Väter geboren, aus denen alles erschaffen wurde.*

Ein großes mystisches Geheimnis

Wie bereits dargelegt, bilden die drei Mütter – Mem–Schin–Alef – die Wurzeln des Tetragrammaton Jod–He–Vav–He. Nochmals verdeutlicht: Mem ist die Grundlage des Jod und dem Wasserelement zugeordnet. Schin ist die Grundlage des He und dem Feuerelement zugeordnet. Alef ist die Grundlage des Vav und dem Luftelement zugeordnet. Über das zweite He des Tetragrammaton läßt sich das Sefer Jezirah nicht aus. Alef ist die Synthese aus Mem und Schin. Kombiniert man diese erste Dreiergruppe, so erhält man eine Vierergruppe, nämlich das zweite He. Dieses He [H] an vierter Stelle des Gottesnamens JHVH ist der sogenannte Realisationsschlüssel der materiellen Welt. Wird ein einzelner Buchstabe nach irgendeiner Methode kabbalistisch verwendet, so verkörpert er die Akasha-Ebene, also die Ursachenwelt oder Gottebene. Dieser einzelne Buchstabe wirkt aus dem Akasha heraus auf die Mentalebene oder auf den Mentalkörper des Kabbalisten. Demnach hat ein einzelner Buchstabe, der Einserschlüssel, mentale Wirkung. Zwei aneinandergereihte Buchstaben, der Zweierschlüssel, stellen die Mentalebene mit ihrer Wirkung auf die Astralwelt bzw. den Astralkörper dar. Drei aneinandergereihte Buchstaben, der Dreierschlüssel, stellen demnach die Astralebene, das Astralreich und den Astralkörper dar und wirken in der Materie und der materiellen Welt. Gebraucht der Kabbalist vier Buchstaben gleichzeitig, so spricht man vom Viererschlüssel, dem Realisationsschlüssel der materiellen Welt. Dieser vierte Buchstabe verkörpert die Materie selbst.

Da wir nun wissen, daß die drei Buchstaben JHV (J: Akasha, H: Mental, V: Astral) aus den Müttern Mem–Schin–Alef gebildet werden, kommt die Frage nach dem vierten Buchstaben und seiner Wurzel auf. Das zweite H, vierter und letzter Buchstabe des Tetragrammaton, wird durch die Wurzel des kabbalistischen Buchstabens Ä gebildet. Dieses Ä stellt die dichteste Form der Materie dar und steht in Beziehung zu Malkuth, der zehnten Sefirah. Jod–He–Vav–He wurzelt demnach in M–Sch–A–Ä!

	Wasser	*Feuer*	*Luft*	*Erde*
	Jod	He	Vav	He
Akasha	M	Sch	A	Ä
Mental	N	H	C	I
Astral	V (W)	S	L	F
Materie	G	T	H	R
	Jod	He	Vav	He

Wie die Tabelle zeigt, bezieht sich diese Wurzel der drei bzw. vier Mütter auf die Akasha-Ebene, also auf die Göttliche Vorsehung selbst. Auf der Mentalebene wurzelt JHVH in NHCI, auf der Astralebene in VSLF und direkt in der physischen Welt in GTHR.

Nach dieser Betrachtungsweise kommt der Kabbalist zu der Erkenntnis, daß JHVH, das Tetragrammaton, einen ausschließlichen Bezug zum kabbalistischen Baum des Lebens aufweist. Auf die Sphären außerhalb der zehn Sefiroth findet das Jod–He–Vav–He keine Anwendung. M–Sch–A–

Ä sind die Grundbuchstaben der vier Elemente, auch außerhalb der zehn Sefiroth und über sie hinaus. Durch die drei (bzw. vier) Mütter war die Bildung der zehn Sefiroth überhaupt erst möglich.

Da diese vier Elementeschlüssel für die kabbalistischen Übungen die entscheidende Grundlage bilden, finden Sie sie auch im Übungsteil dieses Buches eingehend besprochen.

Versiegelt mit sechs Ringen

Das physische Universum kann in sechs Dimensionen [Richtungen: Norden, Süden, Osten, Westen, Oben, Unten] unterteilt werden. Diese entsprechen den sechs unteren Sefiroth Chessed, Geburah, Tifereth, Netzach, Hod und Jesod. Jede dieser Dimensionen wird mit dem Namen JHV (durchsingen) manifestiert, »versiegelt«. Interessanterweise verglichen die Alten die sechs Ringe – Dimensionen – mit den sechs Ringen der Kehle, die für das Erklingen von Ton und Sprache verantwortlich sind. Der Kabbalist erhält noch einmal den Hinweis, daß alles Existierende mit der Sprache erschaffen wurde. Wenn es heißt »versiegele mit Jod–He–Vav«, so bedeutet das gleichzeitig »versiegele mit Mem–Schin–Alef«, da diese drei Mütter der Ursprung der Schöpfung und somit auf der physischen Ebene auch der Ursprung aller Laute und Sprachen sind.

Und aus ihnen gehen hervor Feuer und Wasser

siehe 1,9 bis 1,12

Aus ihnen sind Väter geboren

Um das Geheimnis der Verbindung zwischen Mem–Schin–Alef [M–Sch–A] und Jod–He–Vav verstehen zu können, ist es dem Kabbalisten angeraten, diesem Abschnitt des Sefer Jezirah besondere Aufmerksamkeit zu zollen.

Mem–Schin–Alef werden die drei Mütter genannt. Sie sind Ursprung aller Schöpfung. Mem gilt als Wirkung, Schin gilt als Ursache und Alef als Synthese der beiden. Mem wirkt in Jod, Schin wirkt in He, Alef wirkt in Vav. Das rein weibliche Prinzip der drei Mütter verlangt nach einem männlichen Prinzip, um schöpferisch wirken zu können. Ebendieses männliche Prinzip, das aus dem weiblichen hervorgeht, wird durch Jod, He und Vav[JHV] gebildet. Diese drei Buchstaben sind also die drei Väter. Will der Kabbalist schöpferisch wirksam sein, so verbindet er in seinen Übungen naturgemäß Mutter und Vater, um »Nachkommen« zu schaffen.

Im Baum des Lebens werden die drei Mütter durch die drei Horizontalen dargestellt, die ihrerseits den Lebensbaum in die sogenannten drei »Triaden« unterteilen. Hier, in M–Sch–A, liegt auch das Geheimnis der Gnostiker und vieler Naturreligionen, die als Gottheit die »Große Mutter« verehren, also einen weiblichen Gott und keinen männlichen Allmächtigen.

3,3 *Drei Mütter: Alef, Mem und Schin, sind im Universum Luft, Wasser und Feuer. Himmel wurde aus Feuer erschaffen, Erde wurde aus Wasser erschaffen, und das Gemäßigte aus Geist entscheidet zwischen ihnen.*

Die westliche Philosophie unterscheidet im allgemeinen zwischen den vier Grundelementen Feuer, Luft, Wasser und Erde. Die magisch-okkulte Weltanschauung des Westens sieht darüber hinaus im Äther oder Akasha, dem geheimen fünften Element und Ursachenprinzip, den Ursprung allen Seins, also auch der Elemente: Aus diesem Akasha gehen Feuer, Luft, Wasser und Erde hervor.

Feuer und Wasser, also Schin und Mem, können als reine Elemente bezeichnet werden. Da beide über gegensätzliche Qualitäten – Eigenschaften – verfügen, reagieren sie miteinander, wenn sie aufeinandertreffen: Feuer bringt Wasser zum Verdunsten, Wasser löscht Feuer. Dieser Kampf der Elemente schafft ein neues, drittes Element. Es ist Alef, das Luftelement, das deshalb an sich nicht als eigenständiges Element bezeichnet werden kann. So ist Luft stets der Mittler zwischen Feuer und Wasser. Verdichten sich nun Feuer, Luft und Wasser gemeinsam, so entsteht schließlich das vierte Element, das Erdelement.

Weiterhin entspricht das Feuerelement dem elektrischen Prinzip, das Wasserelement dem magnetischen Prinzip und die Luft der Verknüpfung beider, dem elektromagnetischen Prinzip. Somit ist Feuer aktiv und heiß, Wasser passiv und kalt, Luft hingegen neutral, da sie über die Eigenschaften der beiden anderen verfügt. In diesem Zusammenspiel der Elemente verbirgt sich das Geheimnis des sogenannten »vierpoligen Magneten« oder auch Tetragrammaton. Die Rede ist von dem verlorengegangenen Namen Gottes Jod–He–Vav–He (Wasser, Feuer, Luft und Erde), der in jedem Menschen verborgen ist und sich dem Kabbalisten allmählich ganz von allein offenbart. – Nichts existiert im Universum und im Menschen, was nicht aus Mem, Schin, Alef hervorgegangen wäre.

3,4 *Drei Mütter: Alef, Mem, Schin, sind im Jahr Feuer, Wasser und Geist. Das Heiße wird aus Feuer erschaffen, das Kalte wird aus Wasser erschaffen, und das Gemäßigte aus Geist entscheidet zwischen ihnen. Drei Mütter, Alef, Mem, Schin, sind in der Seele Feuer, Wasser und Geist. Der Kopf ist aus Feuer erschaffen, der Bauch ist aus Wasser erschaffen, und die Brust, geschaffen aus Geist, entscheidet zwischen ihnen.*

Alef, Mem, Schin sind im Jahr Feuer, Wasser und Geist

Die Kabbalisten stellen die Jahreszeiten ebenfalls durch die drei Mütter dar. Schin, die Hitze, entspricht dem Sommer, Mem, die Kälte, entspricht dem Winter. Das jeweils zwischen den beiden »entscheidende« Element – Alef – entspricht den Jahreszeiten Frühjahr und Herbst. Da alles, was im Großen (Makrokosmos) existiert, auch im Kleinen (Mikrokosmos) vorzufinden ist, können diese Jahreszeiten auch auf die Lebensabschnitte eines Menschen übertragen werden:

Lebensabschnitt	Buchstabe		Jahreszeit
Geburt	Alef	–	Frühjahr
Jugend	Schin	–	Sommer
Erwachsenenalter	Alef	–	Herbst
Alter/Tod	Mem	–	Winter
Wiedergeburt	Alef	–	Frühjahr

Auch der menschliche Körper kann in drei bzw. vier (kabbalistische) Zonen unterteilt werden. So entspricht der Kopf dem Feuerelement – Schin, Hals und Brust dem Luftelement – Alef und die Bauchregion dem Wasserelement – Mem. Die Beine und das Knochengerüst insgesamt werden in traditionellen kabbalistischen Schriften und Kommentaren nicht erwähnt. Diese Körperzonen entsprechen dem verdichteten Erdelement, das kabbalistisch durch das Ä zum Ausdruck kommt, welches die hebräische Kabbalah nicht kennt bzw. das bewußt verschwiegen wird.

Die Elemente und ihre Wirkung in der Natur und auf den Menschen

In jedem Menschen sind alle Elemente vertreten. Meist herrschen jedoch ein oder zwei Elemente vor, während die anderen ihre Wirkung nur manchmal entfalten oder im verborgenen schlummern. Das Zusammenspiel der Elemente bildet nach der Temperamentelehre, die auf der Kabbalah aufbaut, den Charakter. Ein Schüler der Magie und Kabbalah wird bemüht sein, alle Elemente in sich in Einklang zu bringen, um einen ausgeglichenen Charakter zu erhalten. Hier eine Übersicht über die Zuordnungen:

Feuer – das cholerische [jähzornige] Temperament

positiv: Energie, Zielstrebigkeit, Initiative, Ausdauer, Kreativität, Fleiß, Mut, starke Lebensbejahung, Begeisterungsfähigkeit, Motivation, mit Enthusiasmus ausgestattet

negativ: Rücksichtslosigkeit, Sturheit, Triebhaftigkeit, Unbeherrschtheit, Aggressivität, Zerstörungskraft

Luft – das sanguinische [flatterhafte] Temperament

positiv: Waches Interesse, Fleiß, Geselligkeit, Redegewandtheit, Höflichkeit, Unbeschwertheit, Optimismus, sonniges Gemüt

negativ: Oberflächlichkeit, Geschwätzigkeit, mangelnder Respekt, Wankelmut, Launenhaftigkeit, Leichtsinnigkeit, Unzuverlässigkeit

Wasser – das melancholische [traurige] Temperament

positiv: Treue, Mitgefühl, Einfühlsamkeit, Empfindsamkeit, Gutherzigkeit, Fürsorglichkeit

negativ: Schweres Gemüt, Niedergeschlagenheit, Unzufriedenheit, Launenhaftigkeit, Empfindlichkeit, Unversöhnlichkeit

Erde – das phlegmatische [träge] Temperament

positiv: Ausdauer, Beharrlichkeit, Gründlichkeit, Konzentration, Disziplin, Zielstrebigkeit, Gelassenheit, überlegtes Handeln, Verantwortungsbewußtsein, kühler Kopf in brenzligen Situationen

negativ: Sturheit, Schweigsamkeit, Introvertiertheit, Trägheit, Entscheidungsschwierigkeiten, Gleichgültigkeit, Interesselosigkeit

Die Elemente und ihre Entsprechung im menschlichen Körper

Erde: Dem Erdelement unterstehen die Knochen, Gelenke und Wirbel, insbesondere die Beine. Alles, was mit Planen und Verwirklichen zu tun hat, mit Reichtum und Überfluß, eben mit Materie, findet seine Entsprechung im Erdelement.

Wasser: Dem Wasserelement sind die Organe der Verdauung und die Körpersäfte zugeordnet, die hauptsächlich im Bauchbereich zu finden sind. Aber auch die gesamte Gefühlswelt des Menschen untersteht dem Wasserelement.

Luft: Dem Luftelement unterstehen die Atmungsorgane, die

Lungen und der Kehlkopf. Unsere Kommunikation und unsere Gedanken werden vom Luftelement beeinflußt.

Feuer: Dem Feuerelement ist unser Kopf zugeordnet. Von ihm werden die Willenskraft und das Sehen gesteuert.

Kommen die Elemente mit ihren wechselseitigen Beziehungen zueinander aus dem Gleichgewicht, so entsteht unweigerlich Krankheit, sei diese körperlicher oder rein seelischer Natur. Der magisch geschulte Mensch lernt, die Elemente seines Körpers und Charakters in Einklang zu bringen, sie zu veredeln und Kontrolle über sie auszuüben.

Die bekannten Fähigkeiten heiliger Menschen oder die einiger Yogis im Osten haben ihre Ursache in der Beherrschung der Elemente. So beruht das Geheimnis der Levitation, des Schwebens, auf der Beherrschung des Luftelements. Vermag ein Mensch, die Elementeschwingung seines Körpers mittels Konzentration und okkulten Techniken zu beeinflussen und geht er daran, alle Elemente außer dem Luftelement in seinem Körper auszuschalten, so kann er tatsächlich leichter werden als Luft. Er hebt damit die Gesetze der Gravitation auf und kann über Wasser wandeln, ohne unterzugehen, ganz so wie es Jesus konnte oder wie wir es auch heute noch von einzelnen Meistern in Tibet vorgeführt bekommen können.

Ist ein Mensch in der Lage, über das Feuerelement zu herrschen, so kann er niemals verbrennen. Er kann dann kochendes Wasser und siedendes Öl über sich gießen lassen oder sogar durch dichtes Feuer gehen. Wieder in Tibet finden wir Menschen, die, nackt im Schnee sitzend, mittels Konzentrationskraft den Schnee bis einige Meter weit um sich herum zum Schmelzen bringen können. Auch dies geht mittels der Beherrschung des Feuerelements.

Wunder gibt es also nicht wirklich, nicht in dem Sinne, daß sie ohne menschliches Zutun geschehen. Denn all diese für den gewöhnlichen Menschen unerklärlichen Phänomene beruhen letztlich auf der Kenntnis und Beherrschung der Elemente, der hohen Physik der Kabbalah.

3,5 *Drei Mütter: Alef, Mem und Schin, graviere sie, meißle sie, permutiere sie, und mit ihnen versiegele drei Mütter im Universum, drei Mütter im Jahr und drei Mütter in der Seele, Mann und Weib.*

Als Seele wird oft auch der Astralleib bezeichnet (der nach meiner Ansicht jedoch nur Teil der Seele ist). Der physische Körper mit all seinen Organen ist das verdichtete »Doppel« des Astralleibs. Alles, was sich auf der Seelenebene abspielt und sich im Astralleib niederschlägt, hat seine unmittelbare Auswirkung auf den physischen Körper. Der Astralleib findet wiederum seine Entsprechung im Universum. Die Gesetze des Sefer Jezirah sind auf alles und jeden übertragbar. Wie Oben so Unten!

3,6 *Mache Alef zum König über Atem, binde ihm eine Krone um und verbinde einen mit dem anderen. Und mit ihnen versiegele Luft im Universum, das Gemäßigte im Jahr und die Brust in der Seele, den Mann mit Alef Mem Schin und das Weib mit Alef Schin Mem.*

Die drei letzten Abschnitte des dritten Kapitels des Sefer Jezirah gehen nochmals auf die drei Mütter und ihre Eigenschaften ein. Wenn davon die Rede ist, einem Buchstaben eine Krone umzubinden, dann verstehen die Kabbalisten darunter, daß die drei Mütter stets fest mit Kether, der Krone, verbunden sind. Schin, Mem und Alef existierten bereits vor der Schaffung des Universums, welches durch den Baum des Lebens zum Ausdruck gebracht wird.

Durch die Vertauschung der Mütter werden ein männlicher und ein weiblicher Pol geschaffen: Der Mann und das im Universum vertretene männliche Prinzip werden hier in 3,6 durch Alef–Mem–Schin gebildet – die weibliche Gegenpolarität durch Alef–Schin–Mem. In 3,7 wird die Mutter Mem behandelt; dort steht Mem–Alef–Schin für das Männliche und Mem–Schin–Alef für das Weibliche. Die dritte und schließlich letzte Vertauschung der drei Mütter beschreibt 3,8. Schin–Alef–Mem [Mann] und Schin–Mem–Alef [Frau]. Durch diese Vertauschung wird auch auf die gegensätzliche Polarität von Mann und Frau, insbesondere der Geschlechtsorgane hingewiesen. Gegensätzliche Polarität erzeugt eine gewisse Spannung, die für das Hervorbringen von »Nachkommen«, für Bewegung, unverzichtbar ist.

Die Polarität der menschlichen Organe und Körperteile

Organ	Eigenschaften
Kopf:	Vorderkopf: elektrisch; Hinterkopf: magnetisch; rechte Seite: magnetisch; linke Seite: elektrisch; Kopfinnenraum: elektrisch
Augen:	vorderer Augapfel: neutral; hinterer Augapfel: neutral; rechte Seite: elektrisch; linke Seite elektrisch; inneres Auge: magnetisch
Ohren:	vorderer Teil der Ohrmuschel: neutral; hinterer Teil: neutral; rechte Seite: magnetisch; linke Seite: elektrisch; Ohrinneres: magnetisch
Mund und Zunge:	vorderer Teil: neutral; hinterer Teil: neutral, Seiten: neutral, Inneres: magnetisch
Hals:	vorderer Teil: magnetisch; hinterer Teil: magnetisch, rechte Seite: magnetisch; linke Seite: elektrisch; Innenhals: elektrisch
Brustkorb:	Brust: elektromagnetisch; oberer Rücken: elektrisch; rechte Seite: neutral; linke Seite: elektrisch, Inneres: neutral
Bauch:	Vorderbauch: elektrisch, unterer Rücken: magnetisch; rechte Seite: magnetisch; linke Seite: elektrisch; Inneres: magnetisch
Hände:	Handfläche: neutral; Handrücken: neutral; rechte Seite: magnetisch; linke Seite: elektrisch; Inneres: neutral
Finger der rechten und linken Hand:	Innenseite: neutral; Außenseite: neutral; rechte Seite: elektrisch; linke Seite: elektrisch; Inneres: neutral
Füße:	Fußrücken: neutral; Fußsohle: neutral; rechte Seite: magnetisch; linke Seite: elektrisch; Inneres: neutral
männliches Geschlechtsteil:	vorderer Teil: elektrisch; hinterer Teil: neutral; rechte Seite: neutral; linke Seite: neutral; Inneres: magnetisch

weibliches Geschlechtsteil:
vorderer Teil: magnetisch, hinterer Teil: neutral, rechte Seite: neutral; linke Seite: neutral; Inneres: elektrisch

Steißbein und After:
vorderer Teil: neutral; hinterer Teil: neutral, rechte Seite: neutral; linke Seite neutral; Inneres: magnetisch

3,7 *Mache Mem zum König über Wasser, binde ihm eine Krone um und ver binde einen mit dem anderen. Und mit ihnen versiegele Erde im Universum, das Kalte im Jahr und den Bauch in der Seele, den Mann mit Mem Alef Schin, und das Weib mit Mem Schin Alef.*

siehe 3,6

3,8 *Mache Schin zum König über Feuer, binde ihm eine Krone um und verbinde einen mit dem anderen. Und mit ihnen versiegele Himmel im Universum, das Heiße im Jahr und den Kopf in der Seele, den Mann mit Schin Alef Mem und das Weib mit Schin Mem Alef.*

siehe 3,6

Kapitel 4
Die sieben Doppelten

4,1 *Sieben Doppelte: Beth, Gimmel, Dalet, Kav, Pe, Resch, Tav: Ihre Grundlage ist Leben, Frieden, Weisheit, Reichtum, Schönheit, Saat, Herrschaft. Jeder hat zwei Töne: Beth–Veth, Gimmel–Ghiml, Dalet–Dhalet, Kav–Chav, Pe–Fe, Resch–Rhesch, Tav–Thau. Ein Gefüge aus Weich und Hart, Stark und Schwach, doppelt, weil sie sich wandeln. Der Wandel von Leben ist Tod, der Wandel von Frieden ist Übel, der Wandel von Weisheit ist Torheit, der Wandel von Reichtum ist Armut, der Wandel von Schönheit ist Häßlichkeit, der Wandel von Saat Wildnis, der Wandel von Herrschaft ist Sklaverei.*

Sieben Doppelte

Gemäß dem hebräischen Alphabet haben die sieben doppelten Buchstaben je zwei Aussprachemöglichkeiten. Im Symbol des Lebens, dem kabbalistischen Lebensbaum, ordnet man diese sieben doppeldeutigen Buchstaben den sieben vertikalen Pfaden zu. Jeder der Buchstaben kann einmal weich und einmal hart ausgesprochen werden, wobei sich die jüdischen Grammatiker hinsichtlich der richtigen Aussprache uneins sind. Dies kommt daher, daß sich die hebräische Sprache im Laufe der Jahrhunderte und hauptsächlich nach der Zerstörung des Tempels Salomos veränderte und diesbezüglich vieles in Vergessenheit geriet. So kennt die Sprache je einen weichen und einen harten Ton für die Buchstaben B, G, D [בב גג ד] und K, P, T [ככ פפ ת], jedoch nicht für das R [ר], das ebenfalls zur Gruppe der Doppelten gehört. Manche Kabbalisten spekulieren darüber, daß der zweite Ton des R unter Umständen absichtlich verborgen wurde.

Wer hingegen mit dem Buchstaben R meditiert und sich diesen »einverleibt« – das heißt eins mit dem R oder gar selbst ein R wird –, befreit sich aus jeder Form von Abhängigkeit. Vielleicht ist diese Macht der Freiheit der Grund dafür, daß man gerade diesen Buchstaben verbarg. Für den europäischen Kabbalisten, der nach den Wurzeln der Ursprache sucht, spielen solche Spekulationen allerdings keine große Rolle mehr. Wichtig jedoch ist der Hinweis, daß die sieben Doppelten dazu dienen, sich meditativ im Lebensbaum hochzuarbeiten, da, wie oben bereits erwähnt, jeder dieser sieben einem aufwärts- (bzw. abwärts-)laufenden Pfad entspricht.

Ein Gefüge aus Weich und Hart, Stark und Schwach ...

Interessant ist die Doppeldeutigkeit dieser sieben Buchstaben. Sie zeigen die im Lebensbaum – im Mikro- und Makrokosmos – herrschende Dualität.

Der Wandel von Leben ist Tod, der Wandel von Frieden ist Übel, der Wandel von Weisheit ist Torheit, der Wandel von Reichtum ist Armut, der Wandel von Schönheit ist Häßlichkeit, der Wandel von Saat Wildnis, der Wandel von Herrschaft ist Sklaverei.

Das Sefer Jezirah beschreibt die unterschiedlichen Qualitäten einer einzigen Kraft, die der Kabbalist Quantität nennt. Im Menschen, der perfektes Abbild des Universums ist, sind all jene »guten« und »schlechten« Eigenschaften angelegt. Welche er davon lebt und zum Ausdruck bringt, welche in ihm vorherrschen, zeigt sein Charakter. So bietet die Kabbalah dem Praktiker die Möglichkeit, seinen Charakter mittels der kabbalistischen Buchstaben zu stärken und zu veredeln, seine eigene Gottheit zu formen und IHR Ausdruck zu verleihen.

4,2 *Sieben Doppelte: Beth, Gimmel, Dalet, Kav, Pe, Resch, Tav: Sieben und nicht sechs, sieben und nicht acht. Prüfe mit ihnen, und forsche mit ihnen, stelle jedes Ding auf seine Essenz, und laß den Schöpfer an seinem Ort sitzen.*

Im Kapitel 1 fordert das Sefer Jezirah den Kabbalisten auf, ein jedes Ding auf seine Essenz zu prüfen. Es ist die Rede von den zehn Sefiroth, die zu prüfen und zu erforschen sind. Hier, im Kapitel 4, wird der Kabbalist nun aufgefordert, die einzelnen Pfade zu prüfen und zu erforschen, sie zu nutzen, um sein Bewußtsein auf höhere geistige Ebenen zu bringen.

Es kann nicht oft genug darauf hingewiesen werden, daß das Sefer Jezirah eine geheime Meditationsanweisung zum Inhalt hat, über die der Kabbalist nachsinnen sollte, um sie letztlich ganz erfassen zu können. In der Praxis bedeutet dies, daß er den Lebensbaum in sich selbst bilden und verwirklichen muß.

4,3 *Sieben Doppelte: Beth, Gimmel, Dalet, Kav, Pe, Resch, Tav entsprechen den sechs Richtungen. Dies sind die sechs Richtungen: Oben, Unten, Osten, Westen, Norden, Süden. Und der Heilige Palast exakt in der Mitte trägt sie alle.*

(siehe Lebensbaum des GRA, S. 40)

Oben wurde bereits besprochen, daß die sieben Doppelten den sieben horizontalen Linien – Pfaden – des Lebensbaums entsprechen. Die Richtungen Oben, Unten, Osten, Westen, Norden und Süden sprechen die unteren Sefiroth an, welche die jeweiligen Endpunkte eines Pfades sind. Diese Tatsache wird oft verkannt, weil man die sieben Buchstaben fälschlicherweise den Sefiroth und nicht den Pfaden zuordnet.

Das Geheimnis dieser Strophe des Sefer Jezirah liegt in dem verborgenen Hinweis, daß jedem der Doppelten eine bestimmte Himmelsrichtung entspricht. Der Praktiker, der nach dieser alten Tradition arbeiten will, um die Buchstaben zu verinnerlichen und zur Wirkung zu bringen, blickt bei der Meditation in die jeweils zugeordnete Richtung. Er kann dazu entweder nur den Kopf in die jeweilige Richtung drehen, um dort den Buchstaben »zu erblicken« [zu visualisieren], oder den ganzen Körper der entsprechenden Richtung zuwenden. Von der letzteren Möglichkeit macht der Kabbalist Gebrauch, wenn er den Buchstaben in sich selbst aktivieren will, sich also so intensiv mit dem Buchstaben und seinen Zuordnungen identifiziert, daß er selbst zu diesem Buchstaben wird.

Tabelle nach dem Kabbalisten Gra (Rabbi Elyaou)

Hebr.	*Bardon*	*Hebr.*	*Charakter*	*Sefirah*	*Richtung*
ב	B	Beth	Weisheit	Chessed	Süd
ג	G	Gimmel	Reichtum	Geburah	Nord
ד	D	Dalet	Samen	Tifereth	Ost
כ	K	Kav	Leben	Netzach	Oben
פ	P	Pe	Herrschaft	Hod	Unten
ר	R	Resch	Frieden	Jesod	Westen
ת	T	Tav	Anmut	Malkhut	Zentrum

Der Leser möge den in der Tabelle genannten Charakter eines jeden Buchstabens mit den detaillierten Beschreibungen Bardons vergleichen. Er wird dann die absolute Übereinstimmung beider Systeme erkennen.

Der heilige Palast

Der heilige Palast ist die Verbindung zwischen Kether und Malkuth, obwohl einige jüdische Kabbalisten der Ansicht sind, daß hier ausschließlich von Malkuth die Rede sei. Im Hebräischen heißt »heiliger Palast« Hekhal HaKodesh und kann in diesem Zusammenhang auch Palast der Heiligen genannt werden. Die Heiligen entsprechen Kether, der Krone, wobei der Palast sich auf Malkuth bezieht, das Reich, durch das sich die »Heiligen« Ausdruck verleihen.

4,4 *Sieben Doppelte: Beth, Gimmel, Dalet, Kav, Pe, Resch, Tav, gra-viere sie, meißle sie, permutiere sie, als Planeten im Universum, Tage im Jahr, und Tore in der Seele.*

Jeder der sieben doppelten Buchstaben BGDKPRT בגדכפרת entspricht einem der sieben Planeten, einem Wochentag und einem der sieben Körperöffnungen des Kopfes, die als Tore der Seele bezeichnet werden.

Die im Sefer Jezirah genannte Reihenfolge der Planeten ist: Saturn, Jupiter, Mars, Sonne, Merkur, Venus und Mond. Wohlgemerkt, diese Zuordnung der Planeten ist analog den Sefiroth. Aus dem bereits Besprochenen wird deutlich, daß die Sefiroth und somit die Planetenentsprechung nicht den Buchstaben selbst, sondern lediglich den jeweiligen Endpunkt eines der sieben vertikalen Pfade des Lebensbaums symbolisieren.

4,5 *Wie? Mache Beth zum König über Leben, binde ihm eine Krone um und stelle damit Saturn im Universum dar, Samstag im Jahr und das rechte Auge in der Seele.*

Lassen wir die sieben Planeten (4,5 bis 4,11) von Basilius Valentinus erklären (aus: Von der Meisterschafft der sieben Planeten / Ihren Wesen / Eigenschafften / Krafft und Lauff / Auch ihren verborgenen Geheimnissen und Verwandelung / ec.):

Von dem ersten und höchsten Planeten
SATURNO

Ich komm vom höchsten Himmel her
Und scheine oben weit und fern
Daß man mich kaum erkennen kan
Im Sinn bin ich ein Wundermann
Hab gar ein melancholisch Art
Davon hab ich mein greissen Bart
Der Sambstag ward mir zugethan
Wie er sein Nahm von mir bekam
Mein Lauff der ist gantz Circkelring
Denselben in dreissig Jahren vollbring
Fünff Tag, sechs Stund gehörn auch darzu
Noch kan ich haben keine Ruh
Der Steinbock und der Wassermann
Die zween sind mein Unterthan

Ein schön Granaht Stein klar und hell
Gab mir mein Engel Oriphiel
Ich sitz und rechne Tag und Nacht
Wie ich viel Gut bekommen mag
Wie thun die alten Geitzigen gleich
Die nimmer können werden reich
Drumb heißt mein Kunst Astronomey
Zu rechnen was für Farb ich sey
Da findst du schwarz, weiß, gelb, und roht
Bestehn aber nicht in der Noht
Mein Geist ist süß, kalt wie ein Eiß
In rauben, stehlen hab ich Preiß
Da gebunden aber wird der Geist
So thu ich auch was ich verheiß
Kan zähmen, ändern, und auch binden
Das sonsten alles bleibt dahinden
Fides die Tugendreich solchs lehrt
Wie ich im Alter ward bekehrt
Mein Steltzen warff ich von mir weg
Daß ich ohn sie ging meinen Weg
Ein rothes Oel domahls drauß war
Per extractionem offenbahr
Distillirt darnach gantz lauter hell
Das Band Mercurium bald und schnell
So fix und standhafft seinen Geist
Gleich wie das feine Silber weiß
Daß solchs zu einem Pulver war
Entgangen aller Sorg und Gfahr
Doch nimb dir gantz und gar zu Sinn
Daß kein gemeines Bley ich bin
Sondern viel einer andern Art
Wie dir mein Büchlein offenbahrt
Bereit auß einem Mineral

Rechnest du recht, trifft du die Zahl
Zu probirn bin erkohren ich
Wer mich besteht, behält den Stich
Und kan den Himmel nicht erlangen
Davon ich zwar bin außgegangen
Ich citir das flüchtig all zurecht
Das danck mir alten greisen Knecht
Unfixen Metallen bin ich ein Todt
Und führe sie in Angst und Noht
Aber wer mich recht sucht und kennt
Geb ich genug biß an sein End
Mein Sense scharf haut alles ab
Hiermit sag ich der Welt schab ab.

4,6 *Mache Gimmel zum König, binde ihm eine Krone um und stelle mit ihm Jupiter im Universum dar, Donnerstag im Jahr und das linke Auge in der Seele*

Von dem andern Planeten

JOVE

Vor Zeiten macht ich viel Leute gelehrt
Daher man für ein Gott mich ehrt
Und sonderlich den Donnerstag
Für andern ich geehret ward
Den Tag ich stetigs noch erwehl
Mein Engel heißt Zachariel,
An meinem Hoff hab ich viel Leut
So all von mir begehrn Außbeut
Zur Haltung ihr Hauß, Hoff und Tisch
Mein Unterthan sind Schütz und Fisch
Recht sprech ich Reich und Armn Sententz
Wann ich sitz in der Audienz

Drumb mir der Scepter zwar gebührt
Rhetorica mein Zunge führt
Und setzt mir auff ein Lorbeer-Krantz
Setziert mir Rosen gar und gantz
Darzu ein schöne güldne Kron
Versatzt mit dem Topasion
Damit man übt, daß ich ein Herz
Die Spes verläßt mich nimmermehr
Ich kleide weiß, gelb und blau
In Winterszeiten auch wol grau
Mein Reiß verricht ich also gschwind
In zwölff Jahren mein Lauff vollbring.
Wer da ist fern und weit bekandt
Der findet mein Schatz in Engelland
Da muß ich fahren über Meer
Das Wasser ist gesaltzen sehr.
Mein Geist, mein Seel, und auch mein Leib
Künstlich und subtil von einander scheid
Und füg sie wieder gar in ein
Mach sie zu einem Pulver klein
Vermische recht nach dem Gewicht
Andern Metallen recht zugericht
So wirst du dann befinden recht
Das ich ein Herr, und nicht ein Knecht
Sondern alles gleich mit vermag
Was Gott uns Glück vergönnet hat
Drumb halte Jovem recht in Ehrn
Er kan dir alles guts beschern.

4,7 *Mache Dalet zum König, binde ihm eine Krone um und stelle mit ihm Mars im Universum dar, Dienstag im Jahr und das rechte Ohr in der Seele.*

Von dem dritten Planeten
MARTE

Da ich die gantze Welt durchzog
Mit meinem langen Spiesse hoch
Und manchen Krieg lieff auf und nieder
Darnach auch kam zu Hause wieder
Brachte mit mir ein gute Beut
Da kohren mich alle Kriegsleut
Für einen Hauptmann in das Feld
Von mir wolt jederman habn Geld.
Das brachte mir gar manchen Strauß
Groß Stück und Unglück stund ich auß
Da Samuel der Engel gut
Mich damals nicht gehabt in ut
Ich were lang in Todt gerahten
Und geben einen Hellebraten
Aber ich sag noch Lob und Danck
Meim Gott, der mir den Engel fand
Und ob gleich Widder, Scorpion
Im Kriege sind mein Unterthan
So haben sie doch manchen Griff
Im Zuge wider mich gericht
Und da sie mir nicht wern entgangen
Ich wollt sie an die Bäum lang hangen
Mein Schwerdt ist eitel lauter Stahl
Und blinckt wie ein Rubin so klar
Der auch darin versetzet ist
Dasselb gar manchen Mann auffrist
Dringt durch männlich und unverzagt

Durchauß nach keinem Menschen fragt.
Bey Friedenszeit bin ich nicht froh
Mein Tugend heißt Fortitudo,
Wann ich bracht werd umb Leib und Lebn
So wil ich all mein Güter gebn
Meiner Frau Königin hochgebohrn
Venus gantz milde außerkohrn
Die mag solchs ferner thun verehrn
Mein edelst Kleid das ist gantz roht
Wie Purpurfarb bekleidet hoch
Darauß wird eine Artzeney
Bereitet zu viel Sachen frey
Doch ich allein kan nichts verrichten
Wann mein Geselln nicht bey mir pflichten
Dann unser mehr muß seyn zu hauff
In zwey Jahren ich meinen Lauff
Gäntzlich vollend und thu vollführen
Eh ich das End kan absolviren
Auff einen Dienstag hab ich Macht
Daß mancher Mensche gar nicht acht
Kein Flügel sind mir angebohrn
Sie werden mir denn auserkohrn
Daß ich mit fahr in Lufft und Wind
Da die Berge am höchsten sind
Auch da der Himmel hat ein End
Und mich dann wieder nieder send
Mach auß mir gleich ein Wind und Geist
Der Venus mich gäntzlich verheiß
Dann wirst du sehn obs sey erlogen
Daß Sol und Luna sind betrogen
Doch muß ich seyn standhafft gemacht
Sol ich vollführen meinen Pracht.

4,8 *Mache Kav zum König, binde ihm eine Krone um und stelle mit ihm die Sonne im Universum dar, Sonntag im Jahr und das linke Ohr in der Seele.*

Von dem vierdten Planeten
SOLE

Die gantze Welt mit meinem Schein
Geb ich Leuchtung allein gemein
Beyd bös und fromb die blick ich an
Und sehe keine Person an
Mein Lauff ich also bald verricht
Drumb man solchs gar kan sehen nicht
In hundert sechtzig und fünff Tag
In solchen gar vollbringen mag
Auch kan wohl werdn auß meinem Kleid
Ein Wasser hertzlich zubereit
Das in gar kurtz geringer Stund
Manchen Menschen macht frisch und gesund
Der Schlüssel aller Heimlichkeit
An mir allein gäntzlich nur leid
Der mir aus Gottes Gnad Gewalt
Vom Engel Michael zugestalt
Mein Kunst gehört zur Grammatika
Liß recht im Buch, so findst dus da
Dann wirst du mir wahr müssen geben
Daß Justitia noch ist am Leben
Und jederzeit noch schwebet oben
Wiewol sie offtmahls wird betrogen
Mein Sohn führt ein Carbunckelstein
So nicht jedermann ist gemein
Wenn ich Raht halt mit Potentaten
Ist mir der Sontag stets geraten
Löse auff meinen fixen Leib

Und darauß ein Mercurium treib
Und gib ihm zu des Weibes Blut
Davon ich selbsten hab mein Gut
Speiß uns beyde mit Saltz gantz recht
Die zugehört meinem Geschlecht
So wirst du finden in deim Sinn
Ob ich nicht rechter König bin
O Mohn, es ist mein höchste Bitt
Daß du mich wollst verlassen nicht
Weil Venus schon ist auff dem Plan
Dein Zier und Schmuck zu ziehen an
Wiewohl wir beyde sämptlich gleich
Von ihr geziert und worden reich
Dem denke nach gantz fleissig stet
Das laß ich dir hier zum Valet.

4,9 *Mache Pe zum König, binde ihm eine Krone um und stelle mit ihm Venus im Universum dar, Freitag im Jahr und das rechte Nasenloch in der Seele.*

Von dem fünfften Planeten
VENERE

Der Venus-Stern mein Nahme heißt
Mein Wirckung ich stetig beweiß
Bey denen, so sind meine Kind
Und gschossen von meim Sohne blind
Der Cupido anfangs ward genandt
Sein Pfeil fliegen in alle Land
Das zeigen Mann und Weiber zwar
So sich der Lieb ergeben gar
Die Music ist mein freye Kunst
Die ich regier durch Liebes-Brunst

Mit Saitenspiel beweiß ich das
Drumb heißt mein Tugend Charitas
Ich speiß mich gern mit gutem Wein
Und muß stetigs in Freuden seyn
All Kurzweil so man kann erdencken
An meinem Hoff gehn all in Schwencken
Mein himmlich Haus ist Wag und Stier
Die ich in meim Wapen führ
Mein Lauff am hohen Firmament
In dreyhundert fünffzig Tagen vollend
Anael mein Engel ist
Der mich bewahret für aller List
Hat mir geschenckt ein edlen Stein
So da Smaragd heißt in gemein
Durchsichtig, grün, lieblich von Glantz
Bin ich von Farben gar und gantz
Doch stickt in mir ein rother Geist
Kein Nahmen weiß ich wie er heißt
Den ich von meinem Mann bekam
Dem streitbaren Marte lobesam
Da ich noch war ein Mineral
Der Erden zu vergleichen gar
Nun bin ich aber ein hitzigs Feuer
Ein Ertzeney kräfftig und theuer
Dazu mich hat Gewalt gebracht
Daß ich erlangt eine neue Krafft
Den Athem, so ich blaß mit Macht
Wann davon trinckt der alte Drach
So geb ich ihm ein neue Seel
Und werde gar ein herzlichs Oel
Darauß ein Tinctur wird bereit
Mit seines gleichen hoch bekleidt
So ferben kan das weiß in roht

Solch fixes Pulver hilfft in Noth
Mein Bräutgam ist die klare Sonn
Davon bekomm ich Freud und Wonn
Und er von mir hinwiederumb
Stärk, Macht und Krafft, und auch Reichthumb
Solch Erb und Gut bekompt mein Sohn
Und bulet mit dem kalten Mohn
Er wärmt der Luna ihren Leib
Auff daß da schwanger wird das Weib
Und hinterlassen kan ein Zucht
Mit viel unzahlbar guter Frucht
Der tausend wirds nicht würdig seyn
Was in mir steckt für groß Geheim
Das hier zu guter Nacht ich sag
Der Freytag hat sein eigen Tag
Drumb last Frau Venus nur passiren
Sie kan dich noch in Reichthumb führen.

4,10 *Mache Resch zum König, binde ihm eine Krone um und stelle mit ihm den Merkur im Universum dar, Mittwoch im Jahr und das linke Nasenloch in der Seele.*

Von dem sechsten Planeten.
MERCURIO

Den Mittwochn zwar hab ich erkohrn
Wie ich anfänglich war gebohrn
Gab bald der Erden gute Nacht
Und nach eim höhern Stande tracht
Verließ sie damahls gantz und gar
Ob gleich dieselb mein Mutter war
Und suchte Freundschafft in der Lufft
Flog bald davon durch Wind und Dufft

All Farben so sind in der Welt
Mein Mutter hat mir zugestellt
Drumb gab mir Raphael ein Cristall
Darauß zu machen was ich wol
Weil solche nimbt all Farben an
So man nicht all erzehlen kan
Jungfrau und Zwilling habens vollführt
Das die Cristall koaguliert
Raphael gabe aber Macht
Mich wieder in Mercurium bracht
Kalt und warm ist alls in mir
Ich steh, lauff auch bald hin und her
Bin gar ein abentheuerlich Mann
Daß man mich nicht ausrechnen kan
Dann wie ich hielt ein Disciplin
Arithmetic war der Schüler mein
Der all sein Kunst von mir nur hat
Empfangen durch Gottes Gnad
Mein Gang verricht ich auf der Fahrt
In dreyhundert fünffzig Tag
Und wann die Welt wer noch so weit
Mit vielen Künsten zubereit
So wird kein Mensch den grossen Stein
Machen, ich muß dabey seyn
Versteh, du seyst Herr oder Knecht
Merck auff, vernimb mein Red jetzt recht
Und hab wol acht auff meinen Sinn
Gemein Quecksilber ich nicht bin
Gebohrn von einer edlen Art
Ehe ich zu einem Adler wart
Jetzt hab ich Flügel wunderbar
An Händ und Füssen, Häupt und Haar
Darzu auch an meim gantzen Leib

Bin ich mit Federn gantz bekleidt.
Da nun ein Mensche wer so klug
Der mit Verstand und gutem Fug
Verschaffen könt mir abzuschiessen
Der wird mein trefflich wol geniessen
Und haben könt mehr Gut und Geld
Als glauben möcht die gantze Welt
Viel Leute aber diese Schrifft
Verspotten werden, wissen nicht
Was Anfang, Mittel oder End
Ehe sie erfahrn, was ich vollend
Ich wil mich nun auffschwingen thun
Von hinnen in den höchsten Thron
Und wieder steigen zu der Hellen
Zu meinen andern sechs Gesellen
Wil zusehn, wies eim jeden geht
Ob er auch Frost und Hitz besteht
Auch ob sie mich treulich wollen, pflichten
Daß ich das höchste kan verrichten
Und da mich dann der König bhält
So bleibt er Herr der gantzen Welt
Das kan Ruperto auch gelingen
Drumb magst du wol das Credo singen.

4,11 *Mache Tav zum König, binde ihm eine Krone um und stelle mit ihm den Mond im Universum dar, den Montag im Jahr und den Mund in der Seele.*

Von dem siebenden Planeten
LUNA
Wann ich nicht wer ein weiblich Bild
Dem König zugethan so mild

Wo wolt doch bleiben sein Geschlecht
Das ich erhalten muß sein recht
Mein kalter Leib ist wunderbar
Denn mir erwärmt der König klar
Darzu Venus Anreitzung gab
Daß ich erstlich mein Willn drein gab
Gabriel mir Verkündigung that
Daß ich dem König verlobet ward
Und brachte mir ein Stein so theuer
In Gold gefaßt, war ein Sapier
Durchsichtig blau, von Farb geziert
Des Königs wegen mir verehrt
Und sagt mir bey der Treue mein
Daß ich des Königs Weib solt seyn
Darauff solt ich mich resolviren
In all sein Guht wolt er mich führen
Mein beste Kunst die brauch ich da
Welche heißt Dialectica
Und red wie einem Weib gebührt
Prudentia mich instituirt
Verheiß ihn zwar mein edlen Leib
Biß uns der Todt von einander scheid
Und ich vollbracht mein Lauff gar hab
Geschicht in zwanzig sieben Tag
Sieben Stund und zwantzig drey Minut
Den Circkel gantz durchlauff so gut
In neunzehn Jahren auff dem Plan
Dann sah ichs wieder auffs neue an
Und wann ichs rechne umb und umb
So kom ich alle Monat rumb
Mein Seel, mein Geist und meinem Leib
Hab ich meim König zugeeignt
Dasselb auff einen Montag war

Wie ich ihm zugesaget gar
Dem Menschen bring ich grosse Kraft
So ich potabil werd gemacht
Bin innen blau, und aussen weiß
Wann ich erlang den fixen Preiß
So kleidet mich Venus zu hand
In Scharlach und Purpur Gwand
Das sie doch von dem Marti hat
Erlangt, durch Bitt und grosse Gnad
Uns so man Spießglas wolte fragen
So würd der Sulphur auch was sagen
Hiemit nun scheide ich von hinnen
Ein ander mag auch etwas finden
Zuletzt macht man doch das Gelack
Exitus acta probat
Das ist stetts gewest mein Reim
Bey Tag und auch bey Mond es scheint
Flieg doch gleich durch das Firmament
Endlich find sichs doch bald am End.

4,12 *Sieben Doppelte, wie permutiert man sie? Zwei Steine errichten zwei Häuser, drei errichten sechs Häuser, vier errichten 24 Häuser, fünf errichten 120 Häuser, sechs errichten 720 Häuser, und sieben errichten 5040 Häuser. Von hier an fahre fort und berechne das, was der Mund nicht sagen kann und das Ohr nicht hören kann.*
Dies sind die sieben Planeten im Universum: Sonne, Venus, Merkur, Mond, Saturn, Jupiter, Mars. Dies sind die sieben Tage im Jahr: die sieben Tage der Schöpfung. Und die sieben Tore in der Seele sind die beiden Augen, die beiden Ohren, die beiden Nasenlöcher und der Mund. Und mit ihnen wurden die sieben Firmamente, die sieben Erden, die sieben Stunden graviert. Sieben ist daher für jede Sehnsucht unter dem Himmel geliebt.

Dieser letzte Abschnitt des 4. Kapitels des Buches der Schöpfung gibt detaillierte Anweisungen, wie man in der meditativen Kabbalah Buchstaben kombinieren und vertauschen muß, um sie dann, gleich einem Mantra (wie im Japa-Yoga) aufzusagen. Kabbalisten, die diesen meditativen Weg beschreiten, versuchen, durch diese Buchstabenwiederholungen einen bestimmten Bewußtseinszustand, beispielsweise die Extase, zu erreichen.

Mit »Steine« sind die Buchstaben des hebräischen Alphabets gemeint, die, wenn sie permutiert[miteinander kombiniert] werden, Häuser bilden. Wer den Text wörtlich nimmt, kommt zu folgenden Übungen:

Zwei Buchstaben A und B lassen sich zwei mal vertauschen, AB und BA. AB und BA, die beiden möglichen Vertauschungen, sind die beiden Häuser.

Werden drei Buchstaben A, B und C miteinander vertauscht, so erhält man 24 Möglichkeiten, sprich Häuser: ABC, BAC, BCA, CAB und so weiter.

Würde man alle sieben Doppelte mit einander permutieren, so erhielte man 5.040 Möglichkeiten [Häuser], was der Aussprache von insgesamt 35.280 Buchstaben entspräche, 7 x 5.040 = 35.280. Für diese Übung bräuchte der Kabbalist etwa drei bis vier Stunden.

Würde der Kabbalist alle 22 Buchstaben des hebräischen Alphabets miteinander permutieren, so bräuchte etwa sechzig bis siebzig Jahre er für die möglichen 1.124.000.727.777.607.680.000 Permutationen, würde er sie unausgesetzt hersagen – in der Durchführung also unmöglich. Diese gewaltige Zahl (22!, d.h. die Fakultät von 22, damit sind alle Permutationen – Vertauschungen –, die mit 22 möglich sind, berechnet. entspricht den im Universum existierenden Himmelskörpern. Die Eingeweihten aller Zeiten wußten, daß nichts im Universum existieren kann, was nicht seinen eigenen Namen trägt. So ist die Fakultät von 22 die Anzahl aller existierenden Namen.

Nun stellt sich die Frage, ob die früheren Eingeweihten tatsächlich ihren Studenten diese schier unlösbare Aufgabe abverlangten oder ob sich in diesem Text eher eine ganz andere – geheime – Information und Illumination [Erleuchtung] verbirgt.

Das Geheimnis der Eingeweihten ist tatsächlich, daß sie alle Buchstaben auf den drei Ebenen des Bewußtseins, der körperlichen, der astralen und der mentalen Welt, manifestieren können. Damit ist gemeint, daß der Kabbalist jedes seiner Organe und schließlich seinen gesamten Körper mittels der Kabbalah und ihrer Buchstaben neu formt und verdichtet. Anschließend trägt er alle Urtöne der Schöpfung in sich, die ihm wiederum als Kraftspeicher dienen[Golem: Im allgemeinen versteht man unter Golem einen erschaffenen Hilfsgeist, dies ist aber in diesem Fall nicht gemeint, sondern daß man sich mithilfe der Buchstaben einen »zweiten« Licht- bzw. Astralkörper erschafft, also sein eigenes energetisches Doppel. Das kommt einer Bewußtseinsteilung gleich – das Bewußtsein ist im erschaffenen Lichtkörper und gleichzeitig im »alten« Körper. In diesem bzw. mit diesem Lichtkörper kann dann gereist werden. Und doch ist es nur der eigene Körper – erweitert eben. Grundsätzlich besteht kein großer technischer Unterschied zwischen der Erschaffung bzw. Belebung einer Tonfigur mit allen Organen usw. und der »Neuerschaffung« der eigenen Organe – beides ist die Erschaffung eines Golem. Dies zu bewerkstelligen war eine Art Reifeprüfung für den Kabbalisten]. Ist er dann so weit in seiner Entwicklung vorangeschritten, daß er alle seine Organe neu erschaffen, also die Buchstaben – Organe – qualitativ und quantitativ gestimmt und veredelt hat [jedes Organ, das zum Buchstaben »gestimmt« wurde, ist dann auch »schwingungsgleich« mit dem korrespondierenden Planeten im Makrokosmos], gehen alle 22 (+ 5 Vokale) miteinander in Resonanz. Jeder Gedanke, jeder Wunsch und jede Vorstellung des Kabbalisten wird sich dann als Schöpferbefehl – gleich jenem der Göttlichen Vorsehung selbst – verwirklichen und manifestieren. Dies entspricht der höchstmöglichen Entwicklung des Menschen als vollkommenes Abbild des Universums und Gottes selbst!

Trotz der zeitlichen Einschränkungen tut der fortgeschrittene Kabbalist gut daran, sich zumindest zeitweise mit den Permutationsmöglichkeiten der Buchstaben auseinanderzusetzen. Dies hilft ihm dabei, das Geheimnis der Göttlichen Namen zu ergründen. Im Kapitel über die 72 Planetengenien (S. 310), die in gewisser Weise dem Shemhamphorash – dem 72buchstabigen Namen Gottes – entsprechen, werden wir die Göttlichen Namen besprechen.

Kapitel 5
Die zwölf Einfachen

Während in Kapitel 4 des Sefer Jezirah die sieben heiligen Rhythmen durch die sieben doppelten Buchstaben zum Ausdruck gebracht wurden, bespricht Kapitel 5 die zwölf einfachen Buchstaben und ihre Zuordnungen im Lebensbaum, im Menschen, im Universum und schließlich in der gesamten Schöpfung.

5,1 *Zwölf Einfache: He, Vav, Sajin, Chet, Tet, Jod, Lamed, Nun, Samech, Ajin, Zadi, Kuf. Ihre Grundlage ist Sehen, Hören, Geruch, Sprache, Geschmack, Beischlaf, Handlung, Bewegung, Zorn, Gelächter, Denken und Schlaf. Ihre Grundlage sind die zwölf diagonalen Grenzen: die Nordostgrenze, die Südostgrenze, die obere nördliche Grenze, die untere östliche Grenze. Sie dehnen sich unaufhörlich aus. sie sind die Arme des Universums.*

Zwölf Einfache

Gewöhnlich werden die zwölf einfachen Buchstaben von jüdischen Gelehrten den sogenannten zwölf Stämmen Israels zugeordnet (da wir uns im vorliegenden Buch allerdings nicht allzutief mit religiösen Vorstellungen beschäftigen wollen, verzichte ich an dieser Stelle auf eine nähere Besprechung der zwölf Stämme), besonders wichtig ist die Assoziation der zwölf Einfachen mit den zwölf astrologischen Häusern, den zwölf Winkelteilungen des Himmels, zu sehen. Diese lassen sich wiederum auf die zwölf Monate des Jahres, März bis Februar, ableiten.

Die Sterne und ihr Stand in den Häusern zeigen gemäß der Astrologie die Ereignisse und Prägungen zur Geburtsstunde an, so wie eine Uhr die Zeit anzeigt. Derjenige, der sich mit kabbalistischer Astrologie beschäftigt, sieht darüber hinaus nicht nur die astrologischen Winkel und Planetenstellungen, sondern weiß, welcher Genius, welches Wesen, welcher Engel oder Dämon zur Geburtszeit am jeweiligen Geburtsort eines Geborenen herrschte und somit das Leben des Menschen entscheidend mitprägt und dauerhaft begleitet. Geburt und Tod erkennt der Eingeweihte als feste Größen, die sich einem Stempel gleich im Moment der Geburt in die DNS eines jeden Lebewesens einprägen. Nur die Eingeweihten mit den höchsten Rängen sind allerdings in der Lage, diese Schicksalsprägungen bei sich oder anderen zu ändern.

Buchstabe	*Hebräisch*	*Monat*	*Sternzeichen*	*Stamm*	*Qualität*	*Diagonale*
He	ה	März	*Widder*	Judah	Sehen	Osten–Norden
Vav	ו	April	*Stier*	Isaschar	Hören	Osten–Süden
Sajin	ז	Mai	*Zwillinge*	Sebulon	Geruch	Osten–Oben
Chet	ח	Juni	*Krebs*	Ruben	Sprache	Osten–Unten
Tet	ט	Juli	*Löwe*	Simeon	Geschmack	Norden–Oben
Jod	י	August	*Jungfrau*	Gad	Beischlaf	Norden–Unten
Lamed	ל	September	*Waage*	Ephraim	Bewegung	Westen–Süden
Nun	נ	Oktober	*Skorpion*	Menasseh	Zorn	Westen–Norden
Samech	ס	November	*Schütze*	Benjamin	Gelächter	Westen–Oben
Ajin	ע	Dezember	*Steinbock*	Dan	Denken	Westen–Unten
Zadi	צ	Januar	*Wassermann*	Asser	Freude	Westen–Oben
Kuf	ק	Februar	*Fische*	Naphthali	Schlaf	Westen–Unten

Die zwölf diagonalen Grenzen

Bei der Erläuterung der drei Mütter und der sieben Doppelten wurde dargelegt, daß die Mütter – Schin Alef und Mem – die drei horizontalen Linien im Baum des Lebens und die sieben Doppelten die sieben senkrechten Linien darstellen. Die zwölf diagonalen Linien werden nun von den zwölf Einfachen verkörpert. Die zwölf Diagonalen werden als die Grenzen oder die zwölf Arme des Universums bezeichnet. Im Deuteronomium 33,26 heißt es:

Keiner gleicht dem Gott Jeschuruns
Der Befahrer der Himmel ist dein Helfer
Sein Stolz ist in den Himmeln
Eine Zuflucht ist der Gott der Ewigkeit
Und unten sind die Arme des Universums
Er hat vor dir her deinen Feind vertrieben
Und Er sprach: Vernichte!

All diese Linien sind Pfade, an denen das Bewußtsein des meditierenden Kabbalisten von Zustand zu Zustand auf- und absteigen kann – bei Malkuth beginnend bis hinauf in die höchsten Göttlichen Ebenen der oberen Triade des Lebensbaums [Kether–Chochmah–Binah]. Meditiert der Kabbalist intensiv mit den Pfaden des Lebensbaums, so wird er irgendwann mit seinen eigenen charakterlichen Schwächen konfrontiert. Schonungslos wird dem die Einweihung Anstrebenden die Schattenwelt seines Charakters offenbart, damit er das Erkennen dazu nutzen kann, seine Schwächen auszumerzen. Es sind die Kilipoth, die bösen Hüllen auf der Kehrseite des Lebensbaums, die sich von den negativen Emotionen und Handlungen der Lebewesen im Universum nähren. Sie sind es auch, die den Kabbalisten »angreifen« und versuchen.

Gleitet das Bewußtsein des Kabbalisten bei seiner Arbeit mit den Pfaden zwischen den Himmeln [Sefiroth] hin und her, so tauchen diese Schatten des Bösen immer wieder vor ihm auf. Der Mysterienschüler hat dann die Aufgabe, diese Schatten aufzulösen. Er schlägt ihnen den Kopf ab, ganz so, wie der griechische Herakles, der die Köpfe der Hydra abschlug und deren Wurzeln ausbrannte. Dies ist die esoterische [innere] Bedeutung der zahlreichen biblischen Kriege und Vernichtungen: Es gilt nicht, menschliche Feinde und befehdete Völker auszulöschen, sondern die eigenen negativen Elementale [Wesen, die wir mit unseren Gefühlen und

Überzeugungen ins Leben rufen]. Erkennt der Mysterienschüler seine Schwächen und ist er bereit, sie zu besiegen, so erreicht er die untersten Grade der Meisterschaft.

Gerade bei der kontemplativen [meditativen] Bearbeitung der zwölf diagonalen Pfade gelingt diese Charakterschulung besonders gut. Diese Pfade stehen für die beiden Hauptströme des Universums (männlich und weiblich) und bilden daher die Verbindung zwischen der transzendentalen Welt und der physischen Welt (siehe dazu Farbtafel »Der Stab der Eingeweihten« im Anhang).

5,2 *Zwölf Einfache: He, Vav, Sajin, Chet, Tet, Jod, Lamed, Nun, Samech, Ajin, Zadi, Kuf. Graviere sie, meißle sie, wiege sie, permutiere sie und vertausche sie, und mit ihnen bilde die zwölf Sternbilder im Universum: Widder, Stier, Zwillinge, Krebs, Löwe, Jungfrau, Waage, Skorpion, Schütze, Steinbock, Wassermann, Fische; die zwölf Monate im Jahr: März, April, Mai, Juni, Juli, August, September, Oktober, November, Dezember, Januar und Februar; und die zwölf Vorsteher in der Seele: zwei Hände, zwei Beine, zwei Nieren, die Leber, die Gallenblase, den Magen, die Milz, das Zwerchfell, die Kehle. Magen und Gedärme sind gleich, Kehle kommt hinzu. Leider sind die Urtexte sehr widersprüchlich, daher fiel es mir erst jetzt auf.*

Hier wird deutlich, daß die zwölf einfachen Buchstaben des hebräischen Alphabets nicht nur in enger Beziehung zu den zwölf diagonalen Linien des Lebensbaums stehen, sondern daß sie auch die astrologischen Sternzeichen und die dazugehörigen Monate verkörpern. Sternzeichen und Monat stehen wiederum in besonderer Verbindung zu zwölf Organen des menschlichen Körpers. Die umgekehrte Betrachtung ermöglicht es, jeden Pfad des Lebensbaums direkt auf ein menschliches Organ bzw. Körperteil zu übertragen.

Buchstabe	*Pfad*	*Sternbild*	*Monat*	*Organ*	*Intelligenz*	*Astrologischer Grad*
He	2.	Widder	März–April	rechter Arm (Hand)	Malchidael	0°–30°
Vav	5.	Stier	April–Mai	linker Arm (Hand)	Asmodel	31°–60°
Sajin	6.	Zwillinge	Mai–Juni	rechtes Bein	Ambriel	61°–90°
Chet	9.	Krebs	Juni–Juli	linkes Bein	Muriel	91°–120°
Tet	11.	Löwe	Juli–August	rechte Niere	Verchiel	121°–150°
Jod	17.	Jungfrau	August–September	linke Niere	Hamaliel	151°–180°
Lamed	20.	Waage	September–Oktober	Milz	Zuriel	181°–210°
Nun	22.	Skorpion	Oktober–November	Leber	Carbiel	211°–240°
Samech	27.	Schütze	November – Dezember	Galle	Aduachiel	241°–270°
Ajin	28.	Steinbock	Dezember–Januar	Kehle	Hanael	271°–300°
Zadi	29.	Wassermann	Januar–Februar	Solarplexus (Zwerchfell)	Cambiel	301°–330°
Kuf	31.	Fische	Februar–März	Magen	Jophaniel	331°–360°

Die unterschiedlichen jüdisch-kabbalistischen Schulen widersprechen sich teilweise bei der Zuordnung der Organe und Buchstaben. Dieses in der Kabbalah oft auftretende Phänomen macht es besonders schwierig, aus den zugänglichen Manuskripten alter Meister Nutzen zu ziehen. Aus diesem Grund werden für die praktischen Übungen die Organzuordnungen Franz Bardons empfohlen, die weitestgehend dem Sefer Jezirah entsprechen und auf das lateinische bzw. deutsche Alphabet abgestimmt sind.

5,3 *Drei Mütter, die drei Väter sind, aus denen Feuer, Geist und Wasser hervorgehen. Drei Mütter, sieben Doppelte und zwölf Einfache.*

Drei Mütter, die drei Väter sind

Wie bereits in Kapitel 3 besprochen, verstehen die Kabbalisten unter den drei Müttern die Buchstaben A, M und Sch. Sie sind die Urkräfte der drei Elemente Luft, Wasser und Feuer und zeigen das Zusammenspiel von These, Antithese und Synthese. Sie existieren außerhalb jedweder Schöpfung, sind der elementare Urstoff, der direkt aus dem Akasha, dem Göttlichen Urstrom, fließt. Diese drei Mutterbuchstaben können als Quantität, als vorhandene Masse verstanden werden.

Nun bedeutet Schöpfung auch das Formen von Ur- bzw. Rohstoff. Dieser Rohstoff – diese Masse – kann nun vom Bildhauer wie ein Stück Ton geformt werden. Dadurch verschafft man (der Kabbalist bzw. die Göttliche Vorsehung) der Masse eine Form, ein Aussehen, einen Charakter. Masse, Quantität, erhält Form, Qualität. Diese Qualität wird durch das Zusammenspiel der Mütter A, M und Sch und den drei Vätern J, H und V gebildet (M–J, Sch–H, A–V). Alles innerhalb der Schöpfung entstand und entsteht aus dem Zusammenspiel dieser sechs Buchstaben.

A, M, Sch nach Bardon:

A

Akasha: *Im Akashaprinzip steht das A für die höchste Weisheit und die höchste Erleuchtung, die einem Menschen überhaupt zuteil werden kann. Gleichzeitig verkörpert es dort die Reinheit aller Ideen in allen Daseinsformen.*

Mental: *Auf der Mentalebene des Menschen vertritt das A als Grundeigenschaft den erleuchteten Verstand. Alle Parallelen, die mit dem erleuchteten Verstand in Einklang zu bringen sind, wie z.B. Urteilsvermögen, Begreifen und Erkennen tiefster Wahrheiten, höchstes Wissen, hohe Auffassungsgabe, Erweckung sämtlicher intellektueller Fähigkeiten usw., werden in der Mentalwelt durch das A und seine Schwingung zum Ausdruck gebracht.*

Astral: *Alle Talente, Eigenschaften und Fähigkeiten, die dem Luftprinzip unterliegen, z.B. Musikalität, Rednergabe, Dichtkunst usw., können im Astralreich durch den Buchstaben A hervorgerufen werden. Von okkulten Fähigkeiten sind es unter anderen das Hellsehen, das Fernhören, die Kunst der Levitation, die Macht über das Luftelement und seine Wesen – und zwar sowohl im Elementereich selbst, als auch im Astralreich –, ferner die Macht über alle dem Luftprinzip zugeordneten und sich in der Astralwelt abspielenden Kräfte. Ebenso lassen sich durch den Buchstaben A die Sprache der Symbole erlernen bzw. das Verstehen derselben erzielen und die Macht, die in ihnen liegt, gewinnen.*

Materie: *In der grobstofflichen, physikalischen, Welt ist es die Macht über das Luftprinzip und über alle seine Zuordnungen, die sich durch den Buchstaben A erlangen läßt, ohne Unterschied, ob es sich um die Herrschaft über alle Luftgeister oder um die Beherrschung von Stürmen und dergleichen handelt. Durch das kabbalistische Aussprechen des Buchstabens A kann z.B. ein Arzt oder Heilpraktiker sämtliche Brustleiden erfolgreich behandeln.*

M

Akasha: *Im Akashaprinzip ist diese Buchstabenschwingung dem Urprinzip des Wassers zugeordnet. Die Göttliche Vorsehung hat mit Hilfe der Schwingung des Ms das Wasser in allen Daseinsformen erschaffen, also vom Urprinzip – dem Prinzip der Flüssigkeit – bis zur Realisierung in unserer grobstofflichen Welt. Der Kabbalist lernt durch diese Schwingung des Buchstabens im Akasha das Urprinzip des Wassers vom Standpunkt der Schöpfung aus richtig zu erfassen, erkennen und beherrschen.*

Mental: *Da sich im Mentalreich – Mentalkörper – das Urprinzip des Was-*

sers als Leben, Gefühl und Empfinden offenbart, erlangt der Kabbalist durch Beherrschung der Schwingung des Ms die mentale Fähigkeit, im Geiste vollkommener Herr über seine Gefühle, sein Empfinden und seinen Lebensgeist zu werden. Diese Fähigkeit ermöglicht es ihm auch, das Leben, das Gefühl und das Empfindungsvermögen jedes Menschen mit dem eigenen Bewußtsein zu durchdringen, zu erforschen und zu beherrschen.

Astral: *Die Schwingung des Buchstabens M läßt den Kabbalisten das astrale Wasserelement in allen Wirkungsbereichen der astralen Welt erfassen und beherrschen. Dadurch wird er gleichzeitig unbeschränkter Herrscher des reinen magnetischen Fluids [lat. fluidum = Flüssigkeit], dem das Wasserelement zugeordnet ist, d.h., daß das magnetische Fluid seinen Ursprung im Urprinzip des Wassers hat.*

Materie: *In der grobstofflichen, physikalischen, Welt verleiht die Schwingung des Buchstabens M dem Kabbalisten die Macht, in der ganzen Welt über das Flüssigkeitsprinzip zu herrschen, also nicht nur im Mikro-, sondern auch im Makrokosmos. Nicht nur, daß er mit seinem Bewußtsein alles Flüssige im Urprinzip erfaßt, er wird außerdem vollkommener Herrscher desselben. Die durch diese Schwingung erworbene Fähigkeit macht ihn gleichzeitig zum Herrscher über das magnetische Fluid und über alles, was mit diesem im Zusammenhang steht. So kann er z.B. nach Belieben die Gravitationsgesetze beherrschen.*

Sch

Bei Beschreibung der Schwingung des S erwähnte ich [Bardon], daß der Buchstabe K für die Allmacht – das Urlicht – und S für das Urfeuer stehen. Die Schwingung des Buchstabens Sch verbindet beides – Urlicht und Urfeuer – und deutet damit die unmanifestierbare Allmacht an [unmanifestierbar ist etwas, das keine Form annehmen kann]. Die Schwingung des Sch verkörpert demnach das dem K und S übergeordnete Urprinzip. Sch ist daher jener Buch-

stabe, mit welchem die Göttliche Vorsehung das Urprinzip des Feuers und des Urlichtes der unmanifestierten Allmacht vertritt. Die Schwingung des Sch deutet sozusagen den ersten Erguß Göttlicher Schöpfung an. Sch gilt daher als der höchste Buchstabe, und S und K sind in ihrer Manifestierung diesem Mutterbuchstaben unterstellt. In der Kabbalah wird darauf hingewiesen, daß die Göttliche Vorsehung durch die drei Buchstaben A, Sch und M die Urprinzipien der Elemente erschaffen hat und daß aus diesen Grundbuchstaben alle übrigen Buchstaben entstanden sind. Laut kabbalistischer Gesetzmäßigkeit ist A dem Urelement des Luftprinzips analog, Sch dem Urfeuer und M dem Urprinzip des Wassers. A entspricht dem Verstand – der Weisheit –, der Gesetzmäßigkeit des Gleichgewichtes usw., Sch dem Willen, der Allkraft und Allmacht und M der Liebe. Sch ist als Urprinzip das Aktive mit dem elektrischen Fluid und M als Gegensatz als Urprinzip das Passive mit dem magnetischen Fluid. Dem A fällt als Ausgleich die Vermittlerrolle zwischen dem Urfeuer und dem Urwasser zu. Also wohlgemerkt: Die Schwingung des Sch verkörpert das Urelement des Feuers, die Schwingung des M das des Wassers, und die Schwingung des A hat die Vermittlerrolle zwischen beiden Schwingungen. Infolgedessen gelten diese drei Buchstaben als die Urbuchstaben oder Grundbuchstaben – Mutterbuchstaben. Dieser kurze Hinweis war notwendig, um die richtige Stellung der Buchstabenschwingung des Sch zu beleuchten, damit beim Gebrauch dieser Schwingung keine Verwechslung vorkommen kann.

Akasha: *Wer diese Buchstabenschwingung im Akashaprinzip hervorzurufen versteht, wird das Urprinzip des Feuers und das Urlicht erkennen und dadurch zur höchsten Erleuchtung gelangen. Symbolisch erscheint das Sch im Akashaprinzip als glänzende Sonne mit dem Urfeuer – als Substanz – in der Mitte und dem Urlicht als dessen Ausstrahlung. Auch in der normalen Schöpfung ist dem so, wobei die Sonne als Urfeuer die glühende Hitze bedeutet und die Ausstrahlung des Feuers der Sonne als Licht gewertet wird. Es ließen sich zahlreiche Analogien zwischen der Symbolik und der Buchstabenschwingung in bezug auf ihre universalen Ureigen-*

schaften anführen, aber dem praktisch arbeitenden Kabbalisten werden diese kurzen Angaben genügen.

Mental: *Im Mentalkörper des Kabbalisten führt diese Buchstabenschwingung zur höchsten Erleuchtung und Vergeistigung, die sich bis zum Zustand der Ekstase steigert. Diese Ekstase ist eine positive Art der Verzückung und nur um ein weniges anders als bei der Schwingung des Buchstabens J beschrieben. Die Schwingung des J birgt das Urprinzip der Liebe, die Schwingung des Sch dagegen das Prinzip des Urfeuers. Durch die Schwingung des Sch wird gewissermaßen auch der Verstand erleuchtet, ebenso das Bewußtsein, so daß beide aufnahmefähiger werden.*

Astral: *Im Astralkörper ruft die Schwingung des Buchstabens Sch einen Urzustand der Manifestation des Glaubens hervor, ferner eine Transmutationsfähigkeit (Wandlungsfähigkeit) und vollkommene Beherrschung des Feuerelementes in allen Reichen. Da das Willensprinzip mit dieser Buchstabenschwingung auch im Astralen identisch ist, gilt es logischerweise auch hier.*

Materie: *Im grobstofflichen, physischen, Körper festigt der Kabbalist mit dieser Schwingung seinen absoluten Glauben, erreicht die Beherrschung des elektrischen Fluids in allen drei Reichen – allerdings in verstärktem Maße in der grobstofflichen Welt – und gleichzeitig die Fähigkeit, durch das elektrische Fluid oder durch das Feuerelement in der grobstofflichen Welt alles zu beeinflussen, wo es in seiner Zuordnung am Platze ist.*

5,4 *Das sind die zweiundzwanzig Buchstaben die vom seligen Heiligen, der in Ewigkeit wohnt, dessen Name heilig ist.*

Der selige Heilige

Der selige Heilige ist die Göttliche Vorsehung selbst, die Melchisedek El Eljon (der Höchste) nannte. Es ist der Göttliche Geist, der im Menschen selbst wohnt und niemals außerhalb des Menschen zu finden ist.

Kapitel 6
Mikrokosmos/Makrokosmos

Das sechste Kapitel des Sefer Jezirah birgt ein eigenes Mysterium, das sowohl auf die Planeten und Sternzeichen als auch auf deren Entstehung hinweist. Wie im gesamten Sefer Jezirah gilt auch hier, daß alles, was im Makrokosmos beobachtet und worüber berichtet wird, auch im Menschen, dem Mikrokosmos, seine Zuordnung findet.

6,1 *Es gibt die Väter und ihre Nachkommen, sieben sind die Planeten und ihre Heerscharen, und zwölf sind die diagonalen Grenzen. Und der Beweis dafür, wahrer Zeuge, sind das Universum, das Jahr und die Seele. Er verfügte zwölf, zehn, sieben und drei und er ernannte sie im Teli, im Kreis und im Herzen. Die drei sind Feuer, Wasser und Geist; Feuer oben, Wasser unten, Geist das Gesetz, das zwischen ihnen entscheidet. Ein Zeichen dafür ist, daß Feuer Wasser trägt. Mem summt, Schin zischt und Alef ist das Gesetz, das zwischen ihnen entscheidet.*

Ihre Nachkommen

Wie bereits mehrfach dargelegt, entstand die gesamte für den Menschen faßbare Schöpfung aus der Verbindung der drei Mütter Alef, Mem und Schin mit den drei Vätern Jod, He und Vav. All jenes Erschaffene wird in der Kabbalah als »Ihre Nachkommen« bezeichnet.

Die Planeten und ihre Heerscharen

Jeder sichtbare und jeder unsichtbare Planet ist durch eine eigene Intelligenz belebt. Ebenso bilden die zwölf bekannten Sternbilder jeweils eine eigenständige Intelligenz – oder besser umgekehrt: Jede der zwölf großen Intelligenzen bringt sich selbst durch ein Planetenbild – Sternzeichen – zum Ausdruck (siehe Tabelle unter 5,2).

Die Planetenwesen, welche die noetische Welt, die Mentalsphäre, beherrschen, sind die sogenannten 72 Genien der Merkurzone, deren Namen in unmittelbarem Zusammenhang mit dem Shemhamphorash, dem 72buchstabigen Namen Gottes, stehen (Tabelle 1). Die Planetenwesen, welche die gesamte psychische Welt, die Astralsphäre, beherrschen, sind die Vorsteher der sogenannten 28 Mondstationen. Diese 28 Genien sind jedoch in Wirklichkeit die Vorsteher der Fixsterne (Tabelle 2).

Tabelle 1	*Intelligenz*	*Planet*	*Engelshie-rarchie*	*Sefirah**	*Astrologischer Grad auf der 360°-Scheibe*
1	Vehuiah	Uranus	Serafim	Kether	0°–5°
2	Jeliel	Saturn			6°–10°
3	Sitael	Jupiter			11°–15°
4	Elemiah	Mars			16°–20°
5	Mahasiah	Sonne			21°–25°
6	Lelahel	Venus			26°–30°
7	Achaiah	Merkur			31°–35°
8	Kahetel	Mond			36°–40°
9	Haziel (Aziel)	Uranus	Cherubim	Choch mah	41°–45°
10	Aladiah	Saturn			46°–50°
11	Lauviah	Jupiter			51°–55°
12	Hahaiah	Mars			56°–60°
13	Jezalel	Sonne			61°–65°
14	Mebahel	Venus			66°–70°
15	Hariel	Merkur			71°–75°
16	Hakamiah	Mond			76°–80°
17	Lanoiah	Uranus	Throne	Binah	81°–85°
18	Kaliel	Saturn			86°–90°
19	Leuviah	Jupiter			91°–95°
20	Pahaliah	Mars			96°–100°
21	Nelekael	Sonne			101°–105°
22	Jeiaiel	Venus			106°–110°
23	Melahel	Merkur			111°–115°
24	Hahuiah	Mond			116°–120°
25	Nith-Haiah	Uranus	Herrschaften	Chessed	121°–125°
26	Haaiah	Saturn			126°–130°
27	Jerathel	Jupiter			131°–135°
28	Seeiah	Mars			136°–140°

29	Reiiel	Sonne			141°–145°
30	Omael	Venus			146°–150°
31	Lekabel	Merkur			151°–155°
32	Vasariah	Mond			156°–160°
33	Jehuiah	Uranus	Mächte	Geburah	161°–165°
34	Lehaiah	Saturn			166°–170°
35	Kevakiah	Jupiter			171°–175°
36	Menadel	Mars			176°–180°
37	Aniel	Sonne			181°–185°
38	Haamiah	Venus			186°–190°
39	Rehael	Merkur			191°–195°
40	Jeiazel	Mond			196°–200°
41	Hahahel	Uranus	Tugenden	Tifereth	201°–205°
42	Mikael	Saturn			206°–210°
43	Veubiah	Jupiter			211°–215°
44	Jelahiah	Mars			216°–220°
45	Sealiah	Sonne			221°–225°
46	Ariel	Venus			226°–230°
47	Asaliah	Merkur			231°–235°
48	Mihael	Mond			236°–240°
49	Vehuel	Uranus	Fürstentümer	Netzach	241°–245°
50	Daniel	Saturn			246°–250°
51	Hahasiah	Jupiter			251°–255°
52	Imamiah	Mars			256°–260°
53	Nanael	Sonne			261°–265°
54	Nithael	Venus			266°–270°
55	Mebaiah	Merkur			271°–275°
56	Poiel	Mond			276°–280°
57	Nemamiah	Uranus	Erzengel	Hod	281°–285°
58	Jeialel	Saturn			286°–290°
59	Harahel	Jupiter			291°–295°
60	Mizrael	Mars			296°–300°
61	Umabel	Sonne			301°–305°
62	Jah-Hel	Venus			306°–310°
63	Amianuel	Merkur			311°–215°
64	Mehiel	Mond			316°–320°
65	Damabiah	Uranus	Engel	Jesod	321°–325°
66	Manakel	Saturn			326°–330°
67	Eiaiel	Jupiter			331°–335°

68	Habuiah	Mars			336°–340°
69	Rochel	Sonne			341°–345°
70	Jabamiah	Venus			346°–350°
71	Haiel	Merkur			351°–355°
72	Mumiah	Mond			356°–360

Die sogenannten 28 Mondstationen und deren vorstehende bzw. sie ausdrückende Intelligenzen sind die Namen der bekannten Fixsterne. Es ist die Sphäre unter der oben genannten Merkurzone mit den 72 Genien und entspricht dem gesamten Astralreich und allen astral existierenden Planeten. In der Astromagie und astrologischen Kabbalah ist die Kenntnis um die 28 Mondstationen von großer Bedeutung.

Tabelle 2

	Grad, Zeichen	*Name des Genius nach Bardon*	*Mit Bardon identischer arabischer Name*	*Engel*
1.	0° Widder	EBVAB	ALNATH	Gabriel
2.	12° 51' 22" Widder	EMTIRCHEYUD	ALBOTHAIM	Aniziel
3.	25° 42' 51" Widder	EZHESEKIS	ACHOMAZONE	Geniel
4.	8° 34' 17" Stier	EMVATIBE	ALDEBTDORAM	Azariel
5.	21° 25' 43" Stier	AMZHERE	ALCHATA(YA)	Sekeliel
6.	4° 17' 9" Zwillinge	ENCHEDE	ALHAMA oder ALHANNA	Dirachiel
7.	17° 8' 34" Zwillinge	EMRUDUE	ALDIMIACH	Michael
8.	0° Krebs	ENEYE	ALKAYA oder ALNAZA	Amnediel
9.	12° 51' 22" Krebs	EMZHEBYP	ALCHARF oder ALCHARPH	Barbiel
10.	25° 42' 51" Krebs	EMNYMAR	ALGLETH oderAGLEBH	Ardefiel
11.	8° 34' 17" Löwe	EBVEB	ARDARPH oder ARDAF	Neciel
12.	21° 25' 43" Löwe	EMKEBPE	ALZARPHA	Abdizuel
13.	4° 17' 9" Jungfrau	EMCHEBA	ALHAYRE	Jazekiel
14.	17° 8' 34" Jungfrau	EZHOBAR	ACHURET	Ergediel
15.	0° Waage	EMNEPE	ALGARPHA	Ataliel
16.	12° 51' 22" Waage	ECHOTASA	AHUBENE	Azerniel
17.	25° 42' 51" Waage	EMZHOM	ALCHAS	Adriel
18.	8° 34' 17" Skorpion	EMZHIT	ALCHOB oder ALTOB	Egebiel
19.	21° 25' 43" Skorpion	EZHEME	ALCHALA	Amuziel
20.	4° 17' 9" Schütze	ETSACHEYE	ABNAHAYA	Kiriel
21.	17° 8' 34" Schütze	ETAMREZH	ALBELDACH(I)	Bethunael

22.	0° Steinbock	RIVATIM	ZODEBOLUCH	Geliel
23.	12° 51' 22" Steinbock	LITEVICHE	SOBADOLA oder SEBADOLA	Requiel
24.	25° 42' 51" Steinbock	ZHEVEKIYEV	CHADEZOAD	Abrimael
25.	8° 34' 17" Wassermann	LAVEMEZHU	SADALACHIA	Aziel
26.	21° 25' 43" Wassermann	EMPEBYN	ALPHARG	Tagriel
27.	4° 17' 9" Fische	EMZHABE	ALCHARYA	Athemiel
28.	17° 8' 34" Fische	EMZHER	ALCHAT or ALCHAL	Raphael

Die von Bardon verwendeten Namen wurden nach folgendem Schlüssel chiffriert:

A = E	F = V	LH = SCH	R = T	V = D
B = R	G = W	M = L	S = N	W = P
CH = H	I = O	N = G	T = B	Y = J
D = M	K = Z	O = U	TZ = K	ZH = CH
E = A	L = S	P = F	U = I	Z = C

Der Teli

Der Teli, in keiner hebräischen Schrift außer dem Sefer Jezirah erwähnt, wird von vielen Kabbalisten als Polschlange (hebr. Nachash Bare'ach) identifiziert. Ihre Meinung begründen sie durch Hiob 26,13: »Durch Seinen Geist waren die Himmel beruhigt, Seine Hand hat die Polschlange durchbohrt.« Auch Jesaja 27,1 berichtet von der Polschlange: »An diesem Tage wird der Herr heimsuchen mit seinem harten, großen und starken Schwert den Leviathan, die flüchtige Schlange, und den Leviathan, die gewundene Schlange, und Er wird den Drachen im Meer töten.« Auch die Apokalypse des Johannes berichtet ausführlich über das »große Tier«. Das Sternbild Draco stellt den Teli dar. Er gilt als Vorsteher aller anderen Planetenzeichen, da sein Bild in allen zwölf Tierkreiszeichen Sterne hat, insgesamt

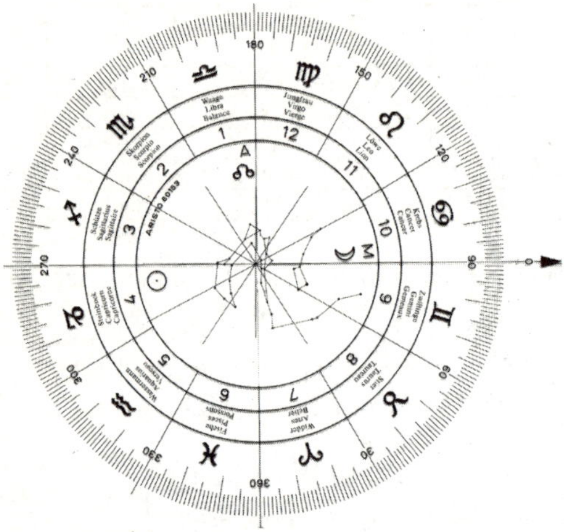

31. So sitzt der Drache, der Teli, im Universum »wie ein König auf seinem Thron«.

Am Himmel gibt es zwei sogenannte imaginäre Pole. Diese sind zum einen der »himmlische« Pol, der sich genau über dem Nordpol der Erde befindet, und zum anderen der »ekliptische« Pol, der dem Äquator der Erde entspricht. Aus astrologischer Sicht existieren zwei Punkte, an denen sich die Umlaufbahn eines jeden Planeten mit der Ekliptik schneidet. Der eine Punkt wird aufsteigender Knoten, der andere absteigender Knoten genannt. Die alten Astrologen bezeichneten den aufsteigenden Knoten mit »Kopf des Drachen« und den absteigenden Knoten mit »Schwanz des Drachen«. Der arabische Name des Drachen lautet Al Jaz'har.

Rabbi Abraham Abulafia identifiziert den Teli ebenfalls mit dem himmlischen Knoten [Kesharim] und charakterisiert den aufsteigenden Knoten – Kopf des Drachen – mit Verdienst, den absteigenden Knoten – Schwanz des Drachen – hingegen mit Schuld. Der meditierende Kabbalist kommt zu dem Schluß, daß der aufsteigende Knoten die Pforte ist, durch die der Aufstieg von der materiellen Welt in die spirituelle Welt möglich ist, und umgekehrt der absteigende Knoten den Abstieg darstellt, die Pforte von der spirituellen Welt zur verdichteten materiellen Welt. Alle Schamanen der Erde, insbesondere der nordamerikanische Stamm der Hopi, wissen um die Macht des Drachen; die Druiden, Kenner der Astrologie und Magie, verehrten ihn als eines der mächtigsten Wesen (siehe auch: Hodapp/Rinkenbach, Das große Buch der Drachen).

Der Kreis

Der Kreis ist der astrologische Zodiak, der »König der Zeit«. Er ist auch jener Kreis, in dem die 22 Buchstaben des hebräischen Alphabets angeordnet wurden, um die 231 mystischen Tore zu bilden. Alles, was geschah, geschieht und geschehen wird, bewegt sich innerhalb der Gesetzmäßigkeit dieses Kreises.

Der Kabbalah-Schüler möge sich mit der »Hamburger Astrologie«* (Fußnote siehe nächste Seite) beschäftigen. Spätestens dort wird ihm klar, daß es keinerlei freien Willen für ein inkarniertes Wesen – Mensch – gibt, denn alles unterliegt der Gesetzmäßigkeit der »Prägungen« des Kreises. Erst nach Verwirklichung des Christusbewußtseins in sich bzw. durch die Fähigkeit, die Materie zu beherrschen (was sich z.B. mit Hilfe der Kabbalah erreichen läßt), erlangt der Mensch einen freien Willen. Der Teli dreht die Räder wie die eines Uhrwerks und jedes Rad [Mensch] glaubt, es drehe sich selbst.

	Sanskrit	*Griechisch*	*Deutsch (Latein)*
Tierkreiszeichen			
	Kriya	Krios	Widder
	Tavura	Taurus	Stier
	Jituma	Didumoi	Zwillinge
	Kulira	Karkinos	Krebs
	Leya	Leon	Löwe
	Pathona	Parthenos	Jungfrau
	Juka	Zugos	Waage
	Kaurpi	Skorpios	Skorpion
	Taukshika	Toxotes	Schütze
	Akokera	Aigokeres	Steinbock
	Hridroga	Hudrochoos	Wassermann
	Chettha	Ichthues	Fische
Planeten			
	Hermnan	Hermes	Merkur
	Asphujit	Aphrodite	Venus
	Heli	Helios	Sonne
	Ara	Ares	Mars
	Jeeva	Zeus	Jupiter (Jovis)
	Kona	Kronos	Saturn

Die Gegenüberstellung der Namen in Griechisch und Sanskrit ist besonders interessant, weil die Wortstämme einander bemerkenswert ähnlich sind. Es zeigt deutlich, daß es sich hier nicht um jüdisches oder griechisches, sondern tatsächlich um Universalwissen handelt.

Das Herz

Das Herz wird von den Kabbalisten »König der Seele« genannt. Es ist das wichtigste spirituelle »Organ«, durch das sich die Göttliche Liebe und der Heilige Geist zum Ausdruck bringen können. Durch das Herz – es entspricht der Sefirah Tifereth – drückt sich der Logos aus, der aus dem Menschen einen »Gesalbten« [griechisch: Christos; hebräisch: Messiah] zu machen imstande ist.

6,2 *Der Teli im Universum ist wie ein König auf seinem Thron. Der Kreislauf im Jahr ist wie ein König in der Provinz. Das Herz in der Seele ist wie ein König im Krieg.*

Diesen hat Gott geschaffen wie jenen. Gut gegenüber Böse, Böse gegenüber Gut, Gutes von Gutem, Böses von Bösem. Gutes macht Böses erkennbar, und Böses macht Gutes erkennbar. Gutes ist den Guten vorbehalten, und Böses ist den Bösen vorbehalten.

Gut gegenüber Böse

Zeitliche Punkte, wie z.B. Vergangenheit und Zukunft, schaffen Endpunkte in ihrem jeweiligen Kontinuum, stellen jedoch keine Gegensätze dar. In der spirituellen Dimension sind die zwei Endpunkte Gut und Böse allerdings diametrale, einander völlig zuwiderlaufende, Gegensätze. Da das Herz der Mittelpunkt zwischen diesen Gegensätzen ist, wird es als das Schlachtfeld zwischen Gut und Böse betrachtet. Der Talmud identifiziert

* (Fußnote zu S. 315) Hamburger Schule: astrologische Richtung, ursprünglich die Bezeichnung der Schriften von F. Sieggrun und W. Hartmann von 1925, in denen die astrologischen Ansätze von Alfred Witte vorgestellt wurden; die Hamburger Schule ist auch durch ihr »Regelwerk der Planetenbilder« bekannt, sie arbeitet mit hypothetischen Planeten

das Herz daher als Kampfplatz zwischen dem guten – Yezter Tov – und dem bösen Trieb – Yetzer HaRa.

Gut ist der Punkt auf der Achse, der Gott am nächsten ist. Böse ist der Punkt auf der Achse, der am weitesten von ihm entfernt ist. Alles Gute kommt von der Seite des Guten, während alles Böse von der Seite des Bösen kommt. Der Sohar erklärt, daß das Licht nur wegen der Existenz der Dunkelheit wahrgenommen werden kann. Gäbe es keine Dunkelheit, so wäre das Licht wesentlicher Bestandteil der Umwelt, ohne daß dieser an sich wahrgenommen werden könnte. Das Gute kann also nur aufgrund der Existenz des Bösen wahrgenommen werden. Wenn Böses nicht existierte, hätte der Mensch keine Wahlmöglichkeit, könnte sich nicht für das Gute entscheiden. Nur aufgrund der Existenz von Gut und Böse gibt es den freien Willen. So ist es ein Ergebnis des freien Willens, daß Gut und Böse erkannt, unterschieden und erklärt werden können.

Diesen hat Gott geschaffen wie jenen,
Gut gegenüber Böse,
Böse gegenüber Gut.
Gutes von Gutem,
Böses von Bösem.
Gutes definiert Böses,
Und Böses definiert Gutes.
Gutes ist den Guten vorbehalten,
Und Böses ist den Bösen vorbehalten.
(Prediger 7,14)

6,3 *Drei: Jeder steht allein. Sieben sind getrennt, drei gegenüber drei, mit einem Gesetz zwischen ihnen entscheidend. Zwölf sind im Krieg: drei, die lieben, drei, die hassen, drei, die Leben spenden, und drei, die töten. Die drei, die lieben, sind das Herz, die Ohren und der Mund; die drei, die hassen, sind die Leber, die Gallenblase und die Zunge. Und Gott, der* *getreue König, herrscht über sie alle. einer über drei, drei über sieben, sieben über zwölf, und alle sind gebunden, einer an den anderen.*

6,4 *Und als Abraham, unser Vater, schaute, sah er, erblickte er, versenkte er sich, verstand, gravierte, meißelte, permutierte und stellte dar, und er war erfolgreich. Und der Meister von allem, gesegnet sei Er, enthüllte sich selbst vor ihm und setzte ihn in Seinen Busen. Er schloß einen Bund zwischen den zehn Zehen seiner Füße – das ist der Bund der Beschneidung – und zwischen den zehn Fingern seiner Hände – das ist der Bund der Zunge. Er band die zweiundzwanzig Buchstaben an seine Zunge und enthüllte ihre Grundlage. Er zeichnete sie in Wasser, flammte sie mit Feuer, erregte sie mit Geist. Er brannte sie mit den Sieben Planeten und leitete sie mit den zwölf Sternbildern.*

Siehe hierzu Text »Der Baum des Lebens« (von Rabbi Yitzhak Luria, dem Ari, Bnai Baruch) eingangs des Kapitels »Die mystische Kabbalah«.

Quellenverzeichnis

A.F. u. A.M.v.D.: Ritualkunde 1 bis 3. Hamburg 1972
Aivanhov, Omraam Mikael: Geheimnis Mensch. F-Fréjus 1997
Aivanhov, Omraam Mikael: Auf dem Weg zur Sonnenkultur. F-Fréjus 1997
Aivanhov, Omraam Mikael: Die geometrischen Figuren und ihre Sprache. F-Fréjus 2001
Aivanhov, Omraam Mikael: Der Tierkreis, Schlüssel zu Mensch und Kosmos. F-Fréjus 1999
Aivanhov, Omraam Mikael: Die Mysterien von Jesod. F-Fréjus 1991
Aivanhov, Omraam Mikael: Die Früchte des Lebensbaums. F-Fréjus 2000
AMORC: Manuskripte Tempelgrade 1 bis 12
Atteshlis, Dr. Stylianos (Daskalos): The Symbol of Life. Zypern 1998
Atteshlis, Dr. Stylianos (Daskalos): Esoterische Lehren. Ulm 1991
Bardon, Franz: Frabato. Freiburg 1958
Bardon, Franz: Die Praxis der magischen Evokation. Freiburg, 1956
Bardon, Franz: Der Schlüssel zur wahren Quabbalah. Freiburg, 1957
Bardon, Franz: Der Weg zum wahren Adepten. Freiburg 1956
Barford, Werner: Tierkreisgesten und Menschenwesen. Dornach 1998
Benedikt, Heinrich Elijah: Die Kabbala, Band 1 und 2, Freiburg 2000
Bibel, Altes und Neues Testament
BOTA: Lehrschriften (Logenmaterial)
Dawn, Golden : Flying Rolls (Privatsammlung)
Endres, Franz Carl: Die Symbole des Freimaurers. Stuttgart 1552
Ermann, Adolf: Aegyptische Chrestomathie. Berlin 1904
Ermann, Adolf: Aegypten, Band 1 u. 2. Berlin 1904
Feist, Michael (Hrsg.): Hamburger Hefte. Hamburg
Fortune, Dion: The mystical Qabalah. London 1957
Fraternitas Saturni: Blätter für angewandte okkulte Lebenskunst (Logenmaterial)
Freimaurer, Oberster Rat der: Eleusis, verschiedene Jahrgänge. Frankfurt
Freimaurer, Oberster Rat der: Der Schottische Ritus, ein Gang durch die Grade des A.·.A.·.S.·.R.·., Manuskriptsammlung für Brr.·. Lehrling – Souveräner General-Groß-inspekteur. Frankfurt 1983
Goldschmidt, Lazarus Eliezer: Das Buch der Schöpfung. Frankfurt 1894
González-Wippler, Migene: Return of the Angels. USA-St. Paul, 1999
González-Wippler, Migene: Die moderne Kabbala. Freiburg 1995
Govinda, Lama Anagarika: Grundlagen tibetischer Mystik. Zürich 1956
Grosche, Eugen: Saturn Gnosis. Berlin
Hawking, Stephen: Das Universum in der Nußschale. Cambridge 2001
Hemberger, Adolf: Pansophie und Rosenkreuz. Gießen 1974
Hermetischer Orden Melchisedek (Privatarchiv)
Horny, Ilse: Soziale Hygiene, Eurythmie – die heilende Bewegungskunst. Bad Liebenzell 1982
Kaplan, Aryeh: Sefer Jezira. USA-York Beach 1990
Kaplan, Aryeh: Meditation and Kabbala. USA-York Beach 1982
Kircher, Athanasius: Oedipus Aegyptiacus. I-Rom 1653
Lefeldt, Hermann: Ergänzungen zur Methodik der astrologischen Häuser.
Musallam: Alchimie (Privatschrift). Berlin
Nettesheim, Agrippa von: Die Magischen Werke. Wiesbaden 1997
Nettesheim, Agrippa von: De Occulta Philosophia. Stuttgart 1856

Orden Mentalischer Bauherren: Adonistische Kabbalah (Privatschrift)
Papus: La Cabbale. F-Paris 1903
Paracelsus: Mikrokosmos und Makrokosmos, Okkulte Schriften (Nachdruck). Dreieich 1994
Pfaffenhoff, Jean-Marie: Die Engel Deines Lebens. Güllesheim 1997
Quintscher, Rah-Omir: Adonistisch Magische Lehrbriefe (Privatschrift)
Quintscher, Rah-Omir: Denu Val Gumas. Memmingen 1928
Raskin, Saul: Kabbalah in Word and Image. USA-New York 1952
Rudolph, Udo: ABC für Planetenbilder. Hamburg 1996
Rüggeberg, Dieter (Hrsg.): Fragen an Meister Arion (Franz Bardon). Wuppertal 1997
Savedow, Steve: Sepher Rezial Hemelach. USA-York Beach 2000
Schmidt, K.O.: Das Thomas-Evangelium. Ergolding 1977
Schnitzer, Ilse u. Lefeldt, Hermann: Lexikon für Planetenbilder. Hamburg 1957
Senring, Knut: The Book of Formation. USA-New York 1923
Sporner Hermann: Einführung in die Technik der Hamburger Schule. Hamburg 1978
Steiner, Rudolf: Wie erlangt man Erkenntnisse der höheren Welten? Stuttgart 1961
Steiner, Rudolf: Eurythmie als sichtbare Sprache. Dornach, 1994
Steiner, Rudolf: Die Geheimwissenschaft im Umriß. Dornach 1972
Westcott, William Wynn: Sepher Yezirah, the Book of Formation. London 1887
Wiedemann, Dr. Alfred: Die Amulette der alten Aegypter. Leipzig 1910
Witte, Alfred: Regelwerk für Planetenbilder. Hamburg 1959

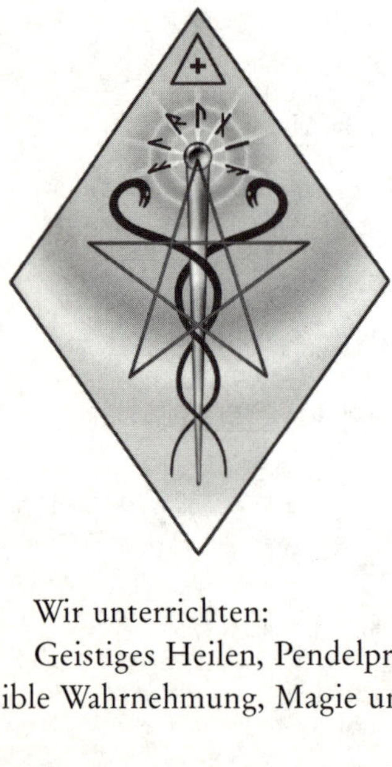

Die Farbtafeln

Die Buchstaben

Die Buchstaben

Die Buchstaben

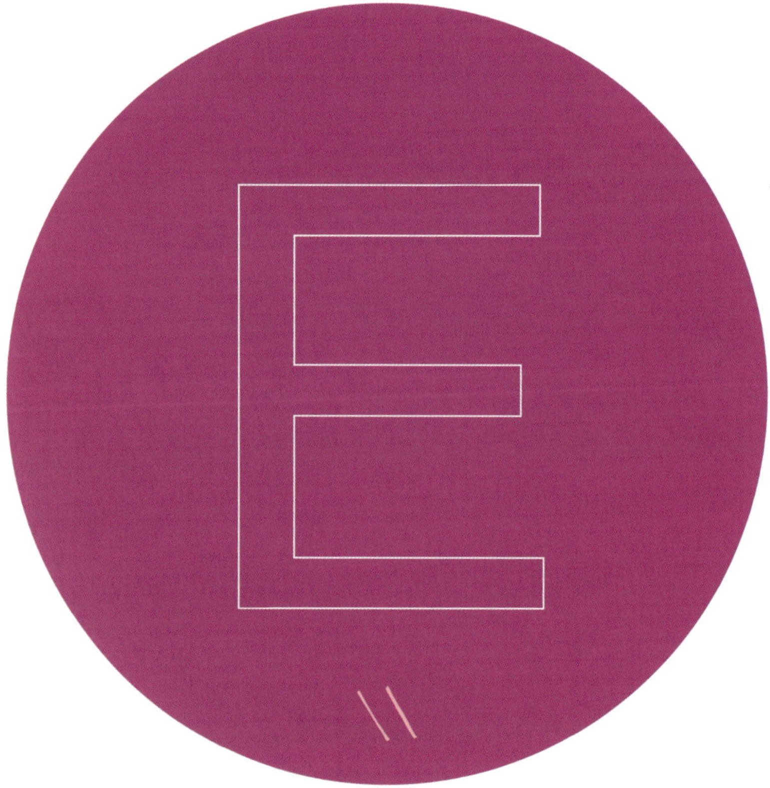

Die Buchstaben

Die Buchstaben

Die Buchstaben

Ch

Die Buchstaben

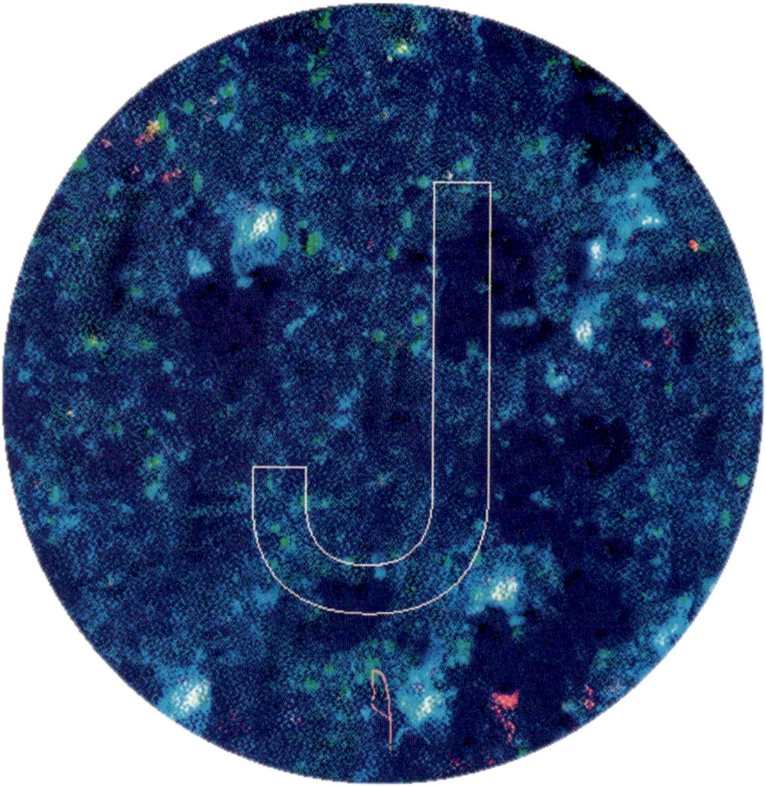

Die Buchstaben

L

Die Buchstaben

M

N

Die Buchstaben

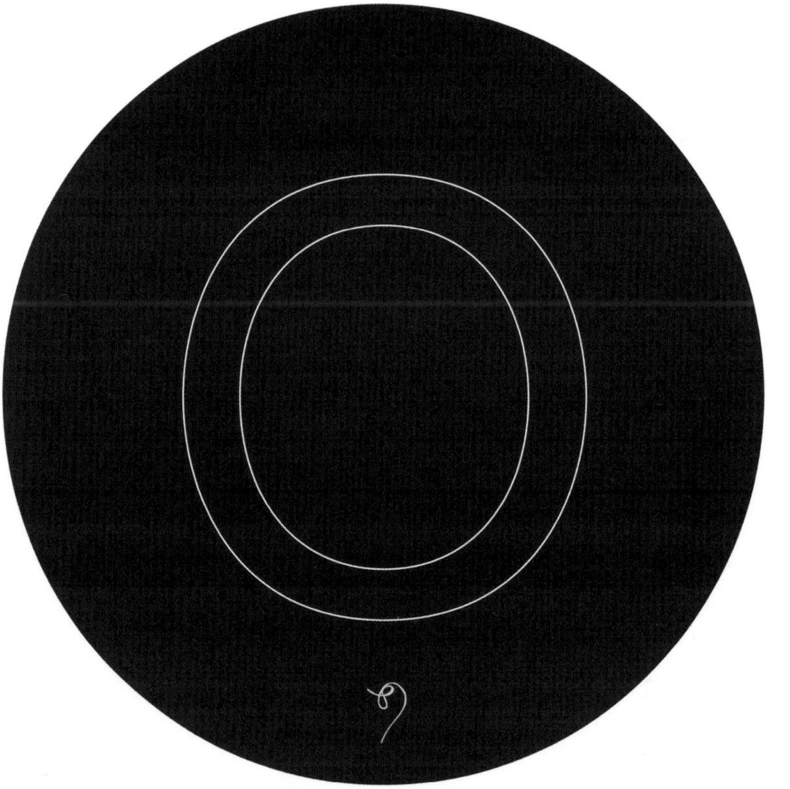

Die Buchstaben

Die Buchstaben

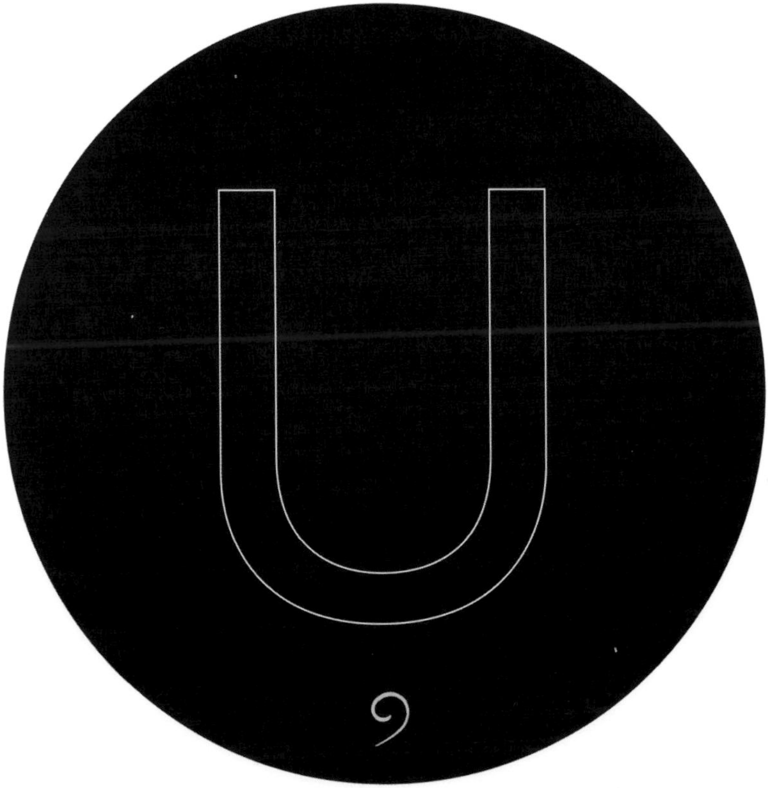
U

W

Y

Z

Die Buchstaben

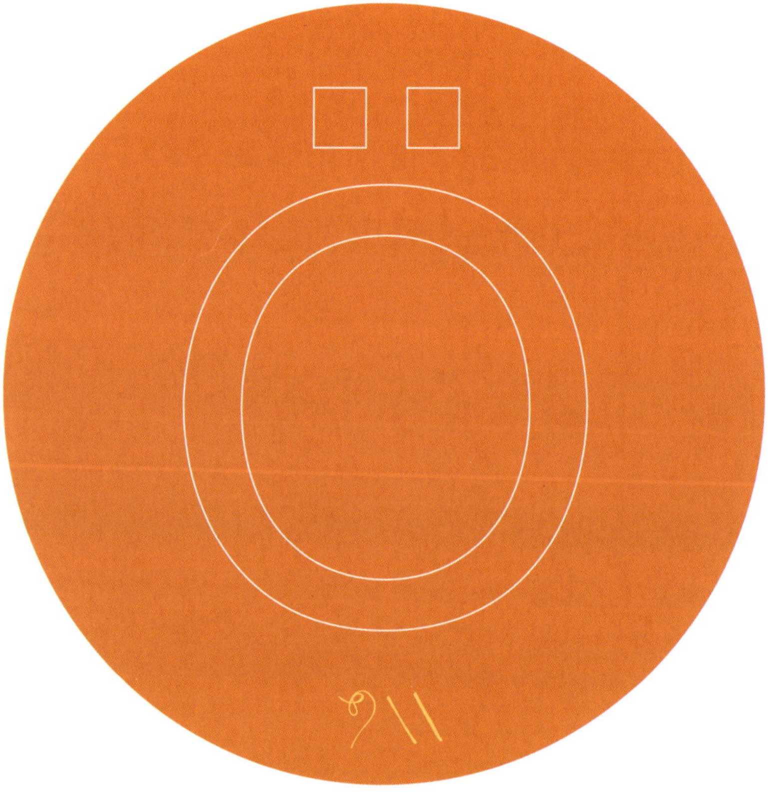

Kabbalistische Schlüssel nach Bardon

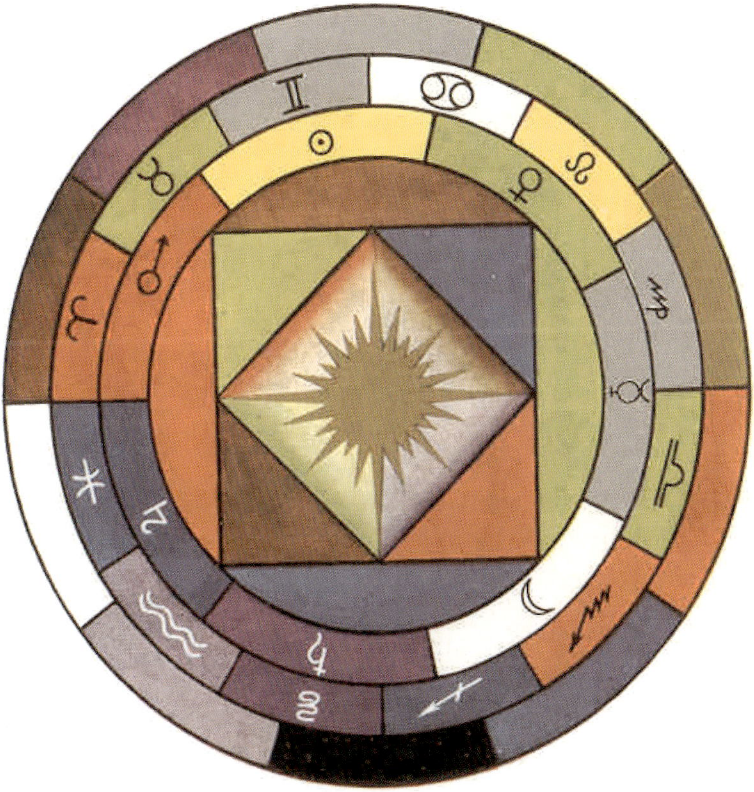

Stern des Melchisedek

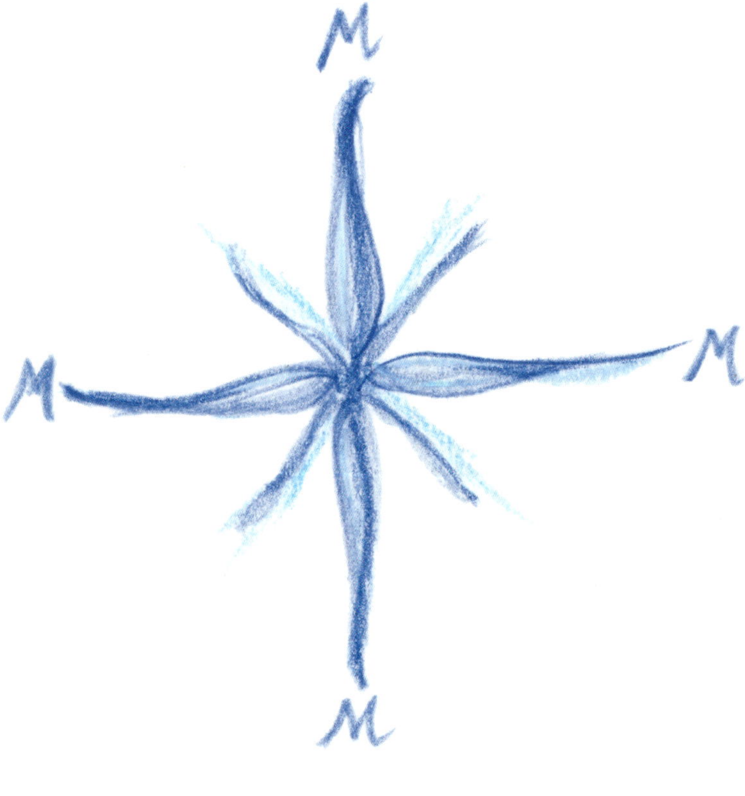

Lebensbaum